工业和信息化高职高专“十二五”
规划教材立项项目

21世纪高等职业教育财经类规划教材

市场营销类

Marketing

广告实务

The Practice of Advertising

张启杰 田玉来 ◎ 主编
黄常勇 ◎ 副主编

人民邮电出版社
北京

图书在版编目（CIP）数据

广告实务 / 张启杰，田玉来主编．-- 北京 ：人民邮电出版社，2011.9（2016.1 重印）
21世纪高等职业教育财经类规划教材．市场营销类
ISBN 978-7-115-25604-1

Ⅰ．①广… Ⅱ．①张… ②田… Ⅲ．①广告学－高等职业教育－教材 Ⅳ．①F713.80

中国版本图书馆CIP数据核字（2011）第155852号

内容提要

广告活动有一套科学、规范的工作程序，即包括广告调查、广告计划、广告行动方案、广告效果测评。本书按照“工学结合”的思想来组织内容体系，全书包含 5 个教学项目、18 个教学任务，在每一个教学项目下还设计了项目目标、项目描述、项目实施、项目拓展 4 个版块，同时每一个教学任务还包括任务引入、知识链接、任务总结 3 个栏目。全书理论精炼，实践突出，体现了理论为实践服务的宗旨。

本书可作为高职高专院校市场营销专业广告课程的教材，也可作为广告业内人士的参考用书。

21 世纪高等职业教育财经类规划教材・市场营销类

广 告 实 务

◆ 主　　编　张启杰　田玉来
　副 主 编　黄常勇
　责任编辑　刘　琦
◆ 人民邮电出版社出版发行　　北京市丰台区成寿寺路 11 号
　邮编　100164　　电子邮件　315@ptpress.com.cn
　网址　http://www.ptpress.com.cn
　固安县铭成印刷有限公司印刷
◆ 开本：700×1000　1/16
　印张：14.5　　2011 年 9 月第 1 版
　字数：312 千字　　2016 年 1 月河北第 5 次印刷

ISBN 978-7-115-25604-1

定价：28.00 元

读者服务热线：(010)81055256　印装质量热线：(010)81055316
反盗版热线：(010)81055315
广告经营许可证：京崇工商广字第 0021 号

编委会

出版说明

近30年来，我国取得的巨大进步，靠的是改革开放带来的经济腾飞。经济的发展使得财经类学科一时成为显学，财经类专业也成为了大中专院校的热门专业。

当前，企业对财经类人才的需求又开始呈现增长的态势，但同时企业对财经类人才的要求与以往相比也越来越高。因此，能够培养出数量充足，而且素质和技能较高、能够充分适应和满足企业需求的财经类人才，已成为未来高职高专院校亟待探索和解决的问题。

何谓高层次的财经人才，首先，应该有科学、完整、宽厚、扎实的专业知识，现在市场细分，岗位细分，越是细分，就对人才的要求越综合，就越需要具备综合知识，以做好细分后的工作；其次，需要有较强的实践能力，能够高质量地承担第一线工作，并且能够在实践中不断地发展自己。要培养出这样一支高素质、高技能的应用型、技术性人才队伍，就要摸索出一套有效的人才培养模式，做好高校人才培养工作。

教材建设在高校人才培养中占有重要的地位。基于这一点，人民邮电出版社在广泛征求全国高职高专财经类专家、学者和教师意见的基础上，组建了21世纪高等职业教育财经类规划教材编写委员会，以课题研究的形式，组织全国多所知名财经院校教师，召开了多次教材建设研讨会，从而确立了系列规划教材的编写思路和编写体例，并对系列规划教材的大纲和内容进行了深入研讨和论证，几易其稿，终能付梓。

本系列规划教材涉及财务会计、财政金融、市场营销、工商管理、经济贸易、物流管理、电子商务等多个方向，其内容既体现教育部发布的16号文件精神，又与高职高专院校教学实践相结合，具有鲜明的编写特色。

1. 整体策划，项目推进。本系列规划教材注重专业整体规划，从分析专业工作岗位入手，获得专业核心技能和岗位核心技能，进而来组织教材选题，安排教材结构和内容。同时，本系列教材采用项目研究、整体推进的形式，可以有效保证各专业教材内部之间的衔接性和系统性。

2. 定位准确，紧扣改革。本系列规划教材紧扣教学改革的最新趋势，体现教育部发布的《关于全面提高高等职业教育教学质量的若干意见》的文件精神，专业核心课程以应用知识为主，重点是培养学生解决实际问题的能力，满足培养应用型人才的教学需求。

3. 理论够用，突出技能。本系列规划教材遵循“以就业为导向，工学结合”的原则，以实用为基础，根据企业的岗位需求进行课程体系设置和教材内容选取，理论知识以“够用”为度，突出工作过程导向，突出技能的培养。在编写体例上将案例教学方式和项目教学方式与不同的课程合理结合，以期能够更贴近教学实际。

为了提升教学效果和满足学生的学习需求，本系列规划教材大部分还建设了配套的立体化教学辅助资源，包括多媒体课件、电子教案、实训资料、习题及答案、生动的教学案例及案例分析，部分教材还配有图片、动画和视频等教学资源。

期望通过本系列规划教材的推出，能够为推动财经类专业职业教育教学模式、课程体系和教学方法的改革贡献一份力量。同时，我们也希望能有更多的专家和老师参与到本系列规划教材的建设中来，对教材提出宝贵的意见和建议。

前言

改革开放以来，我国的广告业得到了迅速发展，迎来了广告界的春天——广告策划时代。在广告业务的开展过程中，广告人要深入广告客户，参与客户营销管理的全过程。同时，在广告创意、策划形成的过程中，广告人不仅要反复与客户沟通，取得客户的理解与肯定，还要监测广告业务的实施与发布，最终达到理想的广告效果，不浪费客户的一分钱，这是每一个广告人的追求。

基于广告策划的特点，本书的编写思路与特点如下：以广告学理论为基础，从广告人的角度，站在广告主的立场，以为客户服务为宗旨；按广告策划的工作过程构建课程体系，按广告策划的工作内容设计教学项目与教学任务，具有明确的教学任务、完整的教学项目实施流程；理论精简，实践突出，充分体现了理论为实践服务的教材建设理念。学生按课程设计思路完成一系列教学项目，就能掌握广告策划的基本知识与技能，从而具备广告策划工作的职业竞争能力，这也是高等职业教育的目的。

全书共分 5 个教学项目：项目 1“广告认知与作品赏析”，帮助学生树立基本的广告策划意识；项目 2“广告调查”，让学生深入广告客户，了解广告客户营销管理的全过程；项目 3“制订广告计划”，让学生在广告调查的基础上，为客户制订一个切实可行的广告实施计划；项目 4“广告策划”，让学生在广告计划的指导下，为客户的广告活动制定一份完整的广告策划方案；项目 5“广告效果测评”，本着对客户负责的精神，对广告策划方案进行事前、事中和事后的效果测评。

教材编写团队成员有张启杰、田玉来、李文斌、董慧和黄常勇，其中张启杰、田玉来担任主编，负责全书的体系设计和总撰定稿，李文斌、董慧和黄常勇参与了教材的编写。教材编写团队承担的具体编写任务如下：唐山职业技术学院张启杰负责项目 3、项目 4 的编写，齐齐哈尔大学应用技术学院田玉来负责项目 5 的编写，齐齐哈尔大学应用技术学院李文斌负责项目 1 的编写，无锡商业职业技术学院董慧负责项目 2 的编写。

在全书的构思与编写过程中，浙江丽水职业技术学院的胡德华，无锡商业职业技术学院的徐汉文等提出了很多宝贵意见和建议，唐山职业技术学院钟立群对本书的编写给予了具体的指导和帮助，在此一并表示感谢。同时，书中参考和引用了大量文献，在此向原作者译者致以诚挚的谢意。由于编者水平所限，书中有不当之处敬请读者批评指正。

编者
2011 年 5 月于唐山

目　录

目　录

项目 1

广告认知与作品赏析

广告就如同空气、阳光和水一样，与我们朝夕相伴，广告存在于我们的生活之中。

——大卫·奥格威

项目目标

知识目标

- 掌握广告的涵义及其构成要素
- 深刻理解广告的本质及其功能、作用
- 了解广告的分类

能力目标

- 对不同的广告作品进行有效识别
- 对不同媒体的广告作品进行有效分析

素质目标

- 在认知广告基本原理与功能的基础上，进入广告人的角色
- 在进行广告作品分析的同时，产生联想或某种创作的冲动
- 树立广告人的责任意识、服务意识

项目描述

广告认知是广告策划的基础与前提。广告是科学，也是艺术，兼具科学性与艺术性的广告作品才会给企业带来良好的营销效果。一个优秀的广告作品是广告人集体智慧的结晶。我们不仅要学会欣赏优秀的广告作品，还要学会分析广告作品，产生某种联想或创意的冲动。创新与效益是广告人进行广告策划的不二法门。

任务1　初识广告

【任务引入】

“一滴水也有梦想，所以有了奔涌的河流，也有了伟大的江海；石头也有梦想，所以有了宏伟的宫殿，也有了长城王者般的辉煌。阳光下最令人热血沸腾的行业——广告，磨砺了无数创意的梦想、设计的梦想、传播的梦想……”

这是摘自《广告人宣言》的一段话语，对我们是不是有所启发？是不是产生了做广告人的冲动？

可是，要做一个广告人，首先需要学习广告的基本知识，认识以下问题。

1. 什么是广告？广告的构成要素有哪些？是不是所有广告都具备这些要素？

2. 广告有用吗？广告的功能与作用是什么？是不是所有的广告都具有这样的功能与作用？

3. 广告太多了，有分类的线索吗？电视被称为“第一媒体”，为什么有些公司不选择电视广告？

知识链接

1.1　广告的构成

广告一词的英语是“Advertising”，意思是引起注意、进行诱导。我们习惯于将广告理解为“广而告之”，有的广告告诉人们“我是谁”，有的广告劝导人们“就买这个”，也有的广告教导人们“生活应该是这样的”。

一些学者从各自不同的角度给广告进行了定义，但我们还是倾向于美国市场营销协会（AMA）从市场营销学的角度对广告所作的定义：广告是指由明确的广告主在付费的基础上，采用非人际传播的形式，对观念、产品或服务进行介绍、宣传的活动。

这一定义明确提出了广告的构成要素。

（1）广告主。广告要有一个明确的广告主，一般是企业。

（2）广告费用。广告主做广告需要支付一定的费用，如广告制作费用和媒体宣传费用。

（3）广告媒体。广告不同于人际传播，需要借助于各种媒体，如报纸、杂志、广播、电视等进行传播。

（4）广告信息。广告传播的内容可以是某种消费观念，可以是某种产品或品牌的信息，也可以是某项服务的信息，广告的实质是信息的传播与沟通。

（5）广告目标。广告是企业市场营销活动中的一个重要组成部分，广告要有明确的目标，那就是促销。

【相关知识】

广告节（奖）

1. 克里奥广告奖。克里奥奖（Clio）素有广告界“奥斯卡”之称，是全球广告业界最受推崇、最富盛誉的国际性广告大奖，每年 5 月在美国迈阿密举行。克里奥大奖以拥有世界顶级评审组而著称，关注广告和设计领域尤其是电视、印刷、户外活动、广播、因特网等媒体的创意作品。

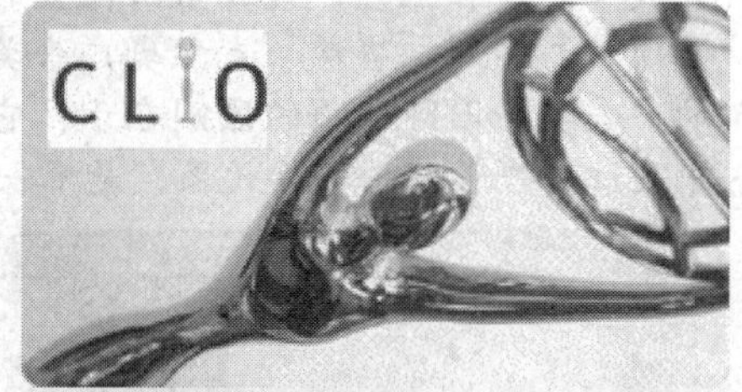

2. 莫比斯广告奖（The Mobius Advertising Awards）。每年的 2 月美国芝加哥城都会隆重地举行莫比斯各广告奖项的颁奖典礼。随着参赛作品的激增，每年约有 259 个莫比斯奖项颁予各广告奖项的最终赢家，其中电视广告奖约 105 项，广播广告奖约 18 项，平面广告奖约 120 项，包装设计奖约 16 项。

3. 伦敦广告奖。伦敦广告奖每年的 11 月在伦敦颁奖。这项国际大奖，自 1985 年正式创立以来，每年有近百个国家和地区参加，近年来报名作品均在万件以上，所有的获奖者都将得到一座铜像。铜像为一个展翅欲飞、企图飞跃自我的超现实主义者的外形。该广告节有最漫长的评奖时间和最周全的项目分类。

4. 纽约广告奖。纽约广告奖始于 1957 年，专门为非广播电视媒介的广告佳作而设，但 20 世纪七八十年代，其又增添了电视、广播广告项目；互联网络奖项也于 1992 年正式设立；对于健康关怀的全球奖项也于 1994 年加入大赛；1995 年又添设了广告市场效果奖，以嘉勉那些创意精良且市场销售突出的广告。

5. 戛纳广告奖。戛纳广告大奖源于戛纳电影节。1954 年，由电影广告媒体代理商发起组织了戛纳国际广告节，希望电影广告能同电影一样受到世人的认同和瞩目。广告节于每年 6 月下旬举行，广告节期间各国广告代表来访，其他各界来宾也云集于此。每年大约有 7000 多位代表的 1 万多件作品逐鹿“戛纳”。

6. 艾菲（EFFICE）奖。艾菲（EFFICE）奖创立于 1968 年，是美国营销协会为表彰每年度投放广告达到营销目标，并获得优异成绩的广告主、广告公司所设置的广告奖项。与戛纳广告奖、克里奥广告奖、纽约广告奖等国际奖项的区别在于：它更集中关注广告带来的实际效果，是唯一以广告的实际效果作为评审标准的奖项。

EFFICE AWARDS

7. 中国广告节。中国广告节（China Advertising Festival）是中国广告业最具权威、最专业、规模最大、影响最广的国家级展会。它集国家级专业比赛评比、媒体展会、设备展会、商务交流、学术论坛会议等为一体，起到推动中国广告业发展，促进国内与国际广告业交流、合作的重要作用。

1.2 广告的本质

广告以促销为目标，以大众媒体为介质，以人们喜闻乐见的形式将信息艺术性地表现出来，广告的实质是信息的传播与沟通。

1. 广告以促进销售为目标

无论是生活理念的传播、商品的宣传还是服务介绍，广告的目标首先是促销，其次是促销，最后还是促销。企业产品或服务能否被顾客接受和认可，关键取决于信息传播效果的好坏。一则好的广告，必然带来好的销售。

2. 广告以大众媒体为介质

广告的受众是大众，所以广告必须以大众传播媒体为介质。随着生活节奏的加快，人们总希望能在繁杂的广告海洋中迅速地将他们的某种需要识别出来。而且，由于广告图形只能在有限的空间的传递，这就要求广告画面一定要充分发挥其所在视觉通道的优势，在尽可能短的时间内迅速捕捉到受众的注意力。成功的广告传播总是同清晰易懂、简单明快的视觉吸引力相联系。广告设计应该力求内容准确生动，图形简单明快，构思新颖独特。

3. 广告不仅是营销的工具，更是一门艺术

有效的广告必须借助于精彩纷呈的画面效果和其他人们喜闻乐见的形式艺术地

表现出来，才能充分发挥其告知、劝导和提醒的作用，实现企业通过商品和服务来满足顾客需要，或者说，实现企业的市场价值的目的。

在运用各种艺术手法创造幽默形象和幽默意境上，设计师可以充分发挥其想象力而创造出奇妙的效果，形象生动、诙谐有趣地表达广告的销售意念，创造良好的视觉吸引力，发挥强有力的诱导作用。例如，某吸尘器广告：一位女士在楼上吸尘，当她在吸地板灰尘时，楼下端坐于自家沙发上的男士被吸到天花板上。随着楼上女士吸尘的节拍，也把楼下的天花板擦干净了。

4. 广告日益成为一种特殊的社会文化现象

广告之所以被视为一种社会文化现象，不仅在于它作为社会生产物和人类创造物，与人类和社会生活存在着直接或间接的联系，还在于它具有特有的文化观念形态或意识形态。广告在向人们传递有关商品或服务信息的同时，还反映着社会生活的各个方面，如风俗习惯、道德意识、社会认知、价值观念等，从而展示出绚丽多姿的人文景观。

众所周知，“可口可乐”不单纯是一种饮料，而且还代表了一种美国文化——包容。年轻且充满活力的广告背后，有着常人无法想象的融合能力。它的生产基地遍布全球，并且拥有一样的口味以及一样的火热的红色包装。同时，它又以超乎想象的本土化生产及运作，使它在世界各个角落都可以扎根、发芽、生长乃至枝繁叶茂。美国人称“可口可乐是装在瓶子里的美国之梦”，从而喊出“永远的可口可乐”（Always Coca-Cola）这样的口号。

1.3　广告的功能

广告的功能，指广告的基本效能，也就是指广告以其所传播的内容对所传播的对象和社会环境所产生的作用和影响。研究广告的功能实际上就是研究广告能达到什么样的目的。

现代广告的功能是多元化的，主要有以下几项。

1. 传播商品信息

广告凭借其现代化的信息传播手段和覆盖广泛的信息传播媒体，能迅速地将各种商品和服务信息传递给广大消费者，从而成为企业与消费者之间沟通信息的桥梁。

2. 指导消费行为

广告能有效地引导和转变消费观念，指导消费行为，创造新的市场需求。因为生产和消费之间的关系是相互促进的，发现市场现有的需求，并根据这种需求去开发新产品，是一种正确的经营观念。但是，如果能发现到市场的潜在需求，并通过全新产品和相应的广告宣传去激发这种潜在的市场需求，引导消费者追求新的消费行为，则是更为独特的经营思想。广告在这方面的作用不可低估。因为一些新产品在进入市场初期，并不为消费者所注意或立刻接受，而广告宣传则有助于使人们改变传统的消费习惯。

3. 激发购买欲望

广告不仅有助于提高消费者对商品和服务的关注程度，更重要的是有助于刺激消费者的需求，激发其购买欲望。广告与其他信息传播行为的主要差别在于，广告不仅可以传递信息，而且能影响和说服信息接受者按照广告中的要求采取相应的行为。所以，广告又被称为“说服的艺术”。广告之所以能产生说服效果，主要是因为它能集中地展示商品的优点、特点，并能有效地刺激消费者的潜在需要。广告不断重复出现，就是对消费者消费动机与欲望的不断刺激与强化。

4. 促进商品销售

广告是促进企业产品销售的重要策略之一，正如西方广告界的一句格言：“推销产品不作广告，犹如黑夜之中暗送秋波。”企业在生产和经营过程中，以提高经济效益为自己的核心和目的，企业的竞争是市场的竞争，是市场占有率的竞争，现代企业营销不能没有广告。国际著名的菲利浦公司，它的成功靠两个法宝：一是产品质量，二是广告促销。长期以来，菲利浦公司一直花大力气做广告，因为他们深知优良产品必须要有广告宣传，这样才能让大众知道它，喜爱它，甚至花钱买它。

5. 树立企业的形象

广告宣传对提高企业声誉，树立良好的企业整体形象起着重要作用。广告宣传既然能传递商品信息，当然也能扩大企业整体影响力。只要在广告所宣传的内容中有意识地突出企业形象标识，就能够通过大量广告宣传树立企业的整体形象。

6. 改变生活方式

在现代社会中，广告和人们的生活方式息息相关，人们的生活越来越依赖于广告，广告也以自己强大的影响力改变着人们的生活方式。雀巢咖啡的成功营销就是一个典型的事例。对于有着千年茶文化传统的中国人来说，咖啡是一种味道较苦、既陌生又不合胃口的饮料。但是，雀巢咖啡以一句“味道好极了”的广告口号，迅速在中国开辟了一个咖啡消费的市场，并使之成为许多中国家庭的时尚饮品，从而改变了中国人传统的生活方式。

从咖啡到方便面，从可口可乐到麦当劳快餐，从洗衣机到游戏机，我们的生活方式发生了巨大的变化。而这些变化，无一不是与广告有着密切的关系。

7. 促进人的社会化

社会化是指使人们学习其所在社会的生活方式并获得个性的过程。社会化使个人获得了解社会的规范、价值标准、语言、技能等社会生活不可缺少的思维和行动的模式。

一个人的社会化受到许多因素的影响，如家庭、学校等，其中，大众媒体的影响是不可忽视的。因为广告除了传播产品或服务的信息外，同时也向公众传播有关的社会准则和规范。广告要影响消费者，就要用消费者乐于接受的方式来诉求，或者是引导消费者接受广告所传达和提倡的生活方式，这当中就包含着许多被社会所承认的价值标准或行为规范，消费者在接受广告的同时，也获得了社会化。例如，椰岛鹿龟酒的一句“椰岛鹿龟酒，××儿女的敬老酒”，牵动了无数儿女的心。

1.4　广告的作用

随着广告业的发展，广告已深入到人们社会经济生活的各个方面。从经济领域到社会和文化领域，广告对企业、消费者和社会产生的作用和影响也越来越大，可以说广告已成为当今社会重要的组成部分。

1. 广告对企业的作用

广告是一种信息传播活动，广告把企业的有关商品、服务和观念等方面的信息传递给目标受众，引导消费需求，激发购买欲望，促进商品销售。

（1）沟通产销信息，促进商品销售。一则好的广告，能起到诱导消费者的兴趣和感情，引起消费者购买该商品的欲望，直至导致消费者的购买行动。曾有这样一个事例：某烟草公司派了一名推销员去旅游区推销该公司的“皇冠牌”香烟，但该地区香烟市场已被其他公司的品牌所占领，该推销员苦思冥想，不得妙计。在偶然间受到了“禁止吸烟”牌子的启发，他就别出心裁地制作了多幅大型广告牌，广告牌上写“禁止吸烟”的大字，并在其下方加上一行字：“皇冠牌”也不例外。结果大大引起了游客的兴趣，竞相购买“皇冠牌”香烟，为公司打开了销路。

（2）激发竞争活力，推动企业发展。竞争是市场经济环境下普遍存在的经济现象，市场竞争的实质是争夺市场，争夺顾客。广告作为一种信息传播的工具，一种营销的手段，向顾客提供企业信息，方便顾客进行比较和选择。所以，企业之间的竞争，往往表现为广告之间的竞争。而这种竞争，恰恰激发了企业的活力，推动了企业的发展。美国的“可口可乐”是世界上最为畅销的一种饮料，它打进了 135 个国家和地区的市场。“可口可乐”为什么如此受到人们喜欢？除其他原因外，共广告的作用不可低估。可口可乐公司从 1886 年开始，就不惜血本，充分利用广告手段来扩大产品销路。至今，“可口可乐”的广告被翻译成 40 种语言和文字，不断出现在世界各地的电视、广播、报刊、杂志和公共场所。

（3）广告有助于提高企业知名度、美誉度。现代企业十分重视企业在市场上的知名度，因为知名度对企业的生存和发展至关重要。一个企业在市场上建立知名度，一般经过这样一个过程：知晓——知名——美誉，先是让公众知道企业是做什么的，然后再进一步让公众了解企业的基本情况、企业的理念、企业的产品和服务、企业的品牌等，扩大企业的知名度。知名度的提高是一个较为漫长的过程，要通过企业长期的努力、宣传和积累。在建立企业知名度的基础上，企业要千方百计赢得社会大众对企业的好感，树立企业良好的市场形象，培养企业好的口碑，即美誉度。这样，企业就培养了自己商标的价值，创造了自己的无形资产，成为企业发展的巨大财富。在树立企业美誉度的过程中，广告的作用不可低估，几乎没有哪一家企业是不经广告宣传就有很高知名度、美誉度的。

2. 广告对消费者的作用

广告给企业带来的是销售量的增长、竞争力的提升和知名度的提高。同时，铺天盖地的广告，也给消费者的消费和生活造成了重大的影响。

（1）广告是消费者获取商品信息的重要渠道，为消费者选择商品提供帮助。消费者获取商品信息的渠道，一般来说有三个：一是亲身接触；二是通过人际传播，如亲友、同事之间互相转告，以及推销员介绍等；三是通过大众传播媒体，如报纸、杂志、电视、互联网、路牌、公共汽车等。广告正是通过大众传播媒体，传递有关商品的信息，使广大消费者获取信息，得到商品知识，进行有效的购买决策。

（2）广告影响消费者的消费观念、消费行为和消费结构。由于广告具有引导消费、激发欲望的功能，广告对消费者消费观念、消费行为和消费结构的影响很大。

关于两个老太太的故事，无人不知，无人不晓。说的是有两个老太太寿终正寝进了天堂，一个是美国人，一个是中国人。两个老人见了面就聊起来，询问彼此临终前的生活状况，说来也巧，中国老太太和美国老太太同时都拥有一套价值100万的房子。中国老太太说："我辛苦了一辈子，存了一辈子的钱，在临死前的一年买下这套房子，我觉得很满意，我一生的劳动总算没白费。"美国老太太说："我很年轻的时候就贷款买了这套房子，我也辛苦了一辈子，在临死前的一年，我才把贷款还清，我觉得很满意，我一辈子能够在这样的好房子里生活总算没白活。"这个故事，改变了多少中国人的消费观念，也形成了一种新的消费模式——信贷消费。按揭购房，贷款买车，甚至婚嫁迎娶、房屋装修、家用电器、上学等，都可以贷款进行提前消费，这完全改变了中国人传统的价值观念。

（3）广告还影响到消费者社会阶层的归属。广告信息传播特别强调要针对目标对象，市场营销理论也要求企业在确定市场营销策略时，首先要确立产品的市场定位，明确产品的目标顾客是谁，他们有哪些特征，企业应如何接近他们等问题。

不同的产品有其不同的目标顾客群。身处不同细分市场的消费者将十分关注与自身社会阶层相匹配的商品，并自觉成为此类品牌的忠诚顾客，因为每一阶层的消费者都有大致相仿的消费习惯和特征。从某种程度上商品已经成为社会阶层的象征符号，广告作为沟通的艺术，所要达到的目的就是切合目标消费者的生活态度和价值取向。

3. 广告对社会和文化的作用

（1）广告促进大众传媒事业的发展。企业通过大众传播媒体传播其商品和服务的信息，给企业带来了可观的经济效益。反过来，大众传播媒体通过刊播广告，也取得了可观的经济收入，广告为大众传播媒体提供了重要的财源。

广告使传媒获得了发展的资金，使报刊的大量印刷、发行成为可能，使广播电视节目得以丰富和完善。1998年调查显示，我国媒体事业的资金来源，2%是募集社会资金，7%来自国家财政拨款，91%靠自身的经营收入。而在媒体的经营收入中，广告收入约占 69%。丰厚的广告收入促进了我国媒体事业的迅速发展，就报纸而言，20世纪80年代初，我国各类报纸仅200多种，版面一般为4版，最多8个版面。到20世纪末，我国正式登记的报纸达2000余种，而且种类齐全，版面容量也大幅增加。同时，因为报纸刊登了广告，报纸发行量也大幅增加。

（2）广告丰富了人们的社会文化生活。随着市场经济的发展，广告已经成为社会文化的重要组成部分，丰富了人们的社会文化生活。首先，广告需要运用各种表现手法来反映和传送广告信息，广告创作使广告的艺术水平不断提高。设计新颖、构思奇巧的广告作品，如图画、摄影、广告片等，实际也是一件艺术作品，具有欣赏价值，给人们带来了美的享受。其次，优秀的广告语已经成为人们日常生活中的流行语，如“雀巢咖啡，味道好极了”、“农夫山泉，有点甜”、“金利来，男人的世界”、“广告做得好，不如新飞冰箱好”等，已深深地植入人们的生活。再次，广告也是现代化城市的一个重要标志，为美化市容环境做出了贡献。树立在高楼大厦上的广告牌、闪烁的霓虹灯、千姿百态的橱窗陈列，这些都构成了城市一道亮丽的风景。

（3）广告促进了社会经济的发展。广告信息的传播，沟通了经济活动中的诸如供应、生产、销售、消费等各个环节，使其成为一个有机的整体，更好地发挥了社会效益和经济效益，从宏观上有力地促进了国民经济整体和谐的发展。有了广告，生产与销售更加融洽、贴切，配合默契，产品得以顺利地出售，生产得以更大的发展。在市场经济的条件下，没有广告来传递信息，整个经济就像茫茫大海中没有航标的船，盲目生产、盲目销售，就不可能有市场经济的完善和繁荣。无数事实证明，广告是产供销之间强有力的纽带，是市场经济发达与成熟的标志，是经济发展的“晴雨表”。

1.5　广告的分类

广告的分类方法很多，可以从多个角度对广告进行分类。掌握广告的不同类型，有利于更好地了解和把握广告的特点，为广告创意提供基础，为广告设计提供依据，从而使整个广告活动正常运转，并取得最佳广告效益。

1. 性质不同的广告

按照广告是否具有盈利性，将广告分为商业广告和非商业广告。

（1）商业广告，又称经济广告，是以盈利为目的所开展的广告活动。我们所说的广告一般指这种商业广告。

（2）非商业广告，又称非经济广告，指不以获取经济得益为直接目的，而是为达到某种宣传目标所发布的广告。

非商业广告主要包括三类：政治广告、公益广告和个人广告。

政治广告即为某种政治活动服务的广告，如政府有关政策、法规的宣传，政府重大事项的布告与公告等，图 1-1“下好这盘棋”为新农村建设的一个宣传广告。

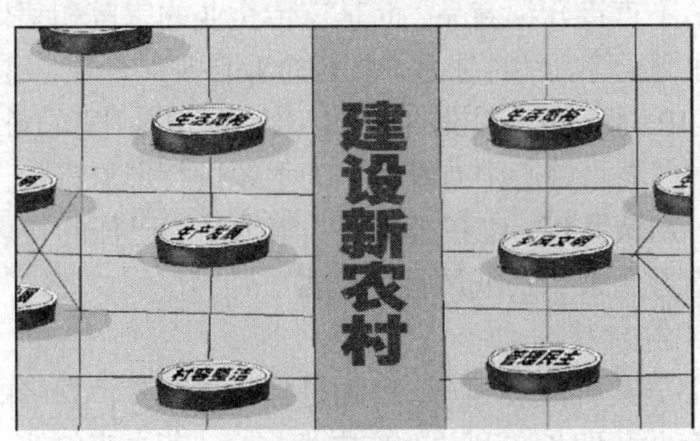

图 1-1　建设新农村

公益广告是为维护社会公德，帮助改善和解决社会公共问题而开展的广告活动。这类广告所传播的信息内容，主要包括道德、教育、环境、健康、交通、公共服务等，涉及人们当前关心的社会问题，与社会公众利益密切相关。图 1-2 为世界无烟日的公益广告。

图 1-2　世界无烟日（请您现在就戒烟，为了明天）

公益广告的特征，一是不以盈利为目的，二是为社会公共利益服务。公益广告一般由特定的行政部门或群众团体组织策划，通过广告客户、媒体和广告公司来进行，可以由企业、广告公司或媒体机构出资赞助，或者由媒体机构免费或优惠提供时间或空间来进行宣传。

个人广告是为满足个人的某种需要而运用媒体发布的广告，如个人启示、声明、征婚、结婚等。

2. 内容不同的广告。

按照广告传播信息的内容不同，将广告分为商品与劳务广告、企业形象广告、企业观念广告。

（1）商品与劳务广告。

商品与劳务广告，突出宣传企业的产品与劳务的特征与魅力，目的在于使广告的商品与劳务能够给顾客留下深刻印象，进而吸引顾客购买该商品与劳务。商品与劳务广告占据了广告的绝大多数，几乎所有的广告主都十分重视商品与劳务广告。

（2）企业形象广告。

企业形象广告，不直接介绍商品，而是宣传企业的宗旨和荣誉、企业的历史与成就、企业经营与管理情况等，目的是为了加强企业自身的形象，建立企业的商誉。《南方周末》在 2001 年 10 月连续三期投放形象广告，分别以“老百姓心中有盏灯”、“老百姓心中有面镜”、“老百姓心中有杆秤”为主题进行形象宣传，不断强化着《南方周末》以弘扬理性、启蒙民智、维护公理、实事求是为己任的特点，深受读者的认可与好评。图 1-3 为南方周末“一纸风行”广告。

（3）企业观念广告。

企业观念广告倡导某种消费观念，目的是建立或改变消费者的传统消费观念，从而使其朝着有利于企业获取长久利益的方向发展。“花未来的钱，圆今天的梦”这种

图 1-3　《南方周末》“一纸风行”

新的消费观念渐成时尚，有利地推动了我国房地产业、汽车业、金融业等行业和企业的发展，“花未来的钱，圆今天的梦”也正是这些行业、企业的杰作。

3．媒体不同的广告

按照传播信息的媒体不同，可以将广告分为电子广告、印刷广告、户外广告、新媒体广告等。

（1）电子广告。

电子广告，是通过电子手段来表现信息的广告形式，主要包括电视广告和广播广告，以及电影广告和幻灯片广告。电视广告是以电视为媒介传播的广告，具有形象、直观、传播范围大、传播速度快等特点，是近年来广告发布的第一大媒体。广播广告是运用无线或有线广播来传播的广告，也是一种大众化的广告形式。

（2）印刷广告。

印刷广告，主要通过印刷品传播广告信息，包括报纸、杂志广告，以及招贴、信函、小册子、日历、产品目录、传单等形式的广告。其中，报纸、杂志广告是主要的印刷品广告。

（3）户外广告。

户外广告是指通过存放于开放空间的媒体而发布的广告，主要包括交通类广告和建筑类广告两种，其具体发布广告的形式有电子显示屏、广告牌、霓虹灯、流动的车体及船体广告等。

（4）新媒体广告。

新媒体广告主要是指利用因特网、手机等新媒体来传播广告信息的形式。目前，因特网广告的市场正在以惊人的速度增长，网络广告发挥的效用越来越显得重要，以致广告界甚至认为因特网将超越路牌，成为传统四大媒体电视、广播、报纸、杂志之后的第五大媒体。

4．受众不同的广告

按照广告受众的不同，广告可分为消费者广告和商务广告。

（1）消费者广告。

消费者广告直接指向最终消费者，以消费者为对象所做的广告。消费者广告一般利用大众传播媒体，占了广告的大多数。

（2）商务广告。

商务广告是以企业为传播对象的广告，包括制造商广告、中间商广告和农业广告。商务广告一般利用专业媒体，如杂志。

任务总结

广告有广义和狭义之分。广义广告包括非经济广告和经济广告。非经济广告指不以盈利为目的的广告，又称效应广告，如政府行政部门、社会事业单位乃至个人的各种公告、启事、声明等，主要目的是推广。狭义广告仅指经济广告，又称商业广告，是指以营利为目的的广告，通常是商品生产者、经营者和消费者之间沟通信息的重要手段，或企业占领市场、推销产品、提供劳务的重要形式，主要目的是扩大经济效益。

广告的本质有两个，一个是广告的传播学方面，广告是广告业主达到受众群体的一个传播手段和技巧，另一个指广告本身的作用是商品的促销。总体说来，广告是面向大众的一种传播。成功的广告是让大众都接受的一种广告文化，而不是所谓的脱离实际的高雅艺术。广告的效果从某种程度上决定了它究竟是不是成功。例如：脑白金的广告是成功的，因为它的礼品观念定位在打工阶层是非常成功的，市场的销售份额也说明了这一点。

任务2 赏析广告

【任务引入】

我们每天看到、听到的广告很多，因为我们就生活在一个被广告充斥的世界里……但多数广告好像并没有引起我们的注意，更不要谈兴趣。是我们不会欣赏吗？我们知道，优秀的广告作品一定要具备“四性”：原创性、艺术性、冲击性、效益性。所谓原创性，是说广告作品一定是有独特创意思想的，表现技巧独到，决不是模仿他人；所谓艺术性，是说广告作品一定要用艺术的手法烘托商品的真与美，决不是简单地再现商品；所谓冲击性，是说广告作品一定要在人们接触广告的瞬间形成强烈地吸引力，因为人们接受广告多为无意注意；效益性，是说广告作品一定要能给广告主带来经济效益和社会效益，因为广告是以促销为目标的，这才是广告主最关心的。

下面我们就来欣赏若干报纸、杂志、电视、广播四大媒体广告和户外广告。欣赏之余，讨论和思考以下问题。

1. 该广告作品是否应列入“优秀作品”之列，是否具备优秀广告作品的“四性”？

2. 该广告作品的主题是什么？要表达什么含义？

3. 该广告作品的表现手法是什么，创意点在什么地方？

知识链接

2.1 报纸广告

报纸是我国现代广告媒体中最具覆盖面的媒体，也是最为重要的媒体之一。由于报纸的新闻性、及时性特点很突出，所以一直为广大广告受众所青睐，即使在电视媒体崛起并有巨大影响的今天也是如此。另外，报纸媒体传递商品信息的权威性、严肃性以及可保存性，都对广大广告受众具有很强的吸引力。因此，近年来报纸广告在媒体中依然保持坚挺势头，而且报纸广告的表达水平越来越高，为广大受众所重视。

1. 报纸广告特性的表现

（1）体现新闻性特点，引起受众注目。报纸是一种专门传达新闻的大型媒体，由于发行渠道广泛，具有极高的新闻性、时效性特征。在大众传媒中，新闻总是对读者具有极大的吸引性。报纸广告一般都具有发行及时、传播面积大的特点。因此，报纸广告适宜于告知广告对象最新的信息。

在广告表现中，应突出报纸媒体的这一特点，尤其在广告标题中加以表现，可以造成很大的影响。但由于报纸广告的图像视觉效果因纸质及印刷的原因，不可能达到很精美的表现，因此许多广告标题应着力艺术性的表达。在这种情况下，广告新闻性的特点可以力求由广告标题体现，也可以另设引题，专门突出新闻性。

（2）突出说明功能，增强广告信息的到达率。报纸广告的另一个特征是可以充分运用语言文字来传达信息，这便使它对广告对象有充分说明和描述的条件。这一点，是任何电子、户外等媒体无法比拟的。因此，许多构造和使用复杂、信息量大的产品或者企业理念可以在该媒体上得到有效的表述。

广告的表述说明必须充分满足特定消费者的信息需求，并讲求说服艺术，一般都可以达到较高的到达率。

（3）讲求整体美、秩序美。一般来说，报纸媒体版面越来越多，而且版面大。它不像其他媒体，一个广告单独出现在人的视觉阈限中，报纸广告是若干广告同版编排，或者广告与其他内容同版编排。这就要求编辑设计人员要有较高的编排设计水平，合理调动视觉设计要素，创造出一种有一定秩序和风格的平面视觉设计，以增强整个版面的美学效果，使受众以一种愉快轻松的心态阅读广告。

（4）图像设计要有创意和个性。报纸广告不像杂志、电视等广告有视觉图像表现上的优势，我国目前报纸媒体图像大多采用铅印，因此都是黑白效果。有些报纸尽管使用了套色技术，但印刷效果远不能与杂志等媒体相比。个别报纸广告采用胶印，印刷效果较好，但毕竟成本高，为一般报纸所不能接受。所以报纸广告如果用形象的视觉感受效果取胜是较困难的。

为此，图像设计一般应集中在构思创意上。以构思奇妙、创意独特、切入点准确、甚至较富哲理性见长，其内容效果会比纯视觉效果更好。

（5）图像力求简洁、说明言简意赅。报纸版面广告多、信息容量大，而且同一广告有较多文字说明，这都使报纸广告受众极易陷入繁杂信息的包围之中。所以，尽管报纸广告信息容量可以大一些，但为了提高有效性，广告设计仍然要坚持单纯性和简洁性原则。图片的剪裁、取舍，要达到突出广告主题的目的，文字的编排要根据广告内容及编排的整体要求、印刷使用的纸质来选择字体和字号，将文字编排成一个整体的形态（或点，或线，或面），使广告信息有效地得到传递。

（6）注意选择编辑环境。在同一版面出现若干广告，或者在其他内容与广告联缀编排的情况下，一定要注意广告的诉求内容、风格与周围信息内容风格的关系是否有不和谐、相抵触之处。例如，食品广告周围有脚气药物广告。

编辑环境对广告影响极大，编辑环境好，可以促进受众认知广告的情绪和效果。反之，则破坏受众的情绪。因此，报纸广告要预先进行编辑环境调查，以便求得良好效果。

2. 报纸广告作品赏析

作品一：皇轩葡萄酒广告文案

标题：皇轩之意不在酒（见图 1-4）

说明：

这是皇轩干红葡萄酒广告。广告以皇轩葡萄酒的印刷品作为背景，中间是一只手用筷子作着夹东西的动作，并用黄金做的链子缠绕在筷子的前部。广告的底部有一句广告语“皇轩之意不在酒”。在浅红色的皇轩两字中间是皇轩的商标。图案为奔马与盘龙分立在酒杯的两侧，而酒杯中盛满了酒，图案也采用金黄色做为其颜色。整个广告图案简洁，色调以暖色为主。

图 1-4　皇轩干红葡萄酒

分析：

在这样一个竞争如此激烈的葡萄酒市场中，各酒业公司八仙过海，各显神通。而皇轩作为一个在葡萄酒市场占有率相对中等偏上的企业来说，在千禧年这个时机作出这样的广告不愧是明智之举。

皇轩葡萄酒的广告并没有采用一般广告所运用的宣传手段即介绍产品的特点，而是采用图片配以简单的广告语向人们宣传其产品，表达了他们的广告意图。可见广告策划人想给别人一种与众不同的广告形象。

同时，在简洁的图画中也无处不渗透着广告者对皇轩这种品牌的推崇。红色是葡萄酒在所有酒类中特有的颜色，而浅红色又是优良葡萄洒的标志。在广告中，作者把“皇轩”两字和其英语品牌用浅红色来表示，正是体现了皇轩品牌的优良品质。同时用一只纤细的手来拿筷子正是说明了葡萄酒的细腻润滑。用筷子夹起那沉甸甸的金色链子，正寓意皇轩这一品牌的优良声誉，以及皇轩的质量是百分之百的纯正，就像黄金的纯正一样。

皇轩的广告语也与众不同，“皇轩之意不在酒”，一句简单的话语道出了广告策划人的用意。作为葡萄酒中比较领先的品牌能够有如此的广告创意，也体现了皇轩想借此次千禧年的机会发展自己，增加销售收入，扩大自己在葡萄酒市场的地位。在当今激烈的竞争环境中如果不把握住每一个机会的话，必然会渐渐地被市场所淘汰。逆水行舟，不进则退。

广告正是顺应了市场的发展，迎合了顾客的心理。

作品二：春兰宁静空调广告文案

标题：微不足道的一声，足以影响“春兰”所创造的宁静（见图 1-5）

图 1-5　春兰宁静空调广告

正文：春兰空调是驰名中外的名牌产品。1994 年 5 月，率先通过由国家标准化组织颁布的 ISO9001 国际标准认证，从而保证了从产品设计到售后服务的质量管理体系符合国际化标准。在国家轻工总会 1995 年 3 月发布的全国“空调生产快报汇总表”中显示：1 至 2 月全国累计销售空调约 50 万台，其中春兰空调销售约 21 万台。1995 年春兰集团又隆重推出新一代宁静空调。

新款宁静空调是在原有空调的基础上，不断摸索探求，经历上万次实验创出的新一代产品，在内部构造、管道安排以及零件加工工艺精度上都有所创新，大大降低了空调的噪声，为消费者带来了福音。假如您购买的是一台春兰新款宁静空调，会发现她带给您的不仅仅是四季如春的气息，她还会给您多一份温馨与宁静。

分析：

这是 1995 年 4 月 18 日经济日报第 12 版以整版篇幅刊登的春兰空调广告。巨大的画面是被一滴水激起的一圈圈波光纹形成的涟漪，上面还有一滴水滴正在下落。使人不禁想起了黑格尔曾经说过一个孩子的美学创造：他将一个小石子投入水中，顿时荡起一圈圈美丽的涟漪，面对着自己的不平凡的“业绩”，他会心地笑了。的确，面前的画面是一个极美的艺术作品，将人们的注意力一下子集中过来，引起了受众探究心理。

处于画面显著位置的标题提醒人们，这则广告在诉求一种宁静氛围。中国自古有诸如"鸟鸣山更幽"的以声衬静的描写手法，在电影《上甘岭》的坑道中，也用水的"嘀嗒"声来衬托指挥员思考时的极度宁静。本广告中一滴水竟能激起诺大水波，在人的联想作用下将视觉感受化为听觉效果。我们似乎听到了滴水之声，同时感受到一份宁静。

然而广告标题说，这滴水之声竟打破了"春兰"所创造的宁静，更加说明春兰空调的噪音之低，远在这种微声之下。因此，本广告牢牢抓住噪音低这一产品特点进行表现，诉求目标明确、集中，广告主题突出，给人印象深刻。

如果说画面以鲜明个性和艺术魅力给人以感性感染的话，文案则极具理性表达。正文开始部分通过权威证书和数字说明春兰空调良好品质和市场效果，接着通过工艺改造、创新等技术性说明论证现在推出的新一代空调降低噪声的科学性，最后表达了新一代春兰空调的承诺——宁静。可以说文案与画面配合默契，珠联璧合，是理性与感性两种表达方式的良好结合。

本广告的诉求点和承诺高度一致，有着较强的时代特色。因为现代社会快节奏工作和喧闹的生活氛围，使人们产生了强烈的宁静企盼，人们对家庭的室内环境和家用电器的噪音状况十分关注。春兰空调广告抓住这一点，可以说准确地抓住了现代消费者的消费观念。因此，本广告很容易为受众所认同。

作品三：广州香云莎衣着展广告文案

标题：黑色的贵族，白色的时尚

口号：弘扬中华文化，掘拓民间瑰宝（见图 1-6）

分析：

这帧由广州开发区广告公司创作的广告是一则很有特色的报纸广告，艺术形象采用最为古老的绘画语言——线条来表现，寥寥几笔，不着色彩，便将衣着展的全部信息都呈现了出来，很适宜于报纸媒体的印刷表现。

图 1-6　广州香云莎衣着展

这次服装展是"中国民族工艺衣着系列"活动之一。因此，民族风格和文化内蕴十分突出，成为活动的主题。在广告形象设计上突出体现了这一特色。

画面单线勾勒的服装造型：宽大、轻松、复古、随意而传神；形似斗笠的清代官帽的下面，简练到面部仅现出樱桃小口，配之戴着手镯的纤纤素手，人物造型并没有给人丝毫的生硬单调之感。神采秀逸的"香云莎"三字，与竖排版的文案交相映衬，使作品在民族文化总体风格中透露出强烈的庄静和秀丽的美学意蕴。以单纯的线条创造了如此效果，不能不说是报纸媒体功能的充分发挥。

作品四：《信息时报》广告文案

标题：粤式大煲？（见图 1-7）

正文：

《信息时报》有料到……此煲为特大号，内里“汤料”自然名副其实，试试从今日就开始订阅《信息时报》。《信息时报》为大型日报，广州出版，国内外发行。

图 1-7　《信息时报》广告

分析：

全黑底的报纸平面广告，画面正中是一只热气腾腾的煲，强烈地吸引着受众的视线。这只煲与众不同，它的煲盖和煲身都用一张《信息时报》妥妥帖帖地裱糊着。在报纸上，《信息时报》的报头红得夺目，“大型日报”广州出版“国内外发行”一行文字将报纸的性质暴露无遗。

而报纸内容的丰富和多样，就像一煲丰盛的菜肴，让人迫不及待地想要去品尝它。广告作品右上角，是广告标题和广告正文。标题用二号字表现：“粤式大煲?”文案为：“煲为报之谐音。信息时报有料到……”这是一句近年流行于粤、港、澳的粤语口头禅。“有料到”翻译成普通话意为“有内容，内容丰富……”粤人喜饮汤，每顿必煲，更讲究汤料之上乘，此煲为特大号，内里“汤料”自然名副其实。试试从今日就开始订阅《信息时报》。”

报纸的读者被这样的表现方式所吸引，而广告文案中体现独特粤式风格的语言、所传递的内容都是要看《信息时报》的读者的需要和喜好。此广告与他们的生活方式之间获得了一种从形式到内在的默契，交流和沟通由此产生。

作品五：广州城建集团广告

标题：天长地久（见图 1-8）

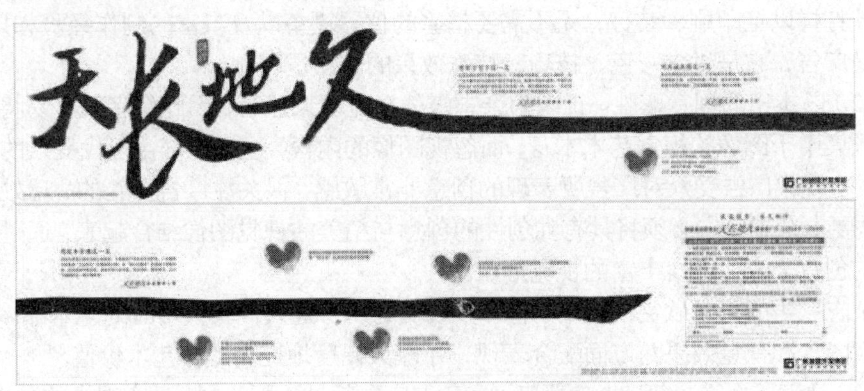

图 1-8　广州城建集团形象广告“天长地久”

正文：

用实力写下这一笔、用真诚延续这一笔、用服务实现这一笔。

分析：

这是由广州旭日广告公司代理制作的一则报纸广告。可以说是一则媒体运用与巧妙创意完美结合的佳作。广告不用插图，只用“天长地久”四个书法字并将“久”的最后一笔拉长跨版而过，既夺人视线，又令人遐想。在拉长的这一笔的上下，分别以“用实力写下这一笔”、“用真诚延续这一笔”、“用服务实现这一笔”三个小标题和四个红心符号，点缀布置文案要点，既恰到好处地言明主题，又有完美和谐的视觉效果，这则广告因而荣获了2000年第十届广州日报奖铜奖。

2.2 杂志广告

杂志也是一种印刷平面广告的媒体。尽管与报纸广告相比，它明显地缺乏时效性，而且覆盖面有限，但由于它印刷精美，具有光彩夺目的视觉效果，故深受特定受众的喜爱。由于杂志种类繁多，而且多数杂志出刊周期短，影响大，因此，它成为现代广告四大媒体之一。

1. 杂志广告特性的表现

由于印刷技术的发展和人类思维的进步，以往的单纯平面设计模式不断被打破，新的设计形式不断出现，这都体现着杂志广告的广阔前景。杂志广告的特性的表现如下。

（1）注重图像视觉艺术。由于现代造纸和快速发展的印刷技术，为杂志广告提供了品质精良的纸质和精密度极高的印刷效果，使印刷品越来越美仑美奂，魅力无穷。现代杂志广告首当其冲地以视觉图像艺术获得了广大读者的青睐。

但是，随着市场激烈竞争，杂志广告视觉图像的竞争力也越来越加剧。这就要求这类广告首先要有一个具有较强冲击力的视觉图像，将广告意图通过视觉语言表达出来。彩色印刷是一项制作过程复杂、众多人员参与的行业，从对原稿的照相、分色、制版、打样以至印刷、装订，无不需要精密的仪器设备以及丰富的制作经验和技术。特别是广告，它是讲求彩色、技巧、特殊效果的高质量印刷。

（2）以杰出的创意取胜。正因为杂志媒体视觉效果显著，因此作者很容易将创作精力只集中于图像的视觉艺术本身，而忽视图像的内含，这是不符合现代受众的审美心理的。现代广告受众对广告所表现的创意非常敏感，很关注广告全新的、巧妙的创意，这要求杂志广告必须将具有独创性的创意与精美的视觉图像结合起来，通过不同凡响的创意来表达内含丰富的视觉形象。

杂志广告的艺术欣赏性很高，有许多成功的广告是人们长久珍藏的艺术品。只有从创意内含和视觉效果两方面配合表现，才能大幅度地提高广告艺术价值。

（3）注意版面选择策略。一般来说，杂志广告都是一版一则，具有很大的独占性，很少受到其他广告的影响。但就版面种类来说有：封面、封底、封二、封三、插页、双页等。版面类别不同，受众对其注意度也有较大差异，以数字表示分别如下。

封面：100

封底：100

正中跨版双页：100

封二：95

封三：90

扉页：90

底扉：85

正中内页：85

内页：50

选择版面要根据广告目标和经济支持力来决定。注意率越大，广告有效率越高，特别对那些开拓市场和塑造形象的广告，效果尤佳。当然也需要较强的经济支持力。杂志媒体具有较强的专业性，即使是大众杂志，其读者群也较大众性报纸小，而且比较固定，有一定的文化层次，因此，杂志的选择要注意广告目标与读者的定位。

（4）发挥形式多样的制作技巧。要开拓思维，充分运用现代技术手段制作杂志广告的新形式。例如，插页广告、跨页广告与杂志装订结构的巧妙结合，折页广告（从一折到多折）、联券广告（可撕下的礼品券、优待券、竞赛券等）等。

（5）文案要有艺术性，尤其是标题。在杂志广告中，标题常常和图像相得益彰，要求很高的艺术性。因此，一定要创作出一个具有震撼力、感染力的标题。广告正文是杂志广告中一项重要内容，可以具有一定的篇幅，读者的阅读率较高。但是，在必须表达的范围内也要简明扼要，惜墨如金。

2. 杂志广告作品赏析

作品一：美国哈特威衬衫广告

标题：穿“哈特威”衬衫的人（见图 1-9）

正文：

美国人最后终于开始体会到，买一套好的西装而被一件廉价衬衫毁坏整个形象的效果，实在是一件愚蠢的事。因此，在这个阶层的人群中，“哈特威”衬衫就日渐流行了。

首先，“哈特威”衬衫耐穿性极长——这是多年的事。

其次，因为“哈特威”剪裁——低斜度及“为顾客定制的”衣领，使得您看起来更年轻、更高贵；整件衬衣不惜工本的剪裁，因而使您更为“舒适”；下摆很长，可深入你的裤腰；钮扣是用珍珠母做成的，非常大，也非常有男子气，甚至缝纫上也存在着一种南北战争前的高雅。最重要的是，“哈特威”使用从世界各地进口的最有名的布匹来缝制他们

图 1-9　哈特威衬衫广告
“戴眼罩的男人”

的衬衫，穿了这么完美风格的衬衫，您会得到众多的内心满足。

“哈特威”衬衫是缅因州的小城渥特威的一个小公司的虔诚的手艺人所缝制的。他们老老小小的在那里工作了已整整 114 年。您如果想在离你最近的店家买到“哈特威”衬衫，请写张明信片到“C · F · 哈特威”缅因州渥特威城，即复。

分析：

哈特威衬衫广告的作者是美国赫赫有名的广告大师大卫 ·奥格威最为称道的得意之作，它曾在市场上取得了神奇效果。其原因在于：形象设计别出心裁、惹人注目：出人意料地给模特儿戴上一个黑眼罩，以出人意料的姿态来吸引人们的视线，当人们的视线接触到这位直立的男士形象时，按视觉流程的诱导，就会从模特儿脸部开始从上而下的流动，到达广告诉求的重心——衬衫上面。

广告上的衬衫出现在深色背景上，格外雪白，对比强烈、显眼，突出了商品形象。衬衫穿着在身材俊美的模特儿身上，配以协调的领带、皮带，右手下垂，左臂弯曲握拳插腰，将衬衫的典雅、优美、潇洒、高档的风格表现得淋漓尽致，给人留下了极为深刻而美好的印象。

这幅广告的画面重点在衬衫形象上，着力向人们展示衬衫的款式和档次。这是广告的诉求重点。广告文案中肯、具体、实在、令人信赖。标题是“穿‘哈威特’衬衫的男人”，语气十分平和，朴实无华、单刀直入地告诉人们一个信息。虽然标题平直无奇，但图像却将人视线吸引到戴眼罩的人身上，眼罩一下子使人注目，弥补了标题的不足，可谓配合得恰到好处。

文案第一段很能打动男士们的心。它着重说明了一个男子追求着装效果方面敏感的心理：衬衫对西装具有重要的衬托作用。几乎男士们都知道西装再好，衬衫较差，则西装效果便会黯然失色，甚至因为搭配不好，反美为丑。而一件高档的好衬衫，会使西装气度不凡，顿然生辉。所以男士对高档衬衫的追求十分在意，非常执著。而哈特威衬衫，正可满足男士们这种追求，穿上后正如戴眼罩的模特儿一样帅气。这一段以平直的口吻说出了人们十分敏感并且具有深切体会的感受，引起人们读下文的兴趣。

接着文案分段进行论证哈特威衬衫的特点：耐久，穿上显得年轻；高雅，衣领斜度低；用料慷慨，非常适体；做工地道，面料上乘，皆为名牌；工艺优良，历史悠久，等等。所有特点都用事实说话，说服力强，令人相信。整个文案的意图、好处和承诺都十分具体、明确。这是一个典型的直述类广告。

画面重在突出商品形象，文案也在突现商品形象，图文意图一致，目标明确，给人鲜明印象。直述类广告最易流于一般化，缺乏新意。但奥格威化腐朽为神奇，仅用了一个巧妙绝招：给模特儿戴上眼罩，便使全盘棋局一下走活，生气盎然，画面和文案的直接展示与平直说明，都负担在这个鲜活的小技巧上，丝毫不显得直白呆板，而是让人们在新奇的心态中接收完全部的广告信息。

可以说，这则广告以低廉的制作费用，收到了最大的效果，是最经济合算的范例。另外，广告图片精美，标题和正文在排版上规范、统一，表现出一种完整、传统的经典编排效果。因此，选择印刷精美的杂志媒体最为恰当。

作品二：力士柔亮营养洗发水广告

标题：柔柔亮亮，闪闪动人（见图 1-10）

说明：

“力士”系列广告在众多的化妆品广告中总能给人留下较为深刻的印象。分析一下这则“柔亮营养洗发水”广告，我们不难得出其成功原因所在。

图 1-10　力士柔亮洗发水

分析：

创意新颖、印象深刻。广告创意是广告设计的先导。“力士”广告在国内较早地利用了国际著名影星来作模特，体现产品良好的性能功效，形成了一种权威性的效果。作为广告诱人三要素之一的美女，用来体现化妆品的质优是较为恰当的。整个广告的言下之意在于：用了“力士”，您能像纳塔莎一样美丽动人。这对于广告受众，尤其是女性消费者具有很大的吸引力。

图案鲜明，色彩适宜。整幅广告画面以紫色为背景，与柔亮营养洗发水的标志相一致，配以纳塔莎淡紫色的吊带裙，整幅画面融为一体。清新的紫色与自然的肤色共同衬托出一头乌黑亮丽、柔顺飘逸的秀发，而且美丽的秀发竟能映射出白紫相间的力士标志，这便是整幅图案的最亮点，构成了人们视觉的焦点。影星微笑的面容和专注的眼神都给人以使用力士后舒服清爽的感觉，一切尽在不言中。左下角展示了力士洗发水产品的四种不同类型，让人们加深了对不同性能产品特征的了解。不同颜色的力士标志，醒目而易区分，利于消费者选择。

文字精练，说服力强。短短几行文字将头发受损的环境，力士营养洗发水的配方、功效等综合概括，让人感到购买“力士”的必要性。一句“柔柔亮亮，闪闪动人”的广告语，巧妙地将产品名称“柔亮营养洗发水”与功效结合在一起，准确明白，令人回味。另外，不同的语言文字采用了大小不同，色彩各异的字体，主次分明，说服效果好。

布局合理，重点突出。整个版面以人物形象为主，一头清新亮泽的秀发将版面斜分为二，力士标志、口号、产品功能简介等，集中于左面三分之一版面，自上而下横竖排列，富有变化不单调。版面正中，明暗相间的“力士”标志起到了突出品牌的作用，也是整幅广告的中心所在。

总之，这则力士柔亮营养洗发水广告，在创意、图案、文字及布局等各方面都很成功，给人以美的享受，也留下了较为深刻的印象。

作品三：姗拉娜护肤品广告

标题：哇，小痘痘不见了（见图 1-11）

说明：

姗拉娜是一种女性护肤用品，其广告目标对象是青年女性。这则广告根据目标受众的年龄心理特征，展开了卓有成效的劝服。

分析：

该广告版面画面设计符合目标受众的要求。广告整体设计以绿色为背景，模特儿是一位身着红装的美丽女孩，背景天空飞舞着几只彩蝶，这一切都体现了青春的活力、青春的美丽。这种画面设计，完全符合青年女性审美观念和情趣爱好。

图 1-11　姗拉娜护肤品广告

广告文案采用问题解决式展开方式。文案开头写道：“一群小痘痘，像一个个不听话的音符，极不和谐地出现，挥之不去。”这些小痘痘给青年男女带来许多烦恼，问题怎样解决？答案：“姗拉娜帮我除去多余，修复完美。”姗拉娜止痘效果如何？使用后令你皮肤“光洁润泽，流畅动人，青春没烦恼，快乐好心情！”

这则广告的语言也很有特色，诙谐、活泼、残缺是它的最大特征。文案中把病症的青春痘称为“小痘痘”，像一个个不听话的“音符”，极不和谐地出现。这里“出现”之后，省去了“在脸上”，“挥之不去”中省去了行为客体“小痘痘”，“修复完美”少了“肌肤”等。省去某些词语，明显使人感到少了点什么，但并不影响人们对广告信息的理解，反而使广告语言更加简洁、流畅，给人一种残缺美的感觉。再加上如“哇，小痘痘不见了!”这样的语调，使人感到轻松愉快，没有被说教的感受。在姗拉娜这一则广告中，经拟人化的手法写“痘”和“姗拉娜”，更是活泼可爱，令人爱不释手。读了这文案，仿佛你年轻了十岁，也成了广告的诉求对象。

该广告很注意对受众心理的把握。我们知道，作为护肤用品，人们非常重视其机理和质量，害怕因不慎使用不好的产品导致对皮肤的伤害。广告设计者非常理解受众的担忧，有的放矢地说明了青春痘四大成因，并强调指出：“青春痘及油性皮肤的护理——姗拉娜止痘系列产品提供您正确的选择。”在这些文字下面列出预防、治疗青春痘的方法。这些介绍，对消除消费考的顾虑，增强对产品的信赖程度，都起到较好的宣传说服效果。

2.3　电视广告

电视是随着现代科学技术进入广告媒体行列的“爆炸性媒体”，它具有形、声、色相结合，融摄像、绘画、音乐、文字于一体，成为其他媒体的强有力竞争对手。它覆盖面宽，收视率高，传播速度快，是可与报纸媒体相匹敌的现代大型媒体。

1. 电视广告特性的表现

由于电视机的普及，原来那些受文化限制的受众陡然扩大到电视广告的接受群中，可以说电视拥有着最庞大的受众群。电视广告特性的表现如下。

（1）内容视觉化。电视广告是一种靠视觉形象来传达信息的媒体，判断一个电视广告成功与否的方法是：盖上文字看画面是否可以说明意图和诉求点。这就要求广告形象设计一方面与受众的生活文化相吻合，另一方面与广告切入点相吻合。

（2）创意要有震撼力。电视广告在众多广告接二连三快速演播和受众厌倦的情况下，要靠创意的出奇制胜和震撼力给观众留下深刻印象。创意要充分发挥独创性和非凡的想象力，正如美国著名的 DDB 广告公司总裁威廉·伯恩巴克所指出的，“要使观众在一瞬间发生惊叹，立即明白商品的优点，而且永不忘记。”这才是杰出的销售创意。销售创意要有个性，要靠有力、明确以及干净利落的构思来体现。构思的形态很多，或情节型，或解决问题型、证据型、滑稽型、示范型、特殊效果型、生活片段型等。在各种构思形态表现中，悬念型是满足现代广告受众的特殊方式，要使受众有一种既出乎意料，又近于情理的感受。当然，采用什么的样构思形式来表现创意，要根据产品或劳务、市场、受众、预算、片长等因素而定。

（3）把握快节奏。一般来说电视广告时间较短，有 5 秒、15 秒、30 秒、45 秒、60 秒的插播广告。要在短短数秒、数十秒的时间内，争取较大效率传送信息，吸引受众，最重要的问题是昂贵的制作费，所以把握快节奏成为电视广告一个十分重要的表现特征。快节奏根本是要抓住开头瞬间，直接入题，突出形象。抓住观众注意力是保持受众对整个广告兴趣的关键，即使在较长时段做广告，即使采取情节式，也要抓紧表现关键镜头，一语点破诉求，切忌冗长拖沓。

（4）强化商品品牌。电视广告往往因突出了形象，很容易忽视品牌，加上荧屏图像稍纵即逝的特点，更加大了突出品牌的难度。因此，强化品牌是最应引起注意的。认清品牌、重视品牌、牢记品牌是电视广告的落脚点，必须通过反复、突现、特写等手段将品牌牢牢刻在受众脑海里。当然最好的方法是与情节恰到好处的配合，以品牌达到“画龙点睛”的效果。

（5）技法综合运用。电视广告表现技法十分复杂，例如不同景别具有不同的表现力（远景、全景、中景、近景、特写）；不同的镜头运动方法（推镜头、拉镜头、摇镜头、跟镜头）具有不同的表现力；蒙太奇技巧（即按情节和作品意图将一个个镜头按一定节奏组接起来，使观众产生某种认识和感受）等更是变幻丰富。电视广告要综合运用其特点，克服单一化的呆板倾向。

（6）音响效果的运用。声音是电视广告很重要的表达因素，视觉化的结果可以减少语言，但音响效果却是必不可少的。因为音响是表达视觉形象的重要辅助手段，音响应与形象过程配合默契，达到描绘和渲染相统一的效果。

2. 电视广告作品赏析

作品一：百事可乐广告（救生圈篇）（见图 1-12）

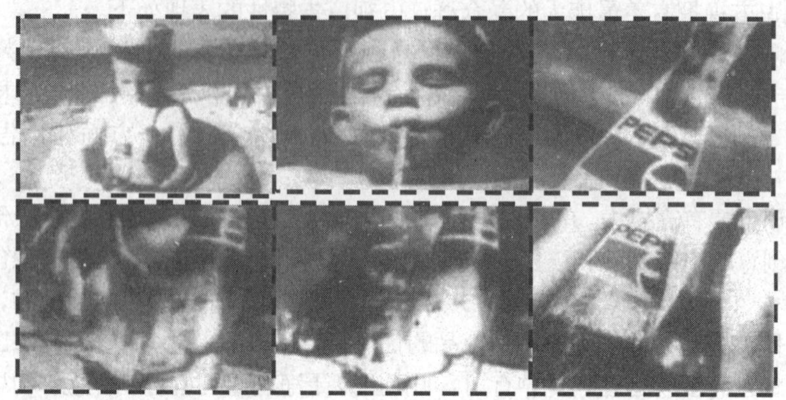

图 1-12　百事可乐广告（救生圈篇）

分析：

美国 BBDO 为百事可乐做的“救生圈”电视广告，创造了这样一个故事：一个坐在救生圈里的小男孩，正全神贯注地吮吸一瓶百事可乐。吸得那么急、那么快、那么专注，以至他自己被吸到瓶子里去了。妈妈焦急地跑过来，看到这情景不由自主地哭了。

该广告从总体上来说，采用了全新的思维方式，即逆向思维方式。逆向思维是一种具有反传统、反常规的思维，逆间思维为人类创造了许多奇迹。例如，最初清除灰尘只是用吹的办法，反过来思考，赫伯布斯制作出了吸尘器；声音引起振动，反过来想，振动也能还原成声音，爱迪生发明了留声机；声音转为电信号，反过来电信号还原为声音，贝尔发明了电话。

广告一般以正面诉求为主，只想讲产品如何好，给人带来什么利益。“王婆卖瓜，自卖自夸”，从古到今概莫能外。如果我们习惯于这种思维模式，往往缺少新意，不能打动消费者的心。日本广告专家认为，“广告就是创造不同”，新奇令人瞩目，与众不同才能引入注意。当传统的正面诉求找不到令人激动的广告表现时，应该转换方向，从反面来考虑，也许会有一个出人意料的成功构想。

以这则广告来说，从古到今，从内至外，人们喝饮料都是吸进饮料，没听说人被吸进饮料瓶子的。就因为设计者想人之不能想，所以才取得了意想不到的效果。广告看似荒诞，细想起来也不无道理。试问，这男孩为什么如此卖力地吸饮料，因为饮料好喝，对他有吸引力。既然饮料有如此大的吸引力，把孩子吸进瓶里也就见怪不怪了。

逆向思维，反其道而行之，这是广告创作的一条重要思路。艾·里斯在《广告攻心战略——品牌定位》一文中说：“寻找空隙，你一定要有反其道而行的能力。如果每个人都往东走，想一下，你往西走能不能找到你所要的空隙。哥伦布所使用的策略有效，对你也能发生作用。”艾·里斯这里讲的是广告定位问题，成功的广告构想同样离不开逆向思维。

作品二：麦当劳广告（哭笑有因）（见图1-13）

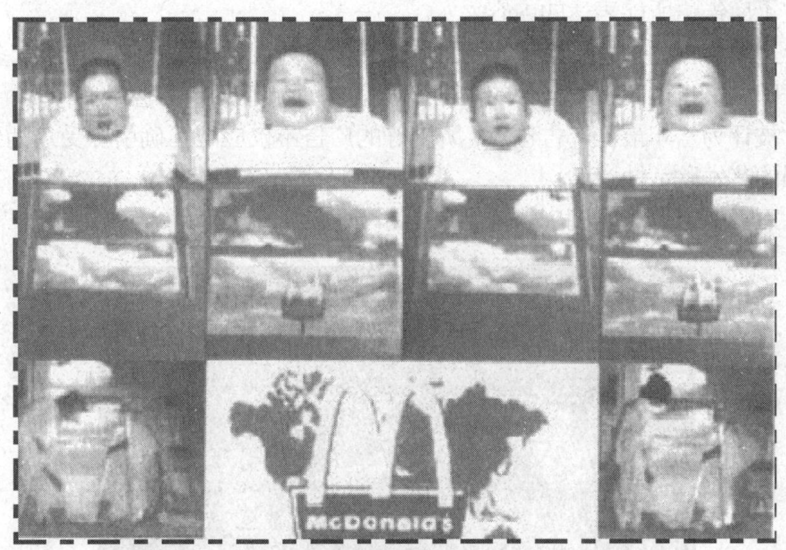

图1-13　麦当劳广告（哭笑有因）

分析：

这个广告是麦当劳公司拍摄并播放的电视广告。整个广告以一个刚满周岁的婴儿为主人公，以婴儿的时哭时笑的面部表情贯串于这个广告的绝大部分时间，重点突出了麦当劳的品牌形象，因此这篇广告是比较成功的。

从广告的创意方面来看，这篇广告的创意独具匠心。利用一个未能讲话的婴儿对事物的反应来突出麦当劳的品牌形象，十分新颖。广告中一个婴儿都对于麦当劳食品如此痴恋，那么对识别能力正常的一般人那就可想而知了，这也正是该广告创意的精美之处。

从版面制作的角度来看，整篇广告的拍摄十分简单：一个婴儿坐在摇椅上，面向窗外一上一下地摇动，看看窗外时见时隐的麦当劳广告标志，一会儿哭，一会儿笑，最终妈妈过来才发现，窗外的标志是麦当劳的"M"标志。

从整个拍摄全过程来看，镜头多数给了婴儿的面部表情。一种看见"M"后的喜悦和看不见时的哭泣，仅仅就这两个镜头的相互切换就完完全全地表达了广告诉求重点。整篇广告的制作十分简单但又十分出色：短短的30秒时间，婴儿、摇椅、窗外的麦当劳广告，完整地表达了创作者的意念，突出了麦当劳的品牌形象。

从广告策划的角度来看，这篇广告是在中国香港地区拍摄的，其主要的目标受众是中国的儿童、青少年。片中描写的是一个比较典型的中国婴儿，几乎完全的东方人的生活习惯，但麦当劳却深深地打动了他的心。

从广告制作的策略看，十分完美地利用了当地的风土人情，这是国际广告当地化的典型杰作。

整篇广告没有广告语，婴儿微笑与哭泣的声音配合轻快的音乐，镜头在婴儿与POP 广告之间转换配合得十分合理。广告虽然没有使用一句广告语，但是其效果已远远超过了广告语所能表达的内容。

综合这则广告的创意、策划、版面设计等诸多方面，均属一流，它给众多观众留下了美好印象，也提高了麦当劳的知名度及其在消费者心中的地位。

本片被评为当年最佳广告创意，所以好的广告不仅应能正确引导受众消费，也应具备较强的艺术欣赏性。

作品三：南方黑芝麻糊广告（见图 1-14）

图 1-14　南方黑芝麻糊广告

分析：

这是一则在我国具有巨大影响的电视广告，由南国影业广告有限公司创作。该广告的创意与一般食品广告创意不同，它不是在直接表现食品形象，也不是表现食用效果和说明食品内在成分和质量，而是着力表现消费者食用过程。这不是一般的过程，而是叙述了古老时代的一个小男孩的购买食用过程。

广告篇名叫“怀旧篇”，是着意要表现昔日的生活和情怀。广告诉求目标为：表现传统食品强烈美味的诱惑力。运用怀旧手段，可以唤起年长者美好的童年回忆，诱发年幼者好奇的追求。它使人们明白，对于传统名吃，越是年代久远，乃至跨越世纪，今天就越具有魅力。由此可见，广告运用怀旧手段增加消费者对产品的感受和信赖。

广告意图着力视觉化，使人受到深切感染。这则广告的主题并不复杂，就是通过长久的食用过程表现食品的上乘美味。为了表现这一主题，广告始终抓住小男孩的馋不自制，乃至潜意识流露的种种表情，引起人的爱怜。小男孩随着“南方黑芝麻糊”一声令人惊喜的吆喝，条件反射似地立即出门，他在目不转睛地凝视，急切等待地搓手，忘乎所以地贪吃，下意识地舔碗，留恋不舍离去，又赢得了卖糊大嫂外加的一勺，以及最后吃完后又下意识地咬着下嘴唇凝视期望等，无不淋漓尽致地将一个规矩而可爱的“馋猫”形象表现出来，从而有力地说明了芝麻糊的质量。

为了说明主题，这则广告采用了一系列手法烘托气氛。首先，通篇采用橘黄色为基调的暖色调，不但给人以亲切感，还将人带入了往日的回忆之中，制造了一种温馨的氛围。其次，采用怀旧的方法，在现代文明和市场经济高度发展的今天，符号化、信息化、标准化已将人们的个性和温情减弱，人们迫切希望重回往日的情怀来调节现代社会的快节奏，这个广告正是用昔日的情怀衬托了传统民间产品的个性，并同时以情感染人。再次，广告中专门设计了卖糊大嫂给小男孩增添一勺的情节，体现了浓郁的中华民族的传统人情味，这也是烘托主题的很好方法。

这则广告的总体风格体现了中华民族传统文化的特征。麻石小巷、小担小灯、小男孩心情急切却没有急躁行为，以及大嫂添食、女孩窃笑等镜头，一切都自然而然，从容不迫，充满了人间爱心。这则广告是中华民族文化的写真，是中国传统食品文化的写真，中国文化融入了现代商业广告，具有独特的风格，是任何其他外国广告所不能取代的。

作品四：美国科勒卫生洁具广告（逍遥游）（见图 1-15）

分析：

现代广告讲究奇、巧、歪三个字，做广告的目的就是提高本产品在公众心目中的知名度。这一则美国卫浴电视广告，就体现了这些特点。它的广告词是“科勒为你的生活注入活力，创造新意，引发新的体验。”

图 1-15　科勒卫生洁具广告（逍遥游）

本则广告主要采用了桃红、水蓝、象牙白三种色调，首先映入眼帘是一位妙龄少女身穿一条白色长裙，附加一条白色长围巾，在水中畅游的姿态，那种在水中充分舒展的游姿，使人即刻就联想到在科勒的浴缸里能同样享受到那份在水中畅游的感受，仿佛在告诉受众，既然无法享受到那种在大海中充分舒展自己的感受，何不添置科勒卫浴系列用具，在家里也能享受到一份别样的感受呢？

再看浴缸的造型。内壁外延是仿造海浪波纹的，线条柔和、简洁，盆内盛放的天蓝色的浴水清澈透明。忙碌了一天后，需要消除工作后的那份疲劳，洗澡泡浴是解乏的首选之举。不锈钢的龙头设计得非常巧妙，实用大方，相信很多现代人会喜欢上它。

再看马桶，与浴缸相配套，水箱盖也是波浪型的，象牙白的色调给人以一种白净感，让人联想到坐在家中的卫生间里，慢慢翻阅一张报纸，一个人享受的那份恬然自得，好不逍遥。

本则广告充分体现了其主题——逍遥游，桃红色的背景色调更加烘托了那位在水中轻舞飞扬的少女，让人非常向往。

2.4 广播广告

广播媒体是现代广告四大媒体之一，它的发展要早于电视媒体。自从电视得到普及之后，广播媒体就相对处于其次地位，但是由于它诉诸于人的听觉感官，方便接收，故拥有极广泛的受众，尤其在我国农村，广播是数亿农民最主要的广告媒体。加之它传播速度快、通俗易懂、灵活多样，收音机又携带方便，因此它作为一种广告媒体长久不衰。

1. 广播广告特性的表现

在现代广告竞争激化的情势下，广播广告的表达方式更加艺术化、多样化，形成了自己特有的一种媒体特色。

（1）语言表达力求形象化。广播没有图像，只有声音，它是由语言、音响和音乐三个声音要素组成的传播媒体，而且有一个突出缺点是转瞬即逝。这使广播广告的告知信息很难给受众留下深刻印象。要克服这种状况，增强语言的形象化、艺术性、感染力是很有效的方法。在说明广告对象的功能品质时，要讲求语言的表达技巧：准确清晰、抑扬顿挫，使广告可听性强，受众接受清楚明白。

（2）简明扼要、突出主题。克服声音信息易逝缺点的另一个方法是加强主要信息强度，突出广告主题。广播广告最忌大信息量的语言表达，必须提纲挈领、删繁就简、言简意赅，才能给人以深刻印象。

（3）运用多种语言艺术形式。为了避免语言传达商品信息枯燥化，增强艺术感染力，广播广告适宜借用各种语言艺术形式来创意广告。例如，戏剧、故事、诗歌、散文、相声、歌曲、快板、小品等。但是，艺术形式只是手段，广告目标才是目的。因此借用艺术形式不能本末倒置，将受众注意力吸引到艺术形式本身。要使艺术形式很巧妙、很明确地为广告主题服务。艺术表达只是为了提起注意和兴趣，造成气氛，尽快切入正题。

（4）增强商品和品牌形象。现代广告一个极为重要的目的是树立品牌形象，广告的易逝性很容易使人忘记品牌，必须克服这一缺点，要采取各种形式强化品牌。受众能记住牌子的广播广告就是一个好广告。

（5）设计好音乐、音响效果。音乐、音响对于增强语言的艺术效果，渲染、烘托氛围，塑造语言形象，提高广告的感染力具有极为重要的作用。充分利用音乐、音响功能是广播广告的优点。音乐要有个性，特征明显，便于受众记忆，音响要求逼真、酷似，使人如临其境。音乐、音响都应以简洁取胜，点到为止。

（6）要有适度的重复。这也是克服易逝性的方法之一。重复可能引起受众厌烦心理，所以广播广告要追求语言的美感效果，力求达到受众百听不厌，一听一新的审美境界。

2. 广播广告赏析

作品一：国脉寻呼台广告（BP 机）

文案：

嘟……嘟……爆竹声……

男声：这是国脉寻呼台对用户们致以节日的问候。

BP 机：嘟……嘟……青蛙叫声……

男声：这是两个朋友在谈生意。

BP 机：嘟……嘟……牛叫声……

男声：这是两位股民在兴奋地谈论股市好消息。

BP 机：嘟……嘟……母鸡生蛋后叫声……

男声：这是妻子告诉丈夫生了个大胖小子。

BP 机：嘟……嘟……（渐弱）

男旁白：国脉寻呼台，一种声音，万分关心。

分析：

这则曾在上海人民广播电台广播的广告，首先给人印象最深的是创意，它将音响变成有个性的形象。这是一则表现寻呼台以信息搜寻服务为指称对象的广告。这类广告创意大多采用说明文体形式，说明服务的性能质量等；本广告却采用了形象比喻的描写文体，创造了一个寻呼台正在紧张工作的形象“画面”。节日问候、商务交易、报告消息等等，充分体现了寻呼台与人们生活的密切关系，以巧妙方式将抽象转化为形象，将说理转化为体验，给人以充实感、亲切感。

其次，音响效果逼真，充分体现寻呼台的声音特征。广播广告媒体的优势是声音，为了增强形象性，这则广告从始至终运用了各种音响效果，以十分逼真的摹拟音响感染受众，给受众形成一种耳闻其声、身临其境的感受。尤其是每种音响的出现，都是由 BP 机的声音“嘟……嘟……”导引出来的，这便自然与指称对象联系起来，很得体地把产品功能生活化、形象化了，这是一种创造。音响效果摹拟越逼真，广告越能进入惟妙惟肖境界，越具感染力。

再次，诉求点高度集中、主题明确。这则广告的音响摹拟种类较多，有爆竹、青蛙、牛叫、鸡鸣等多种声音，但这些声音却从不同的角度汇作一个声音，化作一个主题：万分关心。将广告诉求点高度集中起来，即寻呼台把自已快速传达信息的功能和优质服务，化作对千家万户受众的关怀和温暖。

再其次，简洁明快、富有幽默感和生活情趣。这则广告十分简洁，但情趣盎然，给人留下极深的印象，关键是运用了幽默滑稽的手法。特别是以青蛙叫声代替两个朋友对生意谈兴正浓的情景，牛叫声代替两个股民谈论股市行情的兴致，而鸡生蛋的叫声则表示妻子生了个宝贝儿子的兴奋心情。这种以动物声来比拟人间生活的浓厚情趣，增强了广告的喜剧色彩，使人兴味顿生，回味无穷。

最后，突出产品——BP 机功能。广告中无论哪一种模仿的声音，都是由 BP 机的“嘟……嘟……”声导引出来的，这则广告可以说具有两头单一、中间丰富的特点。

中间丰富指各种音响和生活情节丰富多彩，令人应接不暇，而开端一头只有一个，即BP机的“嘟……嘟……”声，终端一头也只有一个，即是广告的诉求点和主题。从始到终都集中于产品本身，突出了产品功能特征，使产品的外部特征和内含实质都得到了很好体现。

作品二：北京飞利浦音响广告

文案：

小孩：（荷兰风格的音乐渐入）爷爷，你怎么了？

老人：（从回忆中清醒）哦，这是爷爷当年在荷兰留学的时候最喜欢听的曲子，那时候我用的是荷兰飞利浦音响，它伴随我度过了多少思乡之夜啊！

女儿：爸爸，您说的荷兰飞利浦音响已经在咱们北京安家落户了，咱们现在听的就是北京飞利浦音响。

（旁白男声）北京飞利浦，唤起您温馨的回忆。

分析：

这是一则曾在中央人民广播电台广播的广告作品。北京飞利浦音响是世界名牌音响荷兰飞利浦引入北京的产品，以历史悠久、音色美好的特点享誉世界。广告抓住了这一特点作为诉求目标突出表现。在广告词中最突出的是老人深有感触的一段回忆：“哦，这是爷爷当年在荷兰留学时最喜欢听的曲子，那时候我用的是荷兰飞利浦音响，它伴随我度过了多少思乡之夜啊！”这一段话是这则广告最得力的句子，爷爷当年留学，可见飞利浦音响的历史是多么悠久。而且那时“最喜欢听的曲子”和“用的是飞利浦音响”，飞利浦在那个时候就能够激发我这个海外游子的情怀，伴我度过了多少个思乡之夜。可见飞利浦音响音色美好，质量优良，魅力无穷。

广告最末一句：“北京飞利浦，唤起您温馨的回忆”，再一次强调飞利浦给人们带来美好的记忆，并说明北京飞利浦与荷兰飞利浦的关系。表现的基本方法是情感诉求式，广告并不着重说理，而是先播放出悦耳动听、发人神思的荷兰风格的乐曲。随着乐曲旋律，自然而然地引起了曾在荷兰留学过的爷爷的感触和沉思。于是，他陷入了深沉的回忆之中。回首往事，当年的情景历历在目，使他感慨万端！“爷爷，你怎么了？”小孩看见陷入沉思而凝神的爷爷，自然地发问，引出爷爷最深切的感慨：飞利浦音响播放的荷兰乐曲曾是怎样地令我着迷，伴随了我最有意义的一段生活！广告在情真意切的感触中表达了自己的诉求点，使人深受感染。

后面女儿针对老人的回忆，说明现在咱们听到的正是您所说的荷兰飞利浦音响，这种音响现在在北京安家落户了，点明北京的飞利浦与荷兰的飞利浦完全相同，质量不差分毫，受众可以放心信赖。最后一句男声旁白：“北京飞利浦，唤起您温馨的回忆”，又一次情感诉求，前后呼应，加深印象，强调品牌。

整个广告的基调充满温馨回忆的美好情思，在我们生活中，对某一段过去有意味生活的回忆，可激发人们心中的美感，绵长悠远，令人不能忘怀。作者正是利用这种审美心理和生活经验创作这则广告，收到很好的艺术效果。

媒体是广播，主要通过音乐、音响和语言声调来表达情感。音乐渐入，已使人神牵魂系，此时老人厚重深沉的男声描绘了一个往日令人神往的情境，打动人心。女儿并非小孩无知，已当成年，经她之口说明的信息必然可靠无疑——飞利浦在北京引进，令人信服。

广告词十分简明精练。开头音乐、最后结尾非常简要自不必说。正文部分主要分两段，即老人与女儿的两段话。这两段话也十分精练。老人的回忆点明人们的需求，女儿的话使人们得知这种需求得到满足，点明现在飞利浦音响就在身边。言简意赅，给人们留下了深刻记忆。

作品三：古汉养生精广告

文案：

音乐：中国古典音乐（筝箫合奏，琵琶、笙等伴奏），回忆往事，充满神秘、怀旧的情感。

平实的女声：1973 年，湖南马王堆古汉《养生方》出土；1986 年，衡阳中药厂“古汉养生精”问世。

成熟的男声（算盘声作背景）：

人参，四钱二分；黄芪，一两四钱；金樱子，七钱五分；白芍，六钱；枸杞、黄精、淫羊藿压混。心血九斗，白发三千丈，智慧十二分，无数春秋造就。

音乐止。

男旁白：古汉养生精。

分析：

这是一则可与南方芝麻糊电视广告媲美的广播广告，曾在中央人民广播电台广播。广告从始到终浸透着中华民族文化的气质，个性突出，风格独到。

广告从中国古典音乐演奏开始，把受众带入怀旧的历史感和古文化氛围中，然后以新闻形式，通过语气说明古汉墓《养生方》出土与“古汉养生精”保健品问世的渊源关系。接着广告便进入了药品成分——药方的叙述，完全以一种厚重的语气增强了产品的历史感。

药方全部用叙述罗列方式，透露出中华医药地道的特征与真实。所有这些，使民族文化色彩渲染到了无以复加的地步，给人印象极深，感染力极大，增强了受众对药品品种和性能的信赖感。

从创意来看这则广告，也很有特点。特别是采用诵读药方的方式做保健药品广告在我国同类产品广告创意中尚属首例。配以背景算盘声的渲染，昭示了本产品的品质上乘，同时在药名之后出现“心血九斗，白发三千丈，智慧十二分”等健体、长寿、增智的效果，表明了本产品功能的显著。而这种独到的创意，带给人们的新奇感，由此引起对广告的趣味心理比产品品质功能的昭示效果要更为重要。

可听性是本广告又一特点，这很适合于广播媒体。本则广告对声音的形象功能体现得很充分：古乐演奏，从女音新闻报道到沧桑男音解说，以及药方诵读、点出品名等都设计得有声有色，意境迭出，具有很强的可听性，很快将受众带入广告诉求目标的氛围中。这种设计充分地体现了广播媒体的声音描绘功能，使受众受到极大的感染。

本广告设计集中表现“古汉”和“养生”，目标明确。整个广告的程序可分为两大部分，前面集中表达产品的出处：1973 年长沙马王堆出土了汉代《养生方》，而 1986 年湖南衡阳中药厂研制出了“古汉养生精”。后面部分集中表达产品的品质功能：药方配方和使用效果，诉求目标准确集中。

2.5 户外广告

户外广告虽不属于四大广告媒体之列，但其品种繁多，设置范围宽泛，在广告世界所占比重极大，影响极广，成为人们生活环境中的一大景观。它在传达商业信息的同时，对于促进社会公益事业，美化环境，丰富生活等方面都有着极为重要的作用。

户外广告可分为平面和立体两大类：平面广告有路牌广告、招贴广告、壁墙广告等，立体广告有霓虹灯、广告柱、广告塔以及空中各种飞悬式广告等。在户外广告中，路牌、招贴是最为重要的两种形式，影响甚广。

1. 户外广告特性的表现

（1）具有很强的视觉冲击力。现代城市是户外广告的海洋，千姿百态，层出不穷，目不暇接，但能够给受众留下深刻印象的只是极少数。这就要求户外广告必须以视觉冲击力引起受众的注意和兴趣。考虑到现代受众的审美需求和建筑物的高大广远的特征，广告必须首先巨大醒目，在视觉阈限占有一定位置。在内容设计上应有刺激性和震撼力，尤其是创意的内含要足以诱发人们的注意和兴趣。否则，户外广告只能美化城市，不会给广告主带来实际价值。

（2）简洁单纯、以图为主。户外广告常常是以行进中的受众为对象的，这样的受众对广告的视觉注意力和持久力都很小。因此，户外广告设计绝不能太繁杂，而要力求简明单纯，并以图像为主。文案要简化到最少，有时甚至可以减少到只有一个品牌名称。必不可少的文案和图像，都要突出产品或企业形象的主要信息，减少信息量，扩大可视度。标题是户外广告的眼睛，写得好，既能引起注意和兴趣，又能对理解广告起到提示作用。

（3）增强情感攻势。在信息量极为有限的户外广告里进行情感诉求是一个难题，但却是非常重要的问题。因为情感的力量给人的感染力要比理性诉求大得多，而且在局限性很大的户外广告中进行理性诉求更加困难。如果不进行情和理的诉求，只一味突出提示性、消息性，那么广告就会显得平庸呆板，没有生气，缺乏艺术魅力。相比之下采用情感表达是最好的选择。但这种表达重点应采用一定的手法，如将同一广告画面适当重复排列，以扩大时空容量，烘托情感气氛等。

（4）开拓创意思路。户外广告一定要克服路牌告知的老程式，开拓思维，不拘一格，在创意上下工夫。例如，国外一则户外广告，创意很新奇：一块航空公司广告牌只是一个立在机场边上的巨型边框，人们正好通过边框看到正在起飞的飞机。我国深圳机场的新鲜粒粒橙广告，是以切开的巨型橙瓣模型做成的路牌广告。这些广告以奇妙的构思，给人一种首创的启迪。

（5）不拘一格，因地因势制宜。现代科技的发展，给户外广告开发创造了有利的条件。户外广告应充分利用现代科技手段，因地因势创造出新的形式。如福建漳州广告公司曾做过一块可口可乐广告，是利用路旁山势凿出一片“山”岩，又凿出可口可乐品牌标志，气势磅礴，蔚为壮观；日本利用一个三岔路口将麦当劳的“M”标志做成一个巨大的不锈钢立体拱门，车来人往，穿行其中，既树立了企业形象，又成为人人赞叹的城市美丽景观。

2. 户外广告作品赏析

作品一：可口可乐广告（见图 1-16）

分析：

这则可口可乐广告是凿刻在路旁岩壁上的路牌广告。广告在巨型岩壁上凿刻出可口可乐的企业标准字体“Coca Cola”，左上方凿刻有“Enjoy”（享受）字样，说明喝可口可乐是一种享受。

图 1-16　可口可乐石壁路牌广告

其广告诉求目标非常明确：强化可口可乐企业形象。众所周知，可口可乐是风行全世界的著名品牌。在路牌广告这种特定的广告形式上，用不着过多介绍，只要重复和强调以加深受众印象便可。因此，户外广告凿刻在路旁，以可口可乐企业的标准字和标准色来提醒匆匆来去的过往行人，视觉辨认度极高，信息传达十分准确。

广告通过凿刻手段来表现，具有一种大气、古朴、粗犷乃至原始的风格。它似乎是一块经历久远年代，而且将永远保存下去的悠久性广告石碑，使人一下子联想到可口可乐是经得起历史考验的名牌产品，为历史所承认，并将永远刻记在人们的心里。石刻是中国历史悠久的文化形式。这则广告将洋味十足的可口可乐品牌字样镌刻在山石上，是一种奇特的创意，给人以全新的感受。可口可乐本是美国广告，却渗透着中国文化表现风格，成为一个文化融合的范例。

这则广告由福建省漳州广告公司创作，给人以较深刻的启示，一方面是媒体形式的开拓，一方面是不同文化形式的融合。

作品二：上海虹桥国际机场广告（见图 1-17）

分析：

这则广告采用现代符号化设计方式，以简明精练的形式，集中明确地表现了广告目标：上海虹桥国际机场是连接世界的桥梁。在这一点上表现很成功，堪称我国当代户外广告设计的佼佼者之一。

图 1-17　上海虹桥国际机场广告

符号化的具体表现是由虹桥国际机场的视觉标识和红色太阳组合而成。虹桥国际机场的视觉标识是取虹桥（Hongqiao）国际（International）机场（Airport）的英文首字组成的一个象征飞机从跑道起飞向着遥远的前方飞翔的视觉化抽象图形。而一轮红日做背景，使人联想到飞机飞向世界，也使人联想起虹桥国际机场的前景灿烂辉煌。

符号化、标识化是世界进入工业时代，尤其是信息时代所表现的一种视觉艺术的发展趋势，这反映了人们思维从具象化到抽象化的时代特征，以极简洁的形式囊括极大信息容量和丰富内容，因此富有极强的时代感。

广告有力地表现了企业形象和企业精神。由企业标识组合成的符号化广告，其目的不仅在于突显品牌形象，还在于表现企业精神。上海虹桥国际机场广告突出地表达了“连接世界的桥梁”这一广告主题和企业宗旨。这一目标诉求，使企业精神深深地在受众心目中扎下了根：本机场将起到一个纽带作用，将中国和世界紧密联系在一起，这不但树立了机场形象，还树立了中国正在走向世界，进行广泛国际交往的优美形象。这一点，画面和标题都做了有力地表现。画面视觉冲击力很大，标识与那一轮红日的重叠设计，简洁、明快、热烈、鲜艳夺目，给人印象极深，色彩虽单一朴实，但对比却很强烈，给人以辉煌、庄严的感受，使人永久难忘。

作品三：新西兰麦当劳广告：Hungry？（饿了吗?）（见图 1-18）

分析：

这是一则创意十分巧妙的户外广告，在一块巨大的红色面板右下角出现 M 形缺口，非常醒目，活像麦当劳的标志。版面正中几个大字“Hungry?”（饿了吗?）一下子使人们感到“M”形是一位饥饿者一口咬下去的“杰作”。在人们饥饿时，麦当劳的快捷和美味是最理想的食物。原来，口咬的齿形缺口就是麦当劳标志形的暗示，一形双关、一箭双雕，创意妙在其中。

图 1-18　麦当劳户外广告

文案极为简洁精练，在空旷的版面中，醒目地向受众发出需要充饥的提示，成为人们理解认知“M”形内涵的一把钥匙，对整个广告起到了画龙点睛的作用。如果没有这句话的提示，可能引起受众的种种歧义，增加理解认识的障碍。广告风格简洁，而重点突出。“M”形凝聚了创作者的匠心，使广告诉求汇集于这一视觉符号形象中，将人们生活需要与指称对象的品牌形象融为一体。在此，为人熟知的麦当劳黄金双拱门“M”，又一次在对受众视觉产生冲击的同时，巧妙地传达出麦当劳的企业形象。

广告画面色彩采用了可见光谱中波长最长的红色，作为全版面的色彩，提高了户外广告色彩的可视性，而红色本身也是麦当劳公司的企业形象辅助色。至于麦当劳公司的企业形象标准色——黄色，用到了“画龙点睛”的文案上，使麦当劳企业形象透过色彩传达给了受众。

这一标牌广告设计开阔了我们的视野，用减缺的手法塑造品牌形象，虚实对比，寓意深刻，印象难忘。它的简约性充分地体现了时代感，切入点的准确更让人折服。

图 1-19　英国航空公司户外广告

作品四：英国航空公司广告（见图 1-19）

分析：

这一则广告十分奇特，图像只是一个十分巨大的边框。边框内是真实存在的天空和一架已经起飞的英国联航公司的飞机。这种设计的广告虽然只有设立在机场跟前才能将飞机"摄入"边框，但毕竟是一种路牌广告设计新思路的大胆尝试。

广告可以借用机场周围的美丽景色，受众随心所欲取景入"画"（广告边框），飞机腾空而起的壮观场面，能带给受众更多的兴趣。这种设计新思维，彻底打破以往户外广告的模式，新奇的创意会给人们带来许多启发和思索。

任务总结

根据广告作品的特点，抓住广告作品的特性，在评价一则广告作品时要坚持优秀广告作品的"四性"：原创性、艺术性、冲击性、效益性。具体来说，广告作品评析的内容包括广告作品的内容要素（即素材、创意、情节、主题等）和形式要素（即广告作品内容的存在形态，包括结构、语言、媒体等）两个部分。

在进行广告作品评析时，要以广告创意为起点、以品牌构建为核心、以文化背景为根基，涉及到诉求方式、媒体、表现、营销等各方面内容的评析。

项目实施

经典广告作品评析

作品一：《广州日报》报纸广告

1. 作品介绍

作品名称：日日十六版，天天多姿彩

送展单位：广州日报社

发布时间：1993.12

所获奖项：全国第四届广告作品展报纸类金奖

2. 评析要点

- 原创性
- 艺术性
- 冲击性
- 效益性
- 合法性

3. 活动组织

学生每 3～5 人为一组，分组进行讨论，拿出本组的评价意见，时间为 10 分钟。

4. 成果展示

由一人代表本组进行发言，提出建设性的观点，时间为 2 分钟。

5. 成果评价

老师对各组的评价意见进行点评，时间为 1 分钟。

作品二：孔府家酒电视广告

1. 作品介绍

作品名称：孔府家酒（想家篇）

送展单位：长城国际

发布时间：1993.11

所获奖项：全国第四届广告作品展电视类金奖

2. 评析要点

- 原创性
- 艺术性
- 冲击性
- 效益性
- 合法性

3. 活动组织

学生每 3～5 人为一组，分组进行讨论，拿出本组的评价意见，时间为 10 分钟。

4. 成果展示

由一人代表本组进行发言，提出建设性的观点，时间为 2 分钟。

5. 成果评价

老师对各组的评价意见进行点评，时间为 1 分钟。

作品三：EPSON 中文激光打印机公交广告

1. 作品介绍

作品名称：EPSON 中文激光打印机

送展单位：北京公交广告

发布时间：1995.1

所获奖项：全国第四届广告作品展户外类铜奖

2. 评析要点

- 原创性
- 艺术性
- 冲击性
- 效益性
- 合法性

3. 活动组织

学生每 3～5 人为一组，分组进行讨论，拿出本组的评价意见，时间为 10 分钟。

4. 成果展示

由一人代表本组进行发言，提出建设性的观点，时间为 2 分钟。

5. 成果评价

老师对各组的评价意见进行点评，时间为 1 分钟。

作品四：远足气垫鞋广播广告

远足牌气热鞋

妻　子：你今天穿哪双鞋呢?
众鞋子：穿我！穿我……
先　生：远足牌气垫鞋！
气垫鞋：嗳！
先生您一声叫，
兄弟我来垫脚，
我让您上班有体面，
我让您下班派头好。
众鞋子：这我们也会呀！
气垫鞋：先生您很辛劳，
只有我伺候得好，
我顺着您的脚，
我护着您的脑！
众鞋子：吹牛！
先　生：真的！
鞋里有气垫，
防震效果好，
特别是走远路，
轻松又逍遥。
气垫鞋：所以我叫远足牌气垫鞋嘛！
妻　子：上海第二皮鞋厂正宗出品！

1. 作品介绍

作品名称：远足气垫鞋

送展单位：上海人民广播电台

发布时间：1993.7

所获奖项：全国第四届广告作品展广播类银奖

2. 评析要点

- 原创性
- 艺术性
- 冲击性
- 效益性
- 合法性

3. 活动组织

学生每 3 ~ 5 人为一组，分组进行讨论，拿出本组的评价意见，时间为 10 分钟。

4. 成果展示

由一人代表本组进行发言，提出建设性的观点，时间为 2 分钟。

5. 成果评价

老师对各组的评价意见进行点评，时间为 1 分钟。

项目拓展

“力波”喜欢上海的理由

“上海是我长大成人的所在，带着我所有的情怀。第一次干杯，头一回恋爱，在永远的纯真年代，追过港台同胞，迷上过老外，自己当明星，感觉也不坏。成功的滋味，自己最明白，旧的不去，新的不来，城市的高度，它越变越快，有人出去，有人回来，身边的朋友越穿越新派，上海让我越看越爱。好日子，好时代，我在上海，力波也在。”

2001年，力波啤酒高唱“喜欢上海的理由”，征服了竞争激烈的上海啤酒市场。在老百姓的印象里，力波俨然是一个值得本地人骄傲的本地品牌。十多年的努力，作为一个外资品牌，力波终于找到了正确的广告策略。

1988年，亚洲太平洋酿酒公司（新加坡）与上海益民啤酒厂、上海冠生园、泰国正大集团合资成立了上海民乐啤酒饮料有限公司，生产“力波”啤酒。上市之初，广告主打“力波啤酒，的确与众不同”，成为20世纪80年代的一句流行广告语。从此，力波啤酒与“上海”、“上海人”结下了不解之缘。

1995年，力波啤酒发起了“力波啤酒，上海人的选择”的电视广告，把力波啤酒与上海这个人们心目中向往的大都市联系起来。在力波消费者的眼里，看到的是“翻腾的时代动感”、“杰出成就”、“都市活力”。

2001年，上海啤酒市场的头三把交椅分别是三得利、力波和青岛，其中三得利以10.6万吨的销售业绩领先，居于领导地位。

这一成功应归功于力波成功的广告战略。从1999年到2001年，3年的广告战役，是力波啤酒不断确认品牌价值的过程，是不断接近品牌核心精髓的价值演绎过程。

2001年刚入夏，力波就大刀阔斧地进行一系列重大调整，目标是塑造一个年轻有活力的、充满国际感的新力波品牌形象。而具体的广告策略，则要寻找出一个既区别于竞争对手，又优于以往广告的切入点。

按照惯例，在发展广告策略前先要进行调研。一些需要答案的问题有：上海男人为什么喝啤酒？上海男人对自己的身份和地位，对“上海男人”几个字是怎样认识的？上海男人喜欢喝什么样的啤酒？上海男人对上海的印象如何？等等。尽管答案是多层面的，但还是洞察消费者对力波的情感、对自己的认识、对上海的情感，具有许多共性的东西。

可以说力波见证了上海“一年一个样，三年大变样”的巨大变化。力波要搭上“上海”这趟快车，成功与否关键在于对上海情感的正确演绎。所幸的是，广告策略抓住了上海概念的三个核心层面。

首先，上海是国际大都市，什么都有，什么都是最新的，“我”因此感到自豪。

其次，上海的成长日新月异，上海人求新求变，力波同上海人一起经历巨大变迁，融汇了上海的精神。

第三，上海是国际文化中心，最流行的前沿，生活在上海可以非常享受生活。

“上海作为国际化城市，海纳百川，兼容并蓄，但它的城市文明和海派文化源远流长，不失自己的个性：上海就是上海，自有它的特色和优势。而生活在上海的人们，他们亲眼目睹着上海的变化，也珍惜大变化大发展给予每个人的机会，他们积极地参与这场创业，既推动了上海的发展，也实现了自我价值……”

最后，广告策略定为“力波啤酒，喜欢上海的理由”，调性和风格定为“求新求变”。电视广告准确地抓住目标消费者的生活形态，选择一些能触动他们情绪的场景来传达广告主题：躺在窗下看走过的女孩——想起曾经历过的纯真感情，笑容自然浮现；橱窗里的泳装模特表演，便想起了面对不断涌来的新事物曾有的好奇与彷徨；证券交易所门口拥挤的人群，也让玩股票的人重又兴奋；模仿外国人的发型，勇敢地冲进发廊的场景，让我们惊叹流行发式的不断轮回、染发热风的强劲势头；面对“时间就是生命，效率就是金钱”的标牌，回忆起那段全心投入、努力创业的日子，心头又涌起万般感慨……

报纸媒体与电视广告配套，大版面讲述着上海人和力波啤酒的故事。只不过与往年相比，故事变了。与广告战役同步开展的是，从2001年6月起，力波啤酒以全新的姿态推出超爽型啤酒，采用与众不同的透明瓶包装，不仅显示了其超爽且清新的口感，更说明上海亚太对自己的技术和操作的信心。

从市场效果看，力波2001年的广告战役终于找到了正确的策略。力波啤酒上海市场占有份额迅速增长，并产生延续效应，2002年比2001年同期增加20%以上。

从传播效果看，“喜欢上海的理由”成为2001年上海滩渗透力最强的一支民谣，拨动了无数人的心弦，引发了人们广泛的传唱和共鸣，成为这座城市的寓言。城市里的每个人，都亲身体验着某个片段。

案例讨论题

1. 以力波啤酒为例，解释生活方式在广告策略中的具体应用。

2. 力波啤酒 3 年的广告战役，有没有共同之处？如有，是什么？不同之处又是什么？

3. 品牌资产和广告战役的关系是什么？以力波啤酒作解释。

4. 今后力波啤酒的广告策略该如何发展？试提出你的看法。

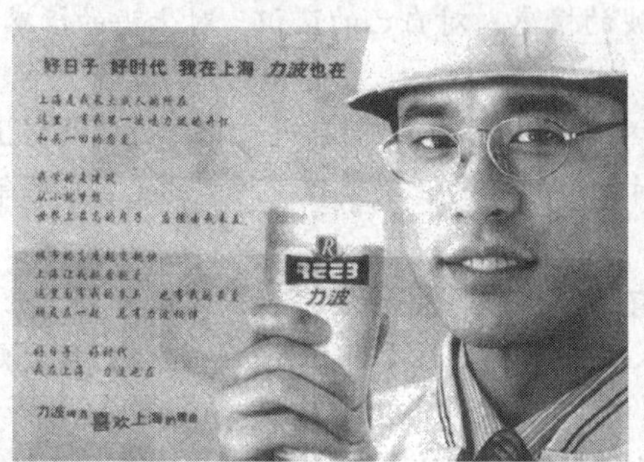

项目 2

广告调查

好广告，以观众感觉为本，而不是以产品资讯为本。

——德森伯尼

项目目标

知识目标

- 深刻理解广告调查的目的和意义
- 掌握广告调查的基本内容及其方法

能力目标

- 通过消费者调查确定广告产品的诉求重点
- 通过广告产品及竞争品的调查确定广告产品的“卖点”
- 通过广告媒体的调查制定广告的媒体策略

素质目标

- 通过合作学习，培养学生的合作意识与合作精神
- 通过探究学习，激发学生学习兴趣
- 让学生在学习中体会成就与快乐，树立学习信心

项目描述

广告调查是利用有关市场调查的方式和方法，对影响广告活动有关因素的状况及其发展进行调查研究的活动。广告调查的基本任务是提供与广告有关的资讯以作为广告决策的依据。

广告调查教学项目的实施，要求学生进行广告产品及竞争品的调查、广告产品的消费者调查、广告环境的调查等。具体工作包括：确定调查主题、研究调查内容、设计调查问卷、进行实地调查、整理分析资料、撰写调查报告，从而为工商企业及广告公司进行广告决策提供依据。

任务3 设计广告调查方案

【任务引入】

“我知道我的广告费有一半是浪费了，可问题是我不知道哪一半被浪费了。”美国著名企业家约翰·华纳梅克这句话从提出到现在已有 100 多个年头。但现在，看看媒体上那么多诉求不清、诉求不准、诉求不对的广告，你就会知道这句话的无奈还在继续生动地演绎着……找到被浪费的那一半广告费并减少广告费的浪费，是广告人、策划人、营销人不断思考求证的一项重要课题。

1. “我知道我的广告费有一半是浪费了，可问题是我不知道哪一半被浪费了。”你相信这句话吗？
2. 如果事实果真如此，你能说出被浪费掉的那一半广告费浪费在哪些方面吗？
3. 你想知道被浪费掉的那一半广告费浪费在什么地方了吗？
4. 你能有效避免广告主广告费的浪费现象吗？

知识链接

3.1 认识广告调查

广告调查是利用有关市场调查的方式和方法，对影响广告活动有关因素的状况及其发展进行调查研究的活动。

广告不仅要促进商品的销售，同时还要被纳入整合营销传播的框架之中，在更大的范围内发挥作用。所以，从这个角度而言，对于广告调查的要求，不仅要服务于具体的广告策划，同时还要服务于对广告的本质和规律的认识，唯有如此，才能使广告活动达到有效的传播效果，使广告活动发挥更大的社会作用。

广告调查是一种实证的收集资料的方法，广告调查具有以下特征。

1. 广告调查的目的性

广告调查具有非常鲜明的目的性。任何调查都是有的放矢的，所有的调查都是围绕着既定的目标进行的。相对于广告而言，广告调查就是围绕着不同的广告活动，在广告进行的不同阶段而展开的。比如围绕着广告主题的确立，有主题调查；围绕广告目标消费者的界定，有消费者调查；围绕着广告效果的测评，有广告效果调查等。

2. 广告调查的程序性

程序性是广告调查的科学性的表现。广告调查是一个严谨的过程，在进行广告调查时，首先要明确目标，然后围绕着具体的目标收集文献资料，进而确立主题，选择合适的调查方法，并对所收集的资料进行科学的分析等。具体来讲，广告调查的程序包括以下内容：确立问题、设计方案、收集资料、分析资料、得出结论。

3. 广告调查的有限性

调查是形成对事物认识的手段之一。所以，调查方法往往被认为是获知信息的重要的途径。但是，调查是具体的。由于调查者的目的、观察事物的角度、所拥有的背景知识以及所能使用的调查方法等存在着不同，调查结果往往在一定程度上存在着片面性。在具体的广告策划或者研究中，广告调查只能是一个科学的参考，不能过分依赖。

3.2 广告调查的作用

在现代广告活动中，广告调查已经成为一个不可忽视的环节，广告调查的作用越来越被重视。具体来讲，广告调查的作用表现在以下几个方面。

1. 制定广告战略的前提

所谓广告战略，是指企业为了进一步发展的需要而对产品广告所做的宏观规划和展望。为了制定正确的广告战略，必须了解三方面的情况：产品——卖的究竟是什么；消费者——把产品卖给谁；竞争——产品所面对的竞争环境。而为了了解这三方面的情况，适当的广告调查是不可忽视的重要手段。这个阶段广告调查的内容相当广泛，包括社会、政治、经济、文化、法律等广告环境的调查等。

2. 提供广告策划的依据

这是广告调查最主要的作用。狭义的广告调查便是指策划前的调查准备。大卫·奥格威曾说，要“作好创作前的准备”，便是指要掌握大量的信息。而信息获取的来源便是广告调查。广告调查为广告策划提供大量的信息，制订有效的活动方案，确定具体的广告策略。

著名广告大师、科学广告的启蒙者霍普金斯非常重视广告调查，在任何一个广告之前，他都要进行认真的实地调查，并且对结果进行科学的分析，寻找不同的诉求点，使产品在同类产品中名列前茅。“喜力滋啤酒是经过蒸汽消毒的！”这是一句几十年来被人们津津乐道的广告语，也是霍普金斯的经典案例之一。喜力滋啤酒是霍普金斯为斯塔克公司策划的一个广告活动，在所有的啤酒中，喜力滋名列第五，当时所有的啤酒都标榜自已是“纯啤酒”。但是，却并没有给消费者留下太深的印象。霍普金斯认为，为了能够使喜力滋脱颖而出，就必须找出新的诉求点，而不应只停留在所有的啤酒都关注的“纯”字上。为此，霍普金斯进了一家酿酒学校，了解相关的酿酒知识；进了酿酒工厂，专门研究酿酒工艺。在这个过程中，他发现，在厚玻璃围成的屋子里，首先经过空气过滤，在纯净的环境中冷却，然后通过一个巨大的过滤器进行过滤。并且，喜力滋使用的酵母是经过 1200 次实验才得到的最好的口味。为了保证酿酒使用的水的质量，工厂要从 4000 英尺的地下取水。了解了这些过程及其细节，霍普金斯如获至宝，他把这些作了详尽的描述，使人们感受到了真正“纯净”的含义。这则广告让喜力滋啤酒销量在短短的几个月内一下子跃居第一位，并且该地位一直保持了几十年。霍普金斯认为，“广告看起来是那么简单，而为了诉求于简单的人们，它也必须简单。但是，在这些广告的背后，很可能是大量的数据，大量的信息和几个月的调查研究。”

3. 广告效果评估的依据

对于广告主来说，广告投放的效果是他们最为关注的。而广告效果的评估则要依据严谨的、科学的广告调查。准确的广告评估是建立在科学的调查和测定基础之上的。

3.3 广告调查问题的选择

问题是调查的开始，正确提出一个问题，往往比解决一个问题更重要。爱因斯坦指出，“提出新的问题，新的可能性，从新的角度去看旧的问题，需要有创造性的想象力，它们标志着科学的真正进步”，调查问题的选择一定要有价值。所谓价值，是指主体和客体之间的需要与满足的关系。所以，不同的研究动机，不同的方法论，对所选择问题的价值的理解也有所不同。一般来讲，问题的价值性可以从下面几个属性来认识。

1. 准确性

一位广告人这样讲，“把不该做的事情做得很好，就是做得很糟。”广告调查，首先要求问题的准确性。准确性是指调查的方向性。在进行广告研究或者具体的广告策划时，存在着由许多问题构成的问题群，这就需要对众多的问题进行分析，判断问题解决的方向性。只有确定了正确的方向，才能做出正确的广告战略，制定合适的广告策划方案。否则，即便进行了大量的广告调查，制定了详尽的策划方案，也会事倍功半。在广告发展史上，“新可口可乐”的策划是一个典型的失败的案例，问题的症结在于其问题选择的方向性上出现了问题。

20 世纪 70 年代中期以前，可口可乐一直是美国饮料市场的霸主，市场占有率一度达到 80%。在当时，可口可乐已经成了美国精神的象征。然而，20 世纪 70 年代中后期，它的老对手百事可乐迅速崛起。1975 年，可口可乐的市场份额仅比百事可乐多 7%；9 年后，两者的差距缩小到 3%。对手的步步紧逼让可口可乐感到了极大的威胁，它试图尽快摆脱这种尴尬的境地。1982 年，为找出可口可乐衰退的真正原因，可口可乐决定在全国 10 个主要城市进行一次深入的消费者调查。

可口可乐设计了“你认为可口可乐的口味如何?”“你想试一试新饮料吗?”“可

口可乐的口味变得更柔和一些，您是否满意?”等问题，希望了解消费者对可口可乐口味的评价并征询对新可乐口味的意见。调查结果显示，大多数消费者愿意尝试新口味可乐。可口可乐的决策层以此为依据，决定结束可口可乐传统配方的历史使命，同时开发新口味可乐。没过多久，比老可乐口感更柔和、口味更甜的新可口可乐样品便出现在世人面前。

为确保万无一失，在新可口可乐正式推向市场之前，可口可乐公司又花费数百万美元在13个城市中进行了口味测试，邀请了近20万人品尝无标签的新／老可口可乐。结果让决策者们更加放心，六成的消费者回答说新可口可乐味道比老可口可乐要好，认为新可口可乐味道胜过百事可乐的也超过半数。至此，推出新可乐似乎是顺理成章的事了。可口可乐不惜血本协助瓶装商改造了生产线，而且为配合新可乐上市，可口可乐还进行了大量的广告宣传。

1985 年 4 月，可口可乐在纽约举办了一次盛大的新闻发布会，邀请 200 多家新闻媒体参加，依靠传媒的巨大影响力，新可口可乐一举成名。看起来一切顺利，刚上市一段时间，有一半以上的美国人品尝了新可乐。但让可口可乐的决策者们始料未及的是，噩梦正向他们逼近，越来越多的老可口可乐的忠实消费者开始抵制新可口可乐。对于这些消费者来说，传统配方的可口可乐意味着一种传统的美国精神，放弃传统配方就等于背叛美国精神。“只有老可口可乐才是真正的可乐”，有的顾客甚至扬言将再也不买可口可乐。

每天，可口可乐公司都会收到来自愤怒的消费者的成袋信件和上千个批评电话。尽管可口可乐竭尽全力平息消费者的不满，但他们的愤怒情绪犹如火山爆发般难以控制。迫于巨大的压力，决策者们不得不做出让步，在保留新可乐生产线的同时，再次启用近 100 年历史的传统配方，生产让美国人视为骄傲的“可口可乐”。仅仅 3 个月的时间，可口可乐的新可乐计划就以失败告终。尽管公司前期花费了 2 年时间数百万美元进行市场调研，但可口可乐忽略了最重要的一点——对于可口可乐的消费者而言，口味并不是最主要的购买动机。

2. 重要性

围绕着一定的广告调查，可能有多个问题出现，在进行调查时首先要对各种问题进行分析，找出最重要的问题进行研究。什么是重要的问题？问题的重要性其实就是该问题在问题群中的价值性。在广告调查中，应该首先选择最具价值的问题进行调查研究。在“新可口可乐”案例中，影响消费者购买的最主要动机是可口可乐的品牌，而不是口味。

3. 创造性

创造性就是与众不同。随着市场的发展，产品同质化现象严重，目标人群相对集中。在这样的背景下，创造性问题的提出便尤为重要。霍普金斯在为喜力啤酒进行调查中坚持，为了能够使喜力啤酒脱颖而出，就必须找出新的诉求点，而不应只停留在所有的啤酒都关注的“纯”字上。在经过大量的调查之后，霍普金斯提出了“喜力啤酒是经过蒸汽消毒的”的广告语。这则广告让喜力啤酒销量在短短的几个月内一下子跃居第一位，并且该地位一直保持了几十年。

4. 可行性

可行性是指在确立问题时，还应该考虑解决问题的可操作手段。问题来源于现实，调查是为问题的解决提供参考依据，问题的确立一定要有可行性，应该从调查者所能够使用的调查手段、调查环境以及具体的调查人员的能力出发，不能好高骛远。

3.4 广告调查的内容

广告调查的内容涉及广告活动的各个要素，是广告调查的直接对象。依据这个标准，广告调查可分为：广告主调查、广告媒介调查、广告市场调查等。广告调查就是运用一定的调查手段获取调查对象信息的过程和行为。

1. 广告主调查

广告主，也叫广告客户，是指为促销自身的商品、服务或观念而出资委托他人策划、设计、制作、发布广告的社会经济组织、机构、社会团体或个人。广告主是广告活动的发起者，在一定意义上，广告主既是广告传播的最初动议者、出资者、广告传播方案的最终决策者、广告传播效果的评价者，也是广告服务机构的衣食父母。所以，在广告调查中广告主的调查至关重要。广告主调查的内涵丰富，概括起来主要有以下方面。

（1）广告主的经营状况调查。

（2）广告主所在行业发展前景调查。

（3）广告主发展战略调查。

（4）广告主的决策类型调查。

（5）广告主的企业文化调查。

（6）广告主的品牌调查。

（7）广告主以往广告活动调查。

2. 广告媒体调查

广告媒体是指承载广告信息的媒体，是现代广告业的重要组成部分。媒体的选择在具体的广告实践中具有非常重要的地位。广告媒体作为信息传输的中介，对于广告的效果有着直接的影响，特别是随着新技术在信息传输领域的应用，传媒生态更加复杂，消费者的媒体使用偏好呈现“碎片化”现象，这对于广告媒体的研究尤为重要。

具体而言，广告媒体调查的目的是：了解目标人群的媒体接触状况；选择合适的媒体发布广告。广告媒体调查的具体内容是如下。

（1）广告媒体的不同特点。

（2）消费者的媒体使用习惯。

（3）消费者对于媒体传播广告信息的满意度。

3. 广告市场调查

广告是社会的一面镜子，一项广告活动涉及社会经济与文化，涉及企业资源与运营，涉及企业产品与定位，涉及竞争者行为与竞争方式，涉及消费者消费需求与消费方式。所以，广告市场调查的主要内容如下。

（1）社会基本情况调查。

（2）企业经营状况调查。

（3）企业产品情况调查。

（4）产品的市场供求状况调查。

（5）市场竞争性调查。

（6）消费者的消费行为与消费方式调查。

3.5　广告调查的一般过程

科学的广告调查具有一定的程序性，要经历不同的阶段，一般包括以下过程：明确调查目的、设计调查方案、资料收集、资料处理、资料分析和撰写调查报告等六个阶段。

1. 明确调查目的

在进行正式的调查研究之前，首先要弄清楚为什么要进行调查，即认清调查研究的背景是什么；其次，明确调查的目的是什么，即通过调查应该达到什么目标；最后，判断调查得到的资料有什么意义及用途。如果是学术性研究需确定该项调查研究的学术意义及社会意义，如果是应用型调查研究则需要确定其实践价值。

2. 设计调查方案

在明确了调查的目的之后，接下来的工作就是调查设计。通常情况下是根据问题的性质和特点，确定资料收集方法（如问卷法、观察法、实验法、文献法和焦点小组法等）和收集资料的具体工具（如问卷设计、实验设计和访谈提纲设计等），并根据调查计划中设计的样本选择方法选取样本。一般而言，一份调查方案主要包括：调查目的及意义、调查的内容、调查的范围、分析单位及调查对象、调查研究方法、调查人员的组成、调查进程安排以及调查费用的预算等内容。

调研方案是具体描述整个调查工作的框架结构，调查方案的设计关系到整个调查活动的成败。“凡事预则立，不预则废”，一份完整的、周密的、切实可行的调查方案，有助于研究者顺利地完成调查活动，提高调查研究的客观性和科学性。因此，制定调查计划，设计详尽的调查方案，在整个调查工作中具有非常重要的地位。

3. 资料收集

资料收集也可以称为调查实施或方案执行。这一步骤的主要内容就是具体贯彻调查方案中所确定的调查计划，按照调查方案中所确定的调查对象、调查方法、调查进程安排等进行具体的资料收集工作。

4. 资料处理

资料处理就是把收集到的原始资料进行加工处理。在定量的广告调查中，研究人员处理的资料一般来自于结构性的调查，处理的过程是对资料的检查与复查、编码和录入，使之转化为计算机可以识别的形式；在定性的广告调查中，资料是通过非结构性的调查得来的，处理资料的方法一般为概括、归纳和总结，将其进行一定的归类。

5. 资料分析

在对资料进行处理之后，接下来就需要对其进行分析。一般地，根据所收集数据的类型不同，分为定量数据分析和定性数据分析。定量数据分析依据社会统计学的相关原理，寻找变量之间的关联；定性资料往往需要通过一定的逻辑推理，对相关问题进行深入分析。

6. 撰写调查报告

资料分析完成后，研究人员还必须准备调查报告。调查报告一般以文字和图表的形式把调查结果系统地、规范地反映出来，它是整个调查结果的集中体现，也是整个调查过程的关键环节。通常，研究人员需根据研究项目要求进行书面的和口头的报告。

3.6 广告调查的方法

为了完成广告活动的目标,收集各种有关广告的原始资料,就需要进行广告调查。广告调查的方法一般可分为访问法、观察法、实验法和固定样本连续调查法。

1. 访问法

访问法是以面谈或问卷的方式向被调查者提出询问，以获得所需资料的调查方法，是广告调查中最常用的方法。通过对与所需情报相关人员的意见和态度的调查来收集资料，能够获得比较准确可靠的调查资料。常用的有直接访谈、邮寄调查、电话调查、留置调查等。访问调查尤其适用于广告环境调查。

2. 观察法

观察法是由调查人员观察并记录被调查者或调查现场的情况的一种收集资料的方法。除了调查人员作记录外，还可以通过录音、录像、照相、自动监测仪等设备作记录。观察法主要适用于对广告传播效果的调查。

3. 实验法

实验法是调查者有目的地控制一些因素,研究被调查者在这些因素影响下的反应的一种调查方法。常用的有实验室实验、销售区域实验、模拟实验和购买动机实验。实验法可用于对广告效果的调查。

4. 固定样本连续调查法

固定样本连续调查法，是指从调查对象的总体抽出若干样本组成固定的样本小组，在一定时间内，通过对样本小组反复的调查来收集所需情报的方法，主要用于了解收听、收视率、消费情况、商品购买情况、产品使用情况等等。常用的调查方式有以下几种。

（1）在一定时间内，定期进行面谈或问卷调查。

（2）向消费者分发购物日记簿，详细填写，定期回收。

（3）调查员定期到调查现场进行观察记录或通过录像机、录音机、照相机、收听收视自动监测仪等机器进行观察记录。

任务总结

广告调查方案的格式一般包括摘要、前言、调查的目的和意义、调查的内容和范围、调查采用方式和方法、调查进度安排和有关经费开支预算、附件等部分。在撰写广告调查方案时应注意以下问题。

（1）一份完整的调查方案，上述调查方案的一般格式均应涉及，不能有遗漏。否则就是不完整的。

（2）调查方案的制订必须建立在对调查课题背景的深刻认识上。

（3）调查方案要尽量做到科学性与经济性的结合。

（4）调查方案的格式可以灵活，不一定要采用固定格式。

（5）调查方案的书面报告是非常重要的一项工作。一般来说，调查方案的起草与撰写应由课题的负责人来完成。

任务4　调查广告市场

【任务引入】

“广告没法让人相信，神奇莫测全是骗钱”——这似乎是时下国人对广告的共识。化妆品、保健品、药品、食品、电子产品、汽车、楼盘乃至加盟投资行业都在大肆进行广告宣传，甚至找明星代言。

1. “广告是社会的一面镜子”，你怎么认识这一问题？

2. 上面列举的是目前广告投放较大的几个行业，你怎么看待广告与企业、广告与消费、广告与文化的关系？

3. 名星代言广告是广告界的一种普遍现象，你怎么看待名星代言广告？

知识链接

4.1　人口调查

人口调查主要有三个内容：人口的数量与人口增长的速度、人口的地理分布和地区间的人口流动、人口的结构。

1. 人口数量和增长速度

人口是构成市场的基本要素，人口数量和增长速度的变化说明蕴藏着巨大的未开拓的市场，充满了各种各样未满足的需求，这是广告主时时瞄准的目标市场。现在，国外的一些大公司花大力气在中国做广告，甚至不惜工本做赔钱广告，如雀巢咖啡、日立电器等，其目的绝不是急功近利，只看眼前利益，而是瞄准中国的巨大潜在市场，是为了在 10 年、20 年甚至几十年以后的丰厚回报。

2. 人口的流动性

人口的流动会使人口的消费结构发生一定的变化，而这种变化又常常给当地的企业带来较多的市场营销机会。上海的改革开放，尤其是浦东的开发，一方面，吸引了国外大量投资者纷纷驻足，另一方面，也吸引了国内其他地方成千上万的建设生力军纷纷涌入。由此，为这些人服务的各种行业和设施应运而生，职业介绍所、盒饭供应店、小吃大排挡、各种技术培训机构、高档娱乐场所、宾馆、酒吧、豪华购物商厦比比皆是。这是人口流动的结果，这些流动的人口也是广告宣传的对象。广告人不能漠视数以十万计、百万计的流动大军的需求，不能漠视这个正在开发并且在不断变化的巨大潜在市场。

3. 人口结构

人口的结构，包括人口的年龄结构、家庭结构和社会结构。不同年龄的消费者对商品的需求不同。四世同堂的大家族与三口之家的现代标准家庭对商品的需求是不一样的。农村人口的城市化使其对商品的需求也在发生变化。了解这一点，往往能在激烈的商战中取得意想不到的胜利。力士香皂倾销中国获得成功，一个主要原因就是经销商了解中国的人口情况，他们将目标市场定在改革开放较早的广州，将营销对象定位在喜爱进口商品的男女青年上，选用男女青年喜欢的电视媒体，邀请男女青年容易崇拜和模仿的电影明星做广告，在电视荧屏上反复宣传力士香皂，不厌其烦地诵念：香皂，我只用力士。力士香皂的知名度由原来的 20%迅速提高到 90%，使这个在国外商场的二流商品成了中国青年男女最欢迎的抢手货之一。

广告最终是要给人看的、给人听的，人是广告信息传达的最终目标，因此不能忽视对人口的调查。

4.2 社会文化与风土人情调查

曾经有这样一件事情：一个外国啤酒商得意洋洋地想把即将推向上海市场的新啤酒命名为“柏子”，他还充满自信：中国人喜欢松柏长青，一定会喜欢象征长寿的“柏子”的。却不料有人当场泼一桶冷水：在上海话里，“柏子”两字发音与“白痴”相近，恐怕很少会有人愿意喝“白痴”啤酒。啤酒商目瞪口呆。这从一个侧面说明了社会文化与风土人情调查的必要性。

中国幅员辽阔，人口众多，960 万平方公里的土地上，有 56 个民族。各区域之间的民族特点、文化传统、风俗习惯、民间禁忌、生活方式、风情时尚、宗教信仰、民间节日有不少差异，这些差异往往间接或直接地影响到企业的营销活动，影响到广告活动。

1. 文化

文化的差异带来价值观念的差异。有的人购买黄金饰品是为了装饰自己，有的人是为了保值，还有的人是为了炫耀财富。不同民族、不同区域的人有不同的风俗习惯。南方人喜欢吃米饭，北方人喜欢吃面食；汉族的春节、中秋、国庆佳节是购置商品的旺季，而少数民族的民族节日购销最为旺盛，如傣族的泼水节、白族的三月街。

2. 宗教

宗教有佛教、道教、基督教、伊斯兰教等。由于各教派信仰不同，禁忌也不同，企业营销如不了解宗教就要犯大忌。对色彩、图像、标志和音乐的感知和审美观也多有差异。

3. 民族

一个民族所喜欢的，有时可能会被另一个民族所厌恶。一定的图形标记，在不同民族之间具有不同的联想价值和象征意义。广告要入乡随俗，要尊重当地的社会文化，要顺应当地的风土人情。

开展社会文化与风土人情的调查，能为广告创作提供具有鲜明民族特色的素材，是确定广告表现方式、广告发布时机的最佳依据。广告人可以选用当地百姓喜闻乐见的形式进行广告宣传，可以利用当地的节日聚会来开展广告活动。

4.3 政治、经济情况调查

政治、经济情况调查可以分为政治与经济两大部分，政治又包括法律，它们影响着企业的广告活动和市场营销活动。

1. 政治局势

国家政体稳定与否，政治形势变化如何，常常会影响到一系列国家对内对外经济政策的施行。战争时期，边贸全线中止。停战以后，边境也开放，交易活跃，市场也变得红火。

2. 经济政策

国家经济体制的变革也会对企业的经营活动产生广泛而深远的影响。广告活动要密切注视经济体制的变化，力争跟上时代的步伐。在国家宏观政策的指导下，各个地区根据本地区的实际情况，制定一系列地方法规和政策。有些是鼓励、促进企业生产经营活动的，而有些是规范、制约企业生产经营活动的。企业既要知法守法，也应利用有关法规政策维护自己的合法权益，去开展自己的生产与经营活动。

3. 经济发展水平

企业对所在地区、广告区域的行业发展状况、消费者收入水平、购买力、消费支出模式、消费结构变化、消费者的储蓄数额等诸多经济因素，更是不可忽视的。

因此，对有关国家政策、地方性政策法规、重大政治活动、社会经济发展水平、工农业发展现状、商业布局、科学成就等政治、经济因素开展调查，是广告主和广告公司扩大企业规模、规划企业前景、制定产品策略、销售策略和开展广告宣传不可缺少的重要内容。

4.4 企业经营情况调查

企业经营情况调查可以分为两类：一类是对广告主经营状况进行的调查，这类调查有时也称为广告主经营状况调查；另一类是对经营同类广告产品的竞争对手进行的调查。企业经营情况调查，主要调查企业的历史与现状、规模与特点，以便明确广告目标，有的放矢地实施广告策略，特别是实施企业的观念诉求。

1. 企业历史

企业历史是一部公开的书，清楚地显示企业成长的过程。通过调查，可以了解这是一个新企业还是一个老企业，企业在发展历史上有过什么惊人之举或引人注目的业绩，企业在社会上的信誉、在人们心目中的地位如何。

2. 企业设施

通过调查，可以了解企业的科研设备、生产设备、营业设施是否先进，操作技术有何特点。

3. 企业人员素质

企业人员的素质在一定程度上反映了企业的素质。散兵游勇，必然败走麦城；而精兵强将，方能夺取胜利。通过对一个企业人员的知识结构、技术结构、年龄结构、人员规模、科技成果与业务水平等方面的调查，可以大体看出该企业人员素质的高低。

4. 经营状况和管理水平

通过调查，可以了解企业的管理机构、管理水平、工作制度、经营成绩、市场分布、流通渠道、公关业务等情况如何。

5. 经营措施

通过调查，可以了解企业的生产目标、营销目标、广告目标以及有什么新的经营方式与措施。

通过上述几方面的调查，可以对企业的基本形象有所了解，如企业的知名度、信誉度、生产规模、发展潜力、存在问题……俗话说，知己知彼，百战百胜。掌握企业生产经营情况，对开展广告宣传、强化广告诉求点无疑是大有益处的。

4.5 产品情况调查

进行产品情况调查，首先要明确产品的含义。广告调查中的产品是指人们通过购买所能获得的需要和满足。例如，人们购得一件羽绒滑雪衫、貂皮大衣，不仅是为了购买可使用的物体，也是为了满足防风、保暖、美观、潇洒等生理和心理上的种种需要。所以，在广告调查中的产品，是整体概念上的产品，是指通过交换能够满足消费者某种需求和利益的有形物体和无形服务的总和。一个整体产品如图 2-1 所示。

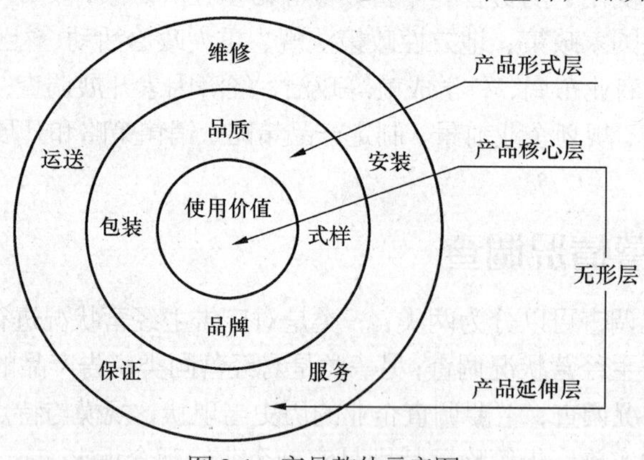

图 2-1　产品整体示意图

图 2-1 中，第一层次是产品的核心层，即消费者购买产品所追求的基本效用和利益，是产品的使用价值，如买衣为了穿，买酒为了喝，置床为了睡。

第二层次是产品的形式层，指产品的实体与外形，如产品的构成材料、外观设计、花色、式样、品牌、商标与包装等。

第三层次是产品的延伸层，指产品实体基本效能以外的附加利益，如送货上门、售后服务等。这样，就不难确定产品调查的主要内容。

1. 产品生产

产品生产情况调查，主要调查：（1）生产历史，如产品创造发明时间、产品正式投入批量生产时间及过程、上市反映、从试销到生产成熟期的改进；（2）生产过程，如生产工序、中间产品；（3）生产设备、制作工艺和原材料的使用情况。

2. 产品特性

产品特性调查，主要调查：（1）产品外观，如产品的外形特色、规格、花色、款式、质感、包装、装潢等，是否有评选的优质证明，与同类产品相比有什么优点、长处；（2）产品体系，如产品在相关产品中所处的地位，诸如皮鞋与鞋油、针与线、化纤与棉布两者之间是主次关系、配合关系还是替代关系，搞清这些关系对市场预测、广告决策都很有必要；（3）产品类别，是工业品还是消费品，两者在市场调查上的内容截然不同。工业品包括原料（主要材料）、辅助材料、设备、工具、燃料、动力。消费品可分为便利品、选购品、特殊品。分清产品类别，对广告设计、广告决策以及媒体选用都有重要意义。

3. 产品利益

产品利益指产品有哪些突出功能，能给消费者带来哪些特殊利益，这是确定广告宣传重点的重要依据。产品的利益多种多样，从广告的角度来划分，大体可分为：满足消费者生理性需求，以经济利益为主的经济型产品和以方便使用为主的便利型产品；满足消费者心理性需求的情感型产品。广告诉求不仅要突出产品利益，而且要根据不同类型的利益产品采用不同的诉求方法。

4. 产品配套

产品在使用时，一般都要求与特定的生产或生活环境相适应，要与其他产品配套使用。这些特点对广告题材的选择有重大影响。

5. 产品服务

产品服务指产品的销售服务，如为消费者代办运输、送货上门，代办包装、安装等，以及产品的售后服务。

6. 产品的生命周期

产品的生命周期是指产品的市场寿命，即一种产品从投入市场到被市场淘汰的全过程。产品从投放市场到从市场消失，大致经历四个阶段：投入朝、成长期、成熟期和衰退期。以企业销售额的变化来衡量产品生命周期，则产品生命周期曲线如图 2-2 所示。

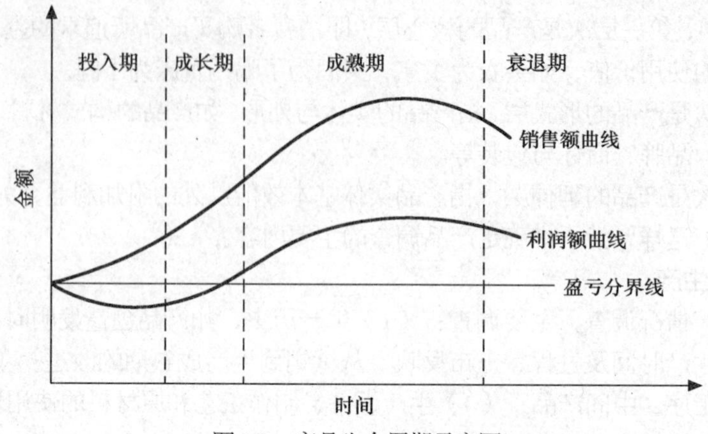

图 2-2　产品生命周期示意图

广告业一般以销售增长率来划分产品生命周期的各个阶段。

$$销售增长率=\frac{本期销售-上期销售}{上期销售}\times 100\%$$

经验表明，产品投入期的销售增长率极不稳定，当增长率大于 10%时，产品即进入成长期；当增长率在-10%～10%时为成熟期；如果增长率小于-10%时，则表明产品进入衰退期。产品在不同的广告市场可能处于不同的生命周期阶段，产品的市场成熟程度不同，消费者的需求特点不同，市场竞争情况也不同，因此广告策略也不应该相同。

4.6　商品供求与竞争状况调查

1. 商品供求

商品供求状况调查的重点是广告商品供求状况的历史和现状，尤其是现状以及同类商品的销售状况。商品供求状况调查主要有以下内容。

（1）广告商品现有市场的容量。

（2）广告商品的市场占有率。

（3）其他品牌同类商品的市场占有率。

（4）广告商品的市场潜力。

（5）其他品牌同类商品的竞争潜力。

（6）广告商品的销售渠道。

（7）其他品牌同类商品的销售渠道。

（8）广告商品的销售政策和促销手段。

（9）其他品牌同类商品的销售政策、促销手段和广告策略。

2. 市场竞争

商品市场竞争激烈，能否搞好产品的市场竞争性调查是影响广告活动成败的重要因素。市场竞争性调查需了解以下几方面的情况。

（1）是否存在直接竞争，也就是有没有经营同类产品或类似产品的行业竞争。

（2）主要竞争对手是谁？它占有多少市场份额？它的生产规模和扩大销售的计划如何？

（3）主要竞争对手的产品成本优势和劣势、价格优势以及对市场的控制能力。

（4）竞争产品在市场上的售价、中间批发价和利润如何？

（5）除主要竞争对手外，其他竞争对手的情况。

（6）是否存在间接竞争，也就是有没有经营种类不同但用途相同的企业间的竞争。

（7）目前市场上还存在什么样的空白？

根据市场竞争性调查的资料，可以查明市场竞争的结构和变化趋势、主要竞争对手的情况，通过广告活动的帮助，能实现广告产品竞争成功的可能性。

4.7　消费行为调查

消费行为调查又称消费者调查，是广告市场调查中的重要内容。消费者是构成市场的主体，在广告市场调查中，消费行为调查至关重要。因为消费者市场是商品的最终市场，消费者市场是一切市场的基础，是最终起决定作用的市场。因此，无论企业是直接为消费者服务还是间接为消费者服务，都必须研究消费者市场。作为企业促销内容之一的广告活动，不能不重视消费行为的调查。消费行为调查包括对消费动机、消费方式和消费决策三方面的调查。

1. 影响消费行为的心理因素

影响消费者行为最直接的、决定性的因素是消费者的心理因素。广告心理学家柏卡德在《隐形的说客》一书中充分解释了消费者的消费动机。

（1）消费者都渴望展示自己的优点，希望自己的优点，如英俊、幽默、机智等被别人知悉。如果某商品能让消费者突出其优点，就会受欢迎。

（2）消费者都渴望掩藏自己的缺点，不愿自己的缺点公诸于世，例如头上的白发、脸上的雀斑、过胖的身材。如果某商品有助于掩藏消费者的缺点，就会受欢迎。

（3）消费者都渴望获得感情安全，希望自己是被需要的、被爱的、被关心的。西方女孩子喜欢穿格子裙，原因之一正是西方小学生的制服都是用格子布做的，穿格子裙能令女性消费者产生青春年少的安全感。

（4）消费者都会主动去爱、去照顾、去关怀，愿意扮演“付出者”的角色，关心他人或他物。例如，风行世界的洋白菜娃娃（一种眉头深锁、衣衫褴褛的布娃娃，消费者必须办理“领养”手续，保证永远爱她才能将她抱回家），就因能唤起消费者的爱心而广受欢迎。

（5）消费者都有吃、喝等方面的基本需要，这是人类生存及延续的基本需求，但由于经常受到压抑，需要用较抽象的方式表达出来。商品若能透过造型、包装、颜色、气味、品牌等方式帮助消费者表达这方面的欲望，就会受欢迎。

（6）消费者都渴望做“有成就”的人，希望自己的努力被别人知悉，并获得肯定。炫耀性的消费品，例如豪宅、豪华汽车、钻石手表，因能帮助消费者向别人展露自己的成就而广受欢迎。

（7）消费者都渴望做“有创造力”的人，从创造性活动中获取快感，并求取别人的肯定。一度流行的“纸艺”（消费者将纸买回家，自己动手做纸花、纸画、纸衣等手工艺品，甚至可直接买材料自行造纸），就因能满足女性消费者的创造性需求而广受欢迎。

（8）消费者都渴望做“有支配力”的人，希望能支配他人或他物。男人喜欢买车，原因之一是在驾驶过程中能获得支配的快感。电子游戏机之所以有魅力，原因也是操作者能在玩乐过程中获得对机器支配的快感。

（9）消费者都渴望被了解，希望能将自己的感情和思想传达给别人，跟身旁的人进行心灵沟通。卡拉OK之所以有魅力，正因唱歌者能透过歌曲展露自己的内心世界，将自己唱出来。

（10）消费者都恐惧衰老及死亡，希望能永葆青春，免受衰老及死亡的威胁。因此，消费者会抗拒能引起衰老和死亡联想的商品。

（11）消费者都渴望再变成幼儿，甚至再度回到娘胎，希望弥补幼儿时期未能完全获得满足的需求。例如，嚼口香糖、抽烟等行为，可能是想满足心理大师弗洛伊德所说的“口腔期”快感。又例如，人们对奶制食品的需求，亦可能跟幼儿期的快感有关。

（12）消费者都渴望获得美感经验，人类天生都有赏美能力，希望在赏美的过程中获得精神升华。艺术性消费，例如购买艺术品、听音乐、观赏画展等，正是人类赏美能力的表现。

柏卡德认为，上述12项对消费行为最有影响力的心理需求人皆有之，广告及营销的目的就在于去刺激、满足和引导这些需求，促使消费者采取购买行动。

2. 影响消费行为的文化因素

对消费行为产生重大影响的第二个因素是民族的传统文化。

（1）由于收入的增加和工时的缩短，人们的闲暇时间增多，于是产生了旅游、野营、运动等更多需要。而为了得到更多的闲暇，人们就需要高效省时的产品和服务，因此诸如微波炉、电饭煲、自动洗碗机、热水器、快餐等商品和行业便受到人们的欢迎。

（2）随着人的文化教育水平的提高，传统文化受到一定的冲击。由于交通和通信的发达，地球变小了，世界变小了，地区和民族之间的文化交流，也会对传统文化产生影响。还有一些亚文化因素，如民族群体的生活习惯和思维方式，各种宗教信仰和禁忌，种族群体的文化、地理区域造成的生活习惯和口味等，都会对人们的消费行为产生直接或间接的影响。人的行为大部分是后天形成的，人们从小在一定的文化环境中成长，自然会形成一定的观念和习惯。日立电器、卡西欧电子琴、雀巢咖啡等经营者的聪明之处，就在于善于在广告中营造一定的文化氛围，把销售的最大收获期放在中国的下一代身上，使中国的新一代人在不知不觉中接受他们的产品。

广告人在选择广告的目标市场、制定广告活动的实施方案时，必须了解不同文化背景下的消费者对其广告的产品持何种态度。不然，就会劳而无功。

（3）由于经济地位不同以及所处的社会层次不同，人们的消费心理也有差异。有时即使人们的收入水平相等，其生活方式和消费行为也会有明显的差异。

美国的社会学家一般把美国社会分为七个阶层。

- 上上阶层：占美国总人口不到 1%，多为豪门望族、社会名流。他们生活奢侈，购物只求满意，不问贵贱，是珠宝古玩等贵重商品和旅游业的最好市场，他们的生活方式和消费行为是其他阶层向往和效仿的对象。
- 上下阶层：约占美国总人口 2%，多为有才干的高薪人士，多数由中间阶层上升而来，喜欢购买能显示自己身份和地位的商品，如豪华住宅、豪华汽车、游艇等。
- 中上阶层：约占美国总人口的 12%，多为专业技术人员，有较高的文化素养和专业知识，重视教育，需要文化生活，是高档家具、服装、家用电器等产品的最佳市场。
- 中间阶层：占美国总人口的 31%，多为“白领”阶层和“蓝领贵族”，是一些从事正当职业的工作者，特别重视子女教育，挑选商品趋于保守，是中档商品与少量高档商品的购买者。
- 中下阶层：占美国总人口的 38%，主要是“蓝领”工人，是中低档商品的主要购买者。
- 下上阶层：占美国总人口的 9%，是较贫困的“蓝领”工人。他们文化水平低、收入低，是低档商品的主要市场。他们工作不稳定，很少有晋升机会，所以追求短期目标，对新潮商品不感兴趣。
- 下下阶层：占美国总人口的 7%，多为社会底层的非熟练工人，失业率高，受教育机会少，购买力很低，是旧货市场的主要光顾者。

不同社会阶层的人对产品和品牌有不同的喜好。不同社会阶层在消费行为上的差别，除购买能力不同以外，还存在心理上的差异。

3. 影响消费行为的社会因素

（1）相关群体。人们的生活方式和偏好不是天生的，而是后天形成的。对消费者的生活方式和偏好具有影响的各种社会关系称为相关群体。相关群体的影响就是社会因素对消费行为的影响。相关群体可分为三类：一是对个人行为有重大影响的群体，如家庭、亲朋好友、邻居和同事等；二是影响较次一级的群体，如个人所参加的各种社会团体；三是社会名流、影视明星等群体，这常常是人们崇拜和模仿的对象。

一般来说，肥皂、水果等日常消费品的购买，受相关群体的影响较小；而服装、鞋帽、装饰品及某些耐用品的购买，受相关群体的影响就很大。

（2）家庭。在不同层次的购买决策中，家庭成员的影响力也不同。家庭成员对消费者的购买决策影响往往很大，但对购买决策具有影响力的人，在不同类型的家庭和不同商品的购买中是不同的，有的是丈夫决定，有的是妻子拍板；有的是共同商量，也有的是各作主张。

美国调查人员发现，在“何时购买汽车”的决策上，主要受丈夫影响的占68%，受妻子影响的占3%，共同决定的占29%；但在“购买什么颜色汽车”的决策上则受丈夫影响和受妻子影响的各占25%，共同决定的占50%。

消费者在不同的场合，由于担任不同的角色，具有不同的地位，会有不同的需要，因而会购买不同的商品。例如，一个人在家是女儿，结婚成家兼为妻子和母亲；在单位是经理、工程师，出国时又是国家某一部门的代表。显然，在行使各方面权利、义务时，对衣、食、住、行就会有不同的要求，从而对消费行为产生一定的影响。

4. 影响消费行为的个人因素

造成消费行为差异的第四个因素就是消费者的年龄、职业、收入、个性和生活方式等方面的个人因素。

（1）年龄。不同年龄的消费者有不同的需要和偏好，人们的消费需要随着年龄的变化而变化。年龄不仅影响个人的消费行为，而且影响其家庭生命周期的变化。单身、新婚、满巢、空巢、独居，不同阶段的个人，就有不同的需求特点。除了注意自然年龄的不同阶段外，还要考虑到消费者心理生命周期的阶段。有些青年人“少年老成”，有些老年人“返老还童”，因而这些消费者的消费行为同他们的自然年龄相左。广告人只有明确广告受众、目标消费者处于生命周期的什么阶段，并据此发展广告计划，才能使广告活动获得成功。

（2）职业与收入。不同的职业、不同的收入和不同的生活方式，尤其是不同的个性和思想观念也会影响消费者的消费行为。比如，大学教授与小保姆的消费需求就不一样。当国民收入达到相当水平，进入价值观个性化和多样化时代，示范效应便会减小，消费者都愿按照个人爱好和习惯购买商品，消费需求大不一样，消费动向越来越难把握。日本伊藤百货公司总裁伊藤雅俊认为，从零售行业的角度观察，人均国民收入达到2500美元左右时，消费者行为开始出现明显的变化。这些都是广告人不能不认真加以调查研究的。

总之，心理、文化、社会、个人等方面的因素，是影响消费行为的主要因素，广告策划者想要不断开拓市场，就必须对此加以认真研究。广告活动的目的，在于根据消费行为过程，不失时机地唤起和强化消费者的需要，扩大对商品促销有利信息的传播，修正商品的某些属性，进行实际的重新定位，使之接近消费者的愿望。通过广告作品，消除消费者不符合实际的偏见，对消费者心理重新定位，使消费者注意被忽视的产品性能，尽量减少消费者所承担的风险，促使消费者做出最后的购买决定并实现消费行为。

任务总结

随着经济发展，人们的消费习惯和购买行为也必然随之变化，一般会出现三种趋势。

第一，冲动式购买大量增加。由于收入增加，人们可随意支配的钱多了，再加上受商品包装和广告吸引、服务员态度感染以及自选购物等因素的作用，在售货现场临时决定购买的人数大大增加。

第二，对产品便利的要求更高。由于现代生活节奏的加快，人们对便利快捷的产品尤为需要，这就要求产品具有自动化、小型化、组合化、多功能等特点。

第三，闲暇时间的更充分利用。由于工时缩短、休假增多，人们的空闲时间变得充裕。这方面有大量未满足的市场需求，市场潜力很大。例如，旅游业以及与之相关的一些产品和服务市场就很有潜力。

任务5　调查广告心理

【任务引入】

王先生是一位工程师，在一家颇具规模的计算机公司上班。每天早晨，他被闹钟闹醒后，就去刷牙、刮胡子，当然，他所购买的闹钟、电动剃须刀都是看到广告介绍，被吸引而选购的。梳洗之后，他就走进餐厅，准备吃早餐。这时，收音机里播放的节目，不断地被插播的广告打断；而打开报纸，映入眼帘的也是巨幅的商业广告图案。出门后，王先生好不容易挤上公交车，抬头一看，车厢内也贴满了广告海报。刚下车，一位迎面而来的陌生人立即将产品传单塞在他的手中。王先生上班前的这一段小插曲说明了一点：我们已完全生活在广告的世界之中。

1. 你对这样的广告活动做何反应？
2. 你通常会注意哪些广告而忽略哪些广告？
3. 你认为什么样的广告效果会更好？

知识链接

5.1　受众接受广告的心理过程

一个成功的广告，在于积极地利用有针对性的诉求，把广告主所需传播的信息进行加强后传递给广告受众，从而引起广告受众的注意，使广告受众对广告主的宣传发生兴趣，并进而刺激起广告受众的欲求，促使其产生相应的购买行为。可以看出，广告发生作用的这一机制和过程完全是心理层面的，而广告也是针对广告受众物质欲求的心理而发。广告宣传就是通过对受众的感觉和知觉刺激去激发受众的认知过程的结果。

1. 认知过程

认知过程是广告受众对广告的各种感觉加以联系和综合的反映过程，这个过程主要通过广告受众的感觉、知觉、记忆、联想等心理机能活动来完成。受众对广告的认知过程，实际上是一个从感性到理性、从感觉到思维的过程。

对广告的感觉是广告受众对广告个别属性的主观反映。广告作为客观存在，广告受众在注意之前，可以通过眼、耳等外部感觉器官，获取有关广告的个别的初步的信息，再传输到大脑，形成对某一广告个别属性的反映。因此，就广告而言，在设计、制作时必须注重对商品特性的表现，把广告的内容恰如其分地表现出来，以强化对受众的感官刺激，使受众对广告商品的特性一目了然，让广告受众产生强烈的感觉冲击。

随着感觉的深入，对各种感觉材料进行分析、综合，广告受众便形成了对广告整体特性的反映，这就是广告的知觉。作为广告的表现，除了要把有关信息展现出来以外，还应突出广告的“新、奇、特”，使广告受众对广告产生良好的“第一印象”。

广告的记忆和联想是广告受众对经历过的广告的反映，产生由此及彼的心理现象。好的广告会给广告受众留下深刻的印象，特别是在浩如烟海的广告宣传下，受众由于受到广告的影响，得到了满意的消费或服务等体验，那么以后只要看到同样的广告，就会产生一种亲近感、信任感。另外，广告的设计、创意一定要新颖，让广告受众看到后就浮想联翩，比如看到美容化妆品广告就想到青春靓丽，看到地方土特产广告，心头就涌起一股浓浓的乡情。只有这样，才能从感情联想上打动广告受众的心，增强广告受众的记忆，对广告受众产生积极的影响。

2. 情感过程

情感过程是广告受众对广告主观体验和感受的过程，这个心理活动过程形成了广告受众对广告的主观态度。广告受众在接触广告后，由于受到生理性需要和社会性需要的支配，引起了不同的内心变化和外部反应，构成对广告的不同感情色彩。广告宣传如果主题积极、内容健康、语言幽默、表现完美，就能够满足受众对新的物质和文化生活的需要，使他们产生积极的情感；否则，受众就会产生消极的情感。

情感过程是受众接受广告心理活动过程的关键阶段。如果广告受众对广告产生了积极的情感，就会促使其产生进一步行动的欲望；反之，则有抑制作用。所以，广告要新颖大方、不落俗套，具有新鲜感和现代意识，让消费者的视觉、听觉有一种质量上乘、不同凡响的全新感受，从而对商品产生一种积极的情感认可。

广告受众的情感表现形式一般分为三种：积极情感、中性情感和消极感情。广告受众的情感表现形式主要受周围环境、广告形式、个人情绪和社会情感等因素影响。

3. 意志过程

意志过程是广告受众的意志和行为过程，即广告受众确定行为目标并付诸实施的过程。广告受众经过对广告的认知、情感阶段，对获取的广告信息进行归纳、概括，并结合自己的需要，决定是否采取行动或如何采取行动。

广告受众在广告的宣传、吸引下，采取购买行动，并经过自己的切身感受，以及家庭、社会舆论的评价和检验，审视自己的行为结果，并为以后的活动提供参考资料。如果广告受众通过行为所了解的情况与通过广告所了解的情况相符，广告受众就会对该广告留下深刻的印象，产生信赖感，下次会对同样的广告特别青睐；反之，则会拒绝。因此，企业在广告宣传活动中，要加强对受众的心理影响，以坚定受众对企业及其商品的意志信念，促成广告目标的最终实现。

受众在接受广告的心理活动中，认知、情感、意志三个过程是紧密联系、不可分割的统一体。认知过程是整个心理过程的前提，决定着感情、意志过程的发展方向和转换速度。情感过程又左右着认知活动和意志活动，积极的情感可能促进认知活动的发展，推动广告受众的意志和行为，而消极的感情则会抑制认知活动，阻碍意志和行为。意志过程可以促进认知过程的发展，并能激发、调节、控制情感过程的变化，以及对事物进行客观冷静的分析。它们三者之间是相互制约、相互渗透、相互作用的关系。

5.2　广告的注意心理

注意是人的心理或意识活动对一定对象的指向与集中，它是我们所熟悉的一种心理现象，明显地表示了人的主观意识对客观事物的警觉性和选择性。

1. 注意产生的原因：刺激的深刻性、主体的意向性

注意主要由两种因素引起：一是刺激的深刻性，如外界刺激的强烈程度以及刺激物的突变等；二是主体的意向性，如根据生理需要、生活需要、主体兴趣而自觉地促使感觉器官集中于某种事物。由于引起注意的因素不同，人的意识所起作用的反应特点和反应时序也有所不同。如图 2-3 “LEVIS 牛仔裤”广告，强有力地吸引了人们的眼球，但要注意的是，眼睛也会欺骗你。

图 2-3　LEVIS 牛仔裤

2. 注意的特点：指向性和集中性

（1）注意的指向性，是指在某一时间，人们的心理活动选择了一定的对象，而离开了其余对象，这样就保证了注意的方向。例如，人们在接受广告宣传时，其心理活动不是指向与广告有关的一切事物，而是把广告宣传的内容从许多事物中挑选出来，并且及时做出反应，这就体现了注意的指向性。

（2）注意的集中性，是指人的心理活动只集中于少数事物上，而对其他事物视而不见，听而不闻，并以全部精力来对付被注意的某一事物，使心理活动不断地深入下去。

在广告活动中，充分地利用注意的这两个特点，可以使消费者专注于广告宣传对象，使之离开一切与广告宣传无关的其他事物。这样，就可以使广告宣传的内容在消费者的心理活动中得到清晰、鲜明的反映。

3. 注意的功能：选择功能、保持功能、调节与监督功能

（1）注意的选择功能，即选择有意义的、符合需要的、与当前活动一致的影响，避开或抑制其他非本质的、附加的和与之无关的各种影响。注意把有关信息线索区分出来，集中去跟踪一个信息线索。如果没有这种选择性的功能，生活将变得一片混乱。

（2）注意的保持功能，即注意对象的映像或内容在意识中保持，一直保持到到达目的为止。具体地说，一直保持到得到清晰、准确的反应。

（3）注意的调节与监督功能，即控制心理活动向着一定方向或目标进行，使人们对注意的对象更迅速地加以综合、概括和迁移，这是注意最重要的功能。

注意的三种功能，能够使人们的心理活动处于一种积极的状态之中，对心理活动起着组织和维持的作用。它能够保证人们正确反映客观事物，更好地适应和改造环境。

4. 受众注意广告的形式：无意注意和有意注意

根据产生和保持注意的有无目的和意志努力的程度不同，在心理学上把注意分为无意注意和有意注意两种形式。对于广告人员来说，研究注意的这两种形式，搞清楚人们如何注意，怎样引起人们的注意，有非常大的价值。

（1）无意注意指事先没有预定的目的，也无须作任何意志努力的注意。无意注意是一种定向反射，是由于环境中的变化所引起的有机体的一种应答性反应。当外界环境发生的变化作用于有机体时，有机体把相应的感觉器官朝着变化的环境，借助于这种反射通常可以全面地了解刺激物的性质、意义和作用，使有机体适应新的环境变化，并确定活动的方向。

引起无意注意的原因，可分为客观刺激物的本身和人的主观状态。在设置广告时，这是必须考虑的两个因素。其中，刺激物的特点包含有几项内容：刺激物的绝对强度和相对强度，同时起作用的各种刺激物之间的对比关系，以及刺激物的活动、变化和新异性。人的内在主观状态，则包括人对事物的兴趣、需要和态度，人的精神状态和情绪状况，以及人的知识经验等。凡是能够使刺激物在这些方面迎合受众的广告创意，几乎都能取得引起人们的无意注意的功效。

（2）有意注意是一种自觉的、有预定目的的、在必要时还需要付出一定意志努力的注意。有意注意是根据人的主观需要，把精力集中在某一事物上的特有的心理现象。有意注意的特点是，主体预先有内在的要求，并注意集中在已暴露的目标上。有意注意是一种主动服从于一定的活动任务的注意，它受人的主观意识的自觉调节和支配，不仅指向个人乐意做的事情，而且指向他应当要做的事情，或是他必须要做的事情。如企业的营销人员，必须每天从媒体上收视许多广告，虽然有许多广告他并不感兴趣，但作为一种职业，他不能像普通人那样不去听、不去看，而是必须听、必须看，从而从中获取有价值的信息。

资料表明，一个受众每天注意的广告信息中，有意注意的大约仅占 5%。可见，相对而言，有意注意对于广告刺激的要求，没有无意注意要求得那么高。不过，消费者也经常有意识地寻找、接收、了解有关商品的信息，采取适当的行为，满足自身对商品的需要。因此，为使广告获得更为理想的效果，即便是有意注意，也不能降低广告设计和制作的标准，更不能减轻广告刺激的力度。

5.3 受众的视觉心理

亚里士多德（Aristotle）说过："一切源于眼睛。"视觉是我们认识外部世界的主导器官。一个正常人从外界接受的信息中，80%～90%的信息是通过视觉而获取的。广告受众的视觉心理包括颜色视觉、视觉适应、视觉联系和视觉后像等内容。

1. 颜色视觉

颜色视觉对于广告心理学有着特殊的意义，因为颜色对人的心理情绪和行为有着十分重要的影响，因而人们对颜色的这种重要性的认识也越来越深刻。颜色对视觉具有刺激功能，在实践中可以传递更多的信息。根据有关报道，在报刊广告中增加一种颜色，比黑白广告能增加50%的销售额，而全色广告则比黑白广告高70%的广告效益。

鉴于颜色在广告实践中的重要性，如何通过颜色视觉的刺激达到更佳的广告效果，成为现代广告研究的一个重要内容。一般说来，受众对各种色彩的心理反应如下。

黑色——寂静、悲哀、罪恶、绝望、灭亡。

白色——洁白、明快、纯真、清洁。

红色——冲动、愤怒、热情、活力。

绿色——和睦、宁静、健全、生息。

橙色——轻快、欢欣、热烈、温馨、庄严。

黄色——快乐、希望、智慧、轻快。

蓝色——凉爽、清朗。

紫色——高贵、庄严、豪华。

2. 视觉适应

视觉适应主要包括距离适应、明暗适应和色彩适应三个方面。

（1）距离适应。人眼构造中的水晶体能够自动改变厚度，使映像准确地投射到视网膜上。水晶体相当于相机的透镜，起到调节焦距的作用。眼睛看清对象细节的本领不仅取决于物体大小，更取决于观察物体的距离。因此，眼睛判断物体细节不是根据物体大小，而是根据视网膜上的物体图像来判断。所以大型的户外广告，由于观察距离较远，要减少局部细节以方便行人远距离观察。人眼在观察对象时，比较适宜的观察距离范围一般为2～20米，广告的设置高度和距离要充分依据人的身高和平视效果。

（2）明暗适应。这是日常生活中常有的视觉状态，例如从黑暗的屋子突然来到阳光下时，人的眼前会充满白花花的感觉，稍后才能适应周围的景物，这一由暗到明的视觉过程称为"明适应"。如果暗房亮着的灯光突然熄灭，眼前会呈现黑黝黝的一片，过一段时间视觉才能够调整到对这种暗环境的适应上，并随之逐渐看清室内物体和轮廓，这是视觉的"暗适应"。视觉的明暗适应能力在时间上是有较大差别的。通常，暗适应的过程约为5～10分钟，而明适应仅需2～30秒，1～2分钟即可完全适应。人眼这种独特的视觉功能，主要通过类似于照相机光圈的器官——虹膜对瞳孔大小的控制来调节进入眼球的光量，以适应外部明暗的变化。光线弱时，瞳孔扩大；而光线强时，瞳孔则缩小。因而在任何光亮度下，人们都能较容易地分形辨色。虽然人眼有这种调节功能，但在两个相临的环境中，照明的光源亮度对比最好不要超过 20 倍，比如地铁走廊的灯箱设置，要注意保证环境的舒适程度。

（3）色彩适应。这里有个有趣的故事：法国国旗为红白蓝三色，当时在设计时，该旗帜的最初色彩搭配方案为完全符合物理真实的三条等距色带，可是这种色彩构成的效果，总使人感到三色间的比例不够统一，即白色显宽，红色居中，蓝色显窄。后来，在有关色彩专家的建议下，把三者面积比例调整为红：白：蓝= 33：30：37 的搭配关系。至此，国旗显示出符合视觉生理等距离感的特殊色彩效果并给人以庄重神圣的感受，这说明光的颜色会使人的眼睛产生形状大小的错觉。

对视觉来说，在白天，光谱上波长长的红光其色感显得鲜艳明亮，而波长短的蓝光则显得相对平淡逊色。但到了夜晚，当光谱上波长短的蓝光色感显得迷人惹眼时，而波长长的红光色感则显得惨淡虚弱。换句话说，随着光亮条件的变化，人眼的适应状态也在不断地被匡正与调整，对光谱色的视感也与之同步转换。由于这一现象是 1852 年捷克医学专家柏金赫在迥异光亮条件下的书屋观察相同一幅油画作品时，偶然发现并率先提出的，故此而得名“柏金赫视错”。研究柏金赫视错的现实意义，就是引导色彩应用者在广告的设计活动中，要注意扬长避短地组合好特定光亮氛围中的色彩搭配关系，从而尽量避免尴尬色彩现象的出现。如在创作一幅用于悬挂在较暗室内环境中的磨漆画时，在色彩构成方面，不宜配置弱光中反射效果极差的红、橙等暖润色，否则不仅起不到任何装饰效用，反而会使墙面显得更加沉闷。但是如果画面选用少许光亮便能熠熠生辉的蓝、绿等冷色调搭配，就会使整个作品充满美丽诱人的意趣。这对于幽静的环境而言，无疑是一种恰到好处的烘托与渲染。

3. 视觉联系

视觉联系是视觉组成的基础，是通过注意到的不同元素间的联系而产生整体的视觉效果。

建立视觉联系，首先要理解两个元素间的区别，比如色彩、材质、形状、方向、大小等，只有不同才能产生对比。两个元素间的视觉对比强度，取决于它们之间不同的视觉特征的数量，不同的特征越多，对比就越强烈。如图 2-4 所示，通过不同的对比，你能看出来一个美丽的少女和一个丑陋的老妪吗？

视觉联系也可以通过元素的位置建立，因为元素摆放的位置可以促成联系，形成暗示作用。如图 2-5 所示，通过不同的位置摆放和对比，你是不是认为最上面的人要更大一些呢？其实，图上的三个人是一样大的。摆放位置时需要考虑与全局的关系，也要考虑和其他元素的关系。当两个元素摆放得很近时，习惯上认为它们是有关的，至少它们之间的联系比摆放遥远的两个元素紧密。一个周围空着的元素，其突出效果肯定要好于周围有很多参照物的元素。

图 2-4　老妪与少女

图 2-5　人的大与小

4. 视觉后像

当外界物体的视觉刺激作用停止以后，在眼睛视网膜上的影像感觉并不会立刻消失，这种视觉现象叫做视觉后像。视觉后像有两种：正后像和负后像。

当视觉神经兴奋尚未达到高峰，由于视觉惯性作用残留的后像叫正后像；由于视觉神经兴奋过度而产生疲劳并诱导出相反的结果叫负后像。无论是正后像还是负后像，均是发生在眼睛视觉过程中的感觉，都不是客观存在的真实影像。

例如，节日之夜的烟花，常常看到条条连续不断的各种造型的亮线。其实，在任意瞬间，烟火无论在任何位置上只能是一个亮点，但由于视觉残留的特性，前后的亮点却在视网膜上形成线状。电影技术就是利用这个原理发明的。在电影胶卷上，当一连串个别动作以每秒 16 张图形以上的速度移动的时候，人们在银幕上感觉到的是连续的动作。现代动画片制作也是根据以上原理，把动作分解绘制成个别动作，再把个别动作连续起来放映，即复原成连续的动作。又比如，当你长时间（两分钟以上）地凝视一个红色方块后，再把目光迅速转移到一张白纸上时，将会出现一个青色方块。长时间的兴奋引起疲劳，相应的感觉灵敏度也因此而降低，当视线转移到白纸上时，就相当于白光中减去红光，出现青光，所以引起青色觉。由此推理，当你长时间凝视一个红色方块后，再将视线移向黄色背景，那么，黄色就必然带有绿色（红视觉后像为青，青 + 黄 = 绿）。

5.4　广告的心理诉求

广告的心理诉求一般包括知觉诉求、情感诉求、理性诉求、观念诉求等。

1. 广告的知觉诉求

所谓广告的知觉诉求，就是以直接或间接的事物形态，如商品的品质、功能、品牌等，借助视觉引导等表现手法，直接诉诸于人的感觉器官，通过感官刺激形成对诉求对象的知觉反应和印象，从而激发人们的购买动机。

在日常生活中，消费者对环境中所遇到的刺激下意识地进行着选择，他在不自觉地寻求一些东西，避开一些东西，注意一些东西，忽略一些东西。那么，如何强化受众的知觉心理诉求呢？

（1）利用色彩的对比。心理学原理告诉我们，主题与背景的色彩对比反差越大，受众就越容易对主题优先知觉，广告的效果越好。

具有强烈对比反差的颜色配对有：红⟷绿，黄⟷蓝，橙⟷青，黄绿⟷紫。例如，红与绿对比反差近于最大，因此万绿丛中的一点红就十分显眼。同样，万红丛中的一点绿也会引人注目。如果某一广告的主题选用红色（或绿色），就应以绿色（或红色）色调的背景衬托之，这样就能够比较有效地吸引注意，达到较好的广告效果。同理，若是蓝色的主题，宜选用黄色的背景；黄色的主题，宜选用蓝色的背景。青色（或橙色）的背景能有效地衬托出橙色（或青色）的主题。

（2）利用明与暗的对比。有时广告颜色的选择范围受到限制，可以通过调节色饱和度和亮度来增大主题与背景之间的对比反差。色饱和度指颜色的浓淡程度。主题若是明亮的、浅色的，背景就应是深暗的；若主题是深暗的，背景就应是明亮的、浅色的，如图2-6所示。

图2-6　如此反差

（3）利用声音的对比。主题的声音与背景的声音有明显差异时容易引起受众的注意。夜深人静时，说话的声音很清楚，白天喧闹的大街则相反。在现今的电台声音广告中，播出时一个接一个，如同机关枪扫射，听众对连珠炮似的声音已经麻木，对之听而不闻。其结果是广告主的良苦用心和美好愿望并未取得相应的效果。根据心理学原理，如果广告主在做广播广告时，购买1到2秒钟的静默，静默之后再出现广告声音，或者选用与前面的广告声音有明显差异的声音播送，效果可能会更好。例如，前面的广告声音是男声，轮到我的广告时就选用女声；前面是快速播出，我就用慢速播出；前面是成人声音，我就选用童声。总之要与前面的广告声音有明显的差异，制造强烈的对比反差效果，达到引起注意的目的。

（4）利用动与静的对比。夏夜的星空，繁星点点，即使有些星星十分耀眼，我们也不太会注意，但我们的视觉一般都不会放过流星，尽管它并不是很亮。

心理学的原理告诉人们，人眼对运动的物体优先知觉，这也是人眼的视觉规律。以影视语言见长的电视广告中，对于无条件运动的静止画面，可以利用画面中人物的运动姿势和虚的背景使视觉产生运动的错觉，这样也能达到一定的效果，即便是平面广告，采用动态的设计，也能更好地吸引受众的注意力，如 2008 年北京奥运会吉祥物及形象设计，如图 2-7 所示。另外，在灯箱广告中，利用灯光的闪烁也可产生广告运动的效果。霓虹灯之所以能有较好的效果，这与灯光的闪烁是分不开的，还有红绿色之间不停变换。

图 2-7　2008 年北京奥运会吉祥物及形象

（5）留有足够的空白。空白可以归属于广义的背景，它起着衬托主题的作用，虽然它没有承载广告信息，但它的作用是不可缺少的。

空白与主题是辩证统一的关系，是既互相对立又互相依赖的。有的广告设计者忽视空白的作用，过于珍惜版面，把版面塞得满满的，效果却很差。其实，没有了空白也就无所谓主题了，正如没有黑也就无所谓白，没有矮也就无所谓高一样。另外，在一幅画面上，空白少到一定程度，人眼的视觉会很快产生疲劳，失去了注意力，这样的广告效果就要大打折扣。

2. 广告的情感诉求

广告的情感诉求是指利用富有人情味的各种表现手法，诉诸人的感情进行激发，即“以情动人”，使受众与广告产生情感共鸣，从而诱发人们的购买动机。现代广告中的情感诉求是以亲切柔和的画面，自然流畅的语言，老实诚恳的诉说，让人们有所感触，左右人们的情绪，使人们靠近它并对其产生好感，最后在情感上产生共鸣，达到促销的目的。

在我国这个具有几千年民族传统文化积淀的社会中，消费者的个性特征普遍表现为重感情，注重家庭温馨和谐、亲朋友好。人与人之间都很讲究一个“情”字，“情”无时无刻不存在于人们的生活中，并深深地影响着人们对事物的评价和选择。随着消费群体逐渐从理性世界走上感性消费时代的到来，情感更日益成为影响消费者购买动机、制约其购买行为的重要因素。在现代广告促销宣传中，如能充分注重并善于利用人的情感，通过极富人情味的广告诉求，努力营造出调动人们情感的氛围，就必然能打动人、感染人，就能使企业（产品）与消费者之间形成一种亲近感，增进人们对企业（产品）的认识和了解，缩短企业（产品）与消费者之间的心理距离，削弱人们对广告的抵触情绪，接受企业的一片诚意，最终赢得消费者的信任。实践表明，广告诉求越具有人情味，越具有感情色彩，就越能赢得消费者的情感共鸣，越能打动消费者，吸引消费者。

爱情、亲情、友情是情感诉求中使用最多的感情因素。

（1）爱情。爱情几乎是各种艺术形式的永恒主题，广告创意虽然带有商业成分，但它仍然是艺术的一种存在形式，自然也就属于艺术的范畴。表明对于爱情的态度，期待共鸣，或是体现爱情中的相互感觉是广告创意中屡试不爽的表现手法。

比如，戴比尔斯（De Beers）的广告创意："钻石恒久远，一颗永流传。"又如，依波表（Ernest Borel）的广告创意："浪漫时刻，一生相伴！"钻石鉴证了爱情，手表与爱人一生相伴……"心相应"纸巾，"水晶之恋"果冻的广告创意，同样为爱情的感觉找到了共鸣。

（2）亲情。亲情的诉求范围更广，是伴随人们一生的感情，可以是广告对任何年龄段的消费者的诉求重点。借助商品表达出亲人所带来的温暖、关怀、牵挂……或者通过广告创意，使一种商品就象征着一种感情，如美国凯兹（KEDS）童鞋广告，"像母亲的手一样柔软舒适"，一双红活圆实的儿童小脚，置放在年轻母亲的手心里，呈现了一种生命和稚嫩之美，让人感动，具有极大的视觉冲击力。母亲和婴儿可以说是人类情感世界的主角，看到由他们鲜活的手脚构成的画面，其美感、怜爱、赞叹之情油然而生！凯兹童鞋，犹如孩子跟随母亲一样，紧跟孩子的每一步，去畅游想象的空间。

这样的广告使商品具有了特殊的意义，商品不再是简单的商品，而是代表着一种感情，就像玫瑰花代表着情人之间的爱一样。这不但有利于企业销售自己的商品，而且也为消费者提供了表达感情的方式。中国人对于感情的表达总是有些含蓄，如对父母或长辈说"爱"总显得难于启齿，如果在广告的文案中阐述了"爱"的含义，那么企业就在销售商品的同时，为消费者与亲人进行感情的交流搭建了一个平台。

（3）友情。友情是人们生活中的必然需要，在生活中也很重要，人们的许多美好时光都是与朋友一起度过的，它是人们内心中的重要支持。让商品带有友情的烙印，它将会触动人们的感情。

比如，麦氏咖啡的"好东西要与好朋友分享"，这是麦氏咖啡进入台湾地区市场推出的广告语。麦氏从情感入手，把咖啡与友情结合起来，深得台湾消费者的认同，于是麦氏就顺利进入台湾咖啡市场。当人们一看见麦氏咖啡，就想起与朋友分享的感觉，这种感觉的确很好，麦氏咖啡成为以友情为诉求的经典之作。

当然，人的情感丰富多彩，广告的情感诉求点除了爱情、亲情、友情之外，还可以抓住人们的其他情感因素，如民族情感、爱国情感、成就感、自豪感等。"非常可乐，中国人自己的可乐"，目前，非常可乐以其独特的民族特色，已成为中国老百姓幸福生活的象征——有喜事当然非常可乐！紧紧抓住了人们的爱国情、民族情。“人头马一开，好事自然来！”尊贵的人头马 XO 非一般人能享受起，因此喝人头马 XO 一定会有一些不同的感觉，人头马给你一个希望，只要喝人头马就会有好事到来。

5.5　广告的理性诉求

广告的理性诉求是以商品或服务的功能、利益或相关属性为诉求重点的一种广告诉求方式。这种广告说理性强，常常利用可靠的论证数据揭示商品或服务的特点，以获得广告受众的理性承认。它既能给受众传授一定商品或服务的知识，提高其判断商品或服务的能力，又会激起人们的兴趣，从而提高广告活动的经济效益。

运用理性诉求的广告，多是技术性的商品或服务，或与人身安全有关的商品或服务。理性诉求的表现手法通常如下。

1. 哲理性诉求

在一则广告中蕴涵着深刻的哲学内涵，其特点是用一种简明的形象或文案将一个富有深刻思想的哲理或人生感悟的道理展现给受众，让受众在接受哲理的过程中认识和感受商品。这类广告多表现在报纸、杂志或招贴广告媒体中。

《2001 年中国广告年鉴》中中国人民保险公司的两则平面广告，一则是《起落篇》，广告语为“人生难免起起落落”；另一则是《高低篇》，广告语为“生活总是高高低低”。画面的处理极为简洁、形象、一目了然。以科技蓝为背底，给人以稳定、信任、平和、广阔的感觉，字体自然、圆润，其设计错落有致，形象动感地体现了其思想内容。“生活难免起起落落，生活总是高高低低”，这句话许多人都耳熟能详，不管是从先人诗词歌赋中，还是从现代流行娱乐文化中，还是人们安慰别人或自我安慰时，都会有此感慨，已成为一条普及率极高人生感悟。在今天的快节奏的生活中，人们面对快速的信息，多变的商机，都有着沉重的心理压力。在听了这样的哲理宣传，受众能不触动吗？既然这样，能不能最高限度地把握自己的明天，能不能尽量避免挫折带来的不利因素，能不能为自己为家人的未来加一份“保险”？这种广告的宣传是其他直接诉求保险好处的广告无法比拟的。

2. 劝诱诉求

劝诱是劝说诱导受众接受广告意向，是指用商品的功能和优点满足或引发受众的相应需求动机，促进认知和购买。这类广告的诉求点在于广告对象的功能、特性，受众接受它需要一定的理性认知，尽管表现手段上可能采用一些感性渲染，但主要还是理性沟通。

第 45 届戛纳国际广告节影视项金狮奖广告作品 SONY 游戏站《微不足道的厨师篇》，其情节是在一家高级典雅的餐厅里，一位厨师正在准备制作薄煎饼和鱼子酱。好啦，美食已制作完毕，哦，还有最后一道工序，厨师故意用手指在鼻孔内挖出一块污物，在食指与拇指之间揉成一团，小心地把它加在鱼子酱上，上面又放了菠萝的嫩枝。一个侍者把这盘“美食”端走了。接下来，这个厨师又在炸一块牛排。他将牛排盛到盘子里，不紧不慢地走下楼梯来到工作人员洗手间。他蹲下来，在马桶的内沿里用牛排抹了一圈后，重新回到厨房，将土豆和青菜放在旁边，在上面摆了枝香菜。然后，厨师为他的正餐准备着油煎鸡蛋薄饼。他倒了一杯白兰地，用它漱了漱口，又将它吐在薄饼上。之后，他点燃一根火柴，让甜点上升起一团火焰。字幕：请待在家里吧。

如果你是初次看这则广告，可能会联想到这是与“吃”相关联的，诸如食品等，片中一个个令人看了不仅作呕的画面，使你想忘都忘不掉。如果你正在用餐，很可能你会放下手中的碗筷，待你气从中来，心中暗骂，这是什么广告。好了，谜底出现了，它是 SONY 游戏台的广告，它在劝你，不要随便出去吃饭。那用什么来消遣呢？就待在家里打游戏吧！这是一则典型的劝诱型广告。

3. 告白诉求

告白是直接向消费者诉说广告产品与服务的情况、特性及对消费者的利益点，动员消费者去购买。有些产品如药品、化学制品及一些耐用日用品，消费者十分关注其产品的功效，故其广告表现手法多采用告白的诉求方式，直接向目标消费者诉求广告产品的利益点。

第 45 届戛纳国际广告节影视金狮奖广告作品“禁止砍伐森林”的公益广告是告白诉求的典范。一片森林，一棵已被砍倒的树。镜头缓缓拉近，直到看见树干内表示树木年龄的年轮。一个箭头指向靠近中心的年轮：“拿破仑出生。”镜头后拉，指着较外圈的年轮：“梵高出生。”再指向较外的年轮：“爱因斯坦出生。”在接近树木最后两圈年轮上，我们读到：“砍倒这棵树的那个该死的家伙出生。”“STOP DEFORESTATION（停止砍伐森林）”，如图 2-8 所示。这一广告把年轮与历史名人、人类文明联系在一起，非常巧妙地告诉我们自然是人类的生存家园，文明的传承。如果支撑文明的这棵历史巨树被砍倒了，那么人类也就不复存在。诉求切入准确，有很强地感染力，能够引起受众从内心对广告内容的认知和理解。

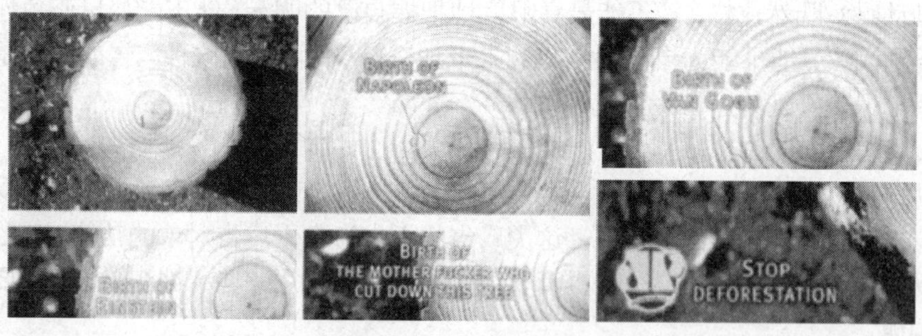

图 2-8　禁止砍伐森林

4. 对比诉求

产品对比广告，一般有三种类型，即两种或多种品牌的暗比、两种或多种品牌指名道姓的明比、与想象出来的对手相比较。如可口可乐与百事可乐，两家经常以对比的方式在广告上互相攻击。1992 年 4 月下旬，通用食品公司的新产品“助凉”饮料上市，第一则电视广告就声称，该饮料含糖量比销售领先的可乐饮料低 25%，一下子就打动了那些惧怕高糖食物的受众，与其他饮料形成了对比，拉过来大批消费者。

产品对比诉求最好的方式是自我对比。因为自我对比利用了品牌已有的知名度和品牌在消费者心目中的已有形象，同时也展示了产品的更新、变化和发展，突出产品的某一特点，因而容易给人留下深刻的印象，容易进一步提高品牌知名度。如飘柔二合一洗发水有一则电视广告，采用的就是自我对比的手段。在电视画面上先并列展示两种包装颜色不同的洗发水和护发素，然后把另一瓶颜色不同的飘柔洗发护发二和一的洗发水从画面的上面慢慢向下移动，覆盖原来的洗发水和护发素，并把洗发水和护发素渐隐至消失，在画面表现的同时，还配上相应的解说词，以突出说明新飘柔的新功能。

但是，对比诉求广告侧重于物与物的对比，在多数情况下要涉及其他竞争品牌，而为了证明自己产品的优势，有意无意间就会美化自身产品而贬低其他品牌。因此，稍有不慎，就会变成贬低对手的违法广告。当然，最好的对比应该是既无损于人，又有利于己的对比。市场经济的特征之一就是竞争，商品之间的竞争必然反映到广告中来。可以说，绝大多数的竞争者，尤其处于不利地位的竞争者，出于竞争的考虑，都有使用对比广告的愿望，一旦可以绕过法律的规定而又不受道义的谴责，使用对比广告的愿望便按捺不住了。有一层干爽网面的护舒宝卫生巾宣称“更干、更爽、更安心”，澳柯玛的“没有最好，只有更好”，飞利浦的“让我们做得更好”，还有“果冻我要喜之郎。”类似这样的广告常见于各种媒体，都在有意无意地进行对比，但又都没有刻意去贬低别人抬高自己。对比得隐蔽，比较得巧妙，表露得很模糊，像这样的广告既不违法，又颇为有效，是对比诉求中的典范。

5. 证明性诉求

在广告充斥生活空间的现代社会，消费者被五花八门的广告包围得快要喘不过气来。企业不惜血本进行广告轰炸，使出浑身解数扩大产品知名度。为了吸引消费者，一些企业总喜欢把自己的产品吹得天花乱坠，使广告中充满了产品神话。无奈消费者却像观看魔术表演的看客，台上的表演再精彩火爆，观众则心如明镜，不会把它当真。于是，不少精明的企业改换广告战术，我什么也不说，让你看个真切，弄个明白，不是我要你相信，而是由不得你不信。这就是广告中的证明性表达。

证明性广告诉求以其有力的证据来证明产品质量的真实性、可靠性。证明性广告又可分为两类。

一是感性证明，即借用一定事物，从理性的角度、感性的表达来证明产品的功效。如圣象地板《踢踏舞篇》，创意是一舞者在地板上跳踢踏舞，舞者跳得把鞋已经磨穿了，但地板却依然完好如初。这略带夸张的表现方法给人的第一感觉是真实、自然，令人信服。圣象《踢踏舞篇》虽是理性的表达，但却以单纯、幽默的手法来表明地板的耐磨性，有趣逗人，令人忍俊不禁，收到了很好的效果。

二是纯理性论证，就是当众做实验，或者借助电视现场直播形式的广告。最典型的就是美国安利公司系列产品的推销方式：当着目标人群的面，把安利的系列产品当场作试验，把事实摆在受众面前，令人不得不信任产品的功效。

然而，证明性诉求广告事实上有时是对产品进行超常态的实验，并非所有的产品都能采用这种方法，如本身就不堪一击的精雕瓷器。证明性广告如果运用不当，不仅不会引起别人的注意，甚至产品演示过程的真实性都会受到观众的质疑。

5.6 广告心理策略

1. 广告引人注意的心理策略

广告界流行这样一句话：使人注意到你的广告，就等于你的产品推销出去了一半。可见，在广告设计中，充分应用注意的心理功效，是提高广告效果的重要环节。根据注意产生的原因及特点，广告要吸引和维持受众的注意，经常采用以下策略。

（1）增大刺激物的强度。心理学研究表明，刺激要引起反应，必须达到一定的强度。而且，在一定的强度范围内，强度增加，反应也随之增强。因此，在广告设计中，可以有意识地增大广告对受众的感觉刺激效果，使其有明确清晰的识别性，就会在无意中引起受众强烈的注意。

可以用多种方法增大广告的强度，如鲜明强烈的色彩或光线、醒目突出的字体或图案、特殊的声响等。为增大广告的效果，一种惯用的策略就是采用大尺寸广告。在一项研究中，对刊物中不同篇幅大小的广告效果进行了对照实验，发现半页大小的注意值平均分数是 13.3，而全页的广告注意值平均分数是 25.9，表 2-1 表明了广告版面大小引起的注意率的变化。

表 2-1　不同广告版面大小引起的注意率

版面大小（cm）	大小比率	注意率（%）
19.25	1	9.7
38.50	1	16.5
57.75	3	23.2
77.00	4	30.0
96.22	5	36.7
115.50	6	43.4
134.75	7	50.2
154.00	8	56.9
192.50	10	70.4

（2）增大刺激物之间的对比。刺激物中各元素的显著对比，往往也容易引起人们的注意。在一定的限度内，这种对比度越大，人们对这种刺激所形成的条件反射也越显著。因此，在广告设计中，可以有意识地处置广告中各种刺激物之间的对比关系和差别，增大消费者对广告的注意程度。

对比的方法有很多，如画面布局的动静对比与空白对比，图案的大小对比与色调对比，色彩、光线的明暗对比，音响、语调的节奏对比与高低对比，文字语句的长短对比与轻重对比，中心与周围环境的对比，等等。这些对比运用得好，可以有效地增强广告的易视性、易读性和易记性，保证对受众视觉、听觉的刺激性，引起较强烈的注意。

如“飞利浦”电熨斗广告，如图 2-9 所示。自上而下，右边是一条 S 形人体曲线，左边则是一条笔直的直线，在直线的上端左侧，有一个精美的飞利浦电熨斗，在它的下面，紧贴直线，有一句诙谐幽默、耐人寻味的广告语：衣内的线条交给上帝去塑造，衣外的线条就交给飞利浦来摆平。

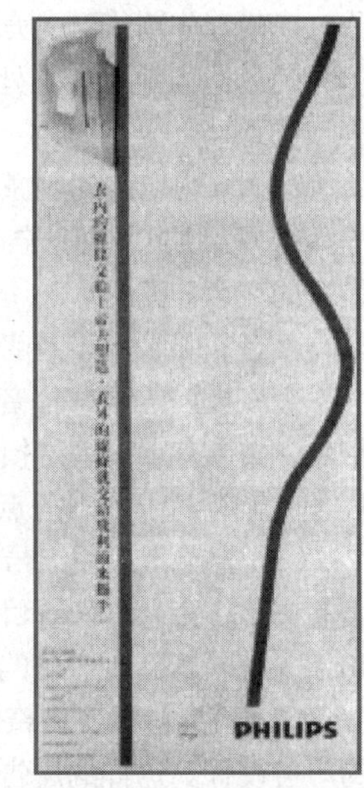

图 2-9　飞利浦电熨斗广告

（3）提高刺激物的感染力。刺激物的强度和对比度固然可以引起人们的注意，但倘若它反映的信息毫无意义，缺乏引起人们兴趣的感染力，那么它所引起的注意也是短暂的。在广告设计中，有意识地增大广告各组成部分的感染力，激发消费者对广告的各种信息的兴趣，维持受众的注意。如果说前两者侧重的是广告表现的形式，感染力所注重的则是广告表现的内容。新奇有趣的构思、诱人关心的题材以及富于艺术的加工等，都能增强广告的感染力。如图 2-10 所示，香烟的背后……。相信任何一位烟民在看了这则广告之后，都会陷入沉思。

图 2-10　香烟的背后

（4）突出刺激目标。首先的问题是突出目标。在其他条件相同的条件下，注意程度的强弱和被注意物体的多寡成反比，目标越多，注意力越分散，目标少则有利于集中注意力。例如，在闹市区的某些路段，往往有很多户外广告，如果再在这样的地方设置广告，无异于凑热闹，人们只能在有意注意时才能看到它，几乎不能产生无意注意。

突出目标的第二个问题是广告画面安排要恰当，整个画面既不要空空荡荡，也不能拥挤不堪；既不能无限追求大，也不能片面追求精小，要考虑怎么安排才能便于记忆。也就是说，要把广告的商品、图画、照片和文字等放在视觉的中心上，并进行有序安排，使画面保持均衡、相称、统一与和谐。

就视觉中心而言，物体的视觉中心是上下比例为 1∶1.62 的位置处。在排列广告时，以视觉中心横线为中心线，保持上下平衡，并以略偏右侧的分线作为垂直中心线保持左右平衡，只有这样才能支持重心，形成安定感。所以 1∶1.62 的视觉分割线被称为“黄金分割线”。美国广告设计专家斯塔茨认为，要引起注意，广告配置图画或口号的最适当地方有五处：视觉中心、视觉分割线上部、视觉分割线下部、近上端部分、近下端部分。

（5）利用动态的刺激物。生活经验表明，运动着的物体惹人注意的程度要比静止的大得多。因此，在广告设计和制作时，要尽可能地利用动态的、变化的设计来吸引受众的注意。霓虹灯之所以引人注目，就在于它的闪烁。另外，利用设计，使广告牵动观察者的眼睛向设计者所期待的方向移动，增强广告的吸引力，也属于此类。

在广播广告中，播音的速度和音量的大小如果一成不变，受众的听觉就会迟钝；相反，如果有意识地变换速度和音量，抑扬顿挫，不但能很好地吸引受众的注意，而且也更能有利于突出重点。

（6）要善于运用口号和警句。所谓要善于利用口号和警句，就是要用一段特别精美的文字，使之看来醒目，读之上口，听后耳目一新，并便于记忆，使人一想起这一句话，就联想到所广告的产品，以提高宣传效果。

（7）打破陈规，出奇制胜。所谓出奇制胜，就是采用一些合理的但却又是非常规的广告设计。这样的广告设计，往往能博取受众的普遍注意。

2. 强化广告记忆的心理策略

受众在视听广告的过程中，是通过识记、保持、再认和回忆这几种记忆的共同作用得到广告信息的，如图 2-11 所示。然而，由于客体刺激程度的不同，以及广告受众个体的心理差异，使受众的广告记忆往往出现个体偏差。因此，根据记忆原理及其个体差异，在广告宣传中采取有效的策略，正确地发挥记忆在广告过程中的作用，不仅能够加强广告受众对广告信息的记忆，而且还能刺激其购买欲望。

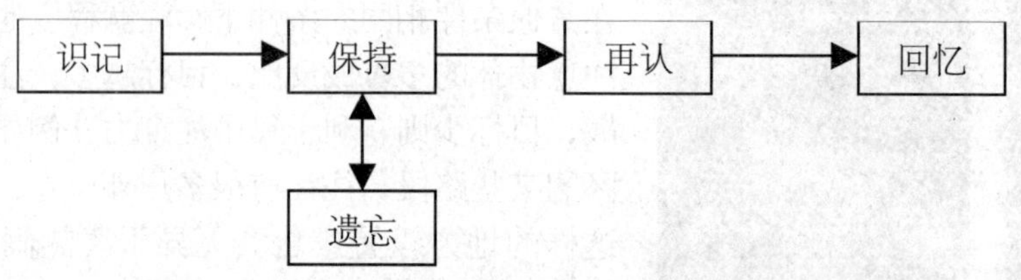

图 2-11　记忆的四阶段

在广告宣传中，可以采取下面几项强化广告记忆的策略。

（1）适当减少广告识记材料的数量。一般而言，要达到同样的识记水平，材料愈多，识记所用的平均时间或通读次数也就愈多。因此，要提高受众对广告的记忆率，广告的文稿应简明扼要，尤其是广告的标题必须短小精悍。心理学实验表明：广告标题的字数少于 6 个的，广告受众的记忆率为 34%，而多于 6 个字的，广告受众的记忆率仅为 13%。因此，应该减少广告识记材料的数量，而突出品牌、标语等核心理念。

减少广告识记材料有两种途径：一是减少识记材料的绝对量，即减少广告识记材料的总体数量，能用 5 个字的标题不要用 7 个字，能用成语表述的不用长句子描述，能用图表、照片说明问题的不用文字解说。二是减少识记材料的相对量，就是在广告识记材料不能压缩的情况下，根据记忆原理进行分块记忆，这样就等于所需记忆的材料减少了。例如，要记住 46713631 这个数字比较难，但如果把它分成两块 467、13631，就容易记住了。再比如，要记住下列词汇：男人、凳子、狗、课桌、女人、马、孩子、猫、椅子，可以把这些词汇分成三类：男人、女人、孩子，猫、狗、马，凳子、椅子、课桌。不用说，把词汇分成三类的办法比第一种不分类的办法更容易记忆。

（2）充分利用图形、实物等形象记忆。直观的、形象化的广告宣传要比抽象的、说教式的广告宣传更易于被受众记忆，这是由于直观形象的事物虽然只能形成感性认识，但它是领会事物的起点，是记忆的重要条件。因此，在广告宣传中，有意识地采用图形、实物等进行直观、模拟直观的表达，不仅可以强烈地吸引受众，还可以使人一目了然，增强知觉度，提高记忆效果。在人们的记忆中，语言信息量与图像信息量的比例是 1∶1000。因此，应该充分利用形象记忆的优势，通过设置鲜明的标志，选用新颖、生动的画面，提高广告作品的可识记性，增强受众的记忆。

（3）体现出鲜明的满足需求的特征。广告受众对于能够满足自己需要的信息，记忆的程度一般都很高。所以，在广告宣传中，应该设置鲜明的特征，保持与广告受众的兴趣、需要、态度相一致，从而使记忆过程顺利完成。

（4）适当重复。根据遗忘规律：人们遗忘的数量随时间延长而增加，遗忘的速度是先快后慢。在广告投放时，合理安排重复，可以在相对集中的时间内，增强广告记忆的保持量。

广告采用重复的形式主要有以下几种：一是在不同媒体重复同一内容的广告；二是在同一媒体不同时段重复同一广告内容；三是在同一广告中重复宣传重点内容，比如在恒源祥羊绒衫的电视广告中，“羊、羊、羊”这句广告语就被连续重复了三遍。

（5）提高受众对广告的理解。先理解，后记忆，这是意义记忆比机械记忆的优势，也是记忆的一条基本规律。人们总是容易记住那些自己理解的内容。在广告中根据受众的知识水平，借助图形或简洁的日常用语，让受众理解广告的内容，这是发挥意义记忆的基础。

一则广告起码要让人们理解三方面的内容：用途、使用方法和购买途径。特别是一些业务联系方式和电话号码，将其抽象的内容赋予一定的含义和形象，更容易被受众记住，如电话号码是 12361，可以形象地表示为一打（12）十九的平方（361）。

（6）运用口号和警句。要善于利用口号和警句，就是要用一段特别精美的文字，使之看起来很醒目，读之上口，听后耳目一新，并便于记忆，使人一想起这一句话，就联想到所广告的产品，以提高宣传效果。例如，绿叶口香糖——清香常驻；M&M 巧克力——只溶在口，不溶在手；诺基亚——科技以人为本；戴比尔斯钻石——钻石恒久远，一颗永流传；麦氏咖啡——滴滴香浓，意犹未尽；人头马 XO——人头马一开，好事自然来；海尔电器——真诚到永远。

3. 刺激联想的心理策略

一个成功的广告，总是经过细致的素材加工和形象塑造，利用事物之间的内在联系，用明晰、巧妙的象征、比拟手法，激发有益的联想，去丰富广告的内容，加强刺激的浓度与广度的。因此，有意识地增强广告激发联想的效果，是不可缺少的心理策略。

联想是人们由当前感知的事物回忆起有关的另一事物，或者由所想起的某一事物又想起有关的其他事物的一种精神联系过程，包括接近联想、相似联想、对比联想、关系联想。接近联想，指人们对在空间或时间上接近的事物形成的联想，如从唐老鸭联想到米老鼠，从水想到鱼。相似联想，指人们由对一件事物的感知所引起的与该事物在性质、形态等方面的事物的回忆，因此又称类比联想。如看到西瓜想到篮球，看到棉花想到雪花，从松柏想到英雄。对比联想，指人们对某一事物的感知立即引起和它具有相反特点的事物的联想。如由天想到地，由飞想到落，由大想到小。关系联想，指人们依靠事物间的各种关系而导致对别的事物的联想。如部分与整体的联想，报纸与电视。

运用刺激联想的广告设计，实际上是对有关商品信息的升华，是具体和抽象综合表现的手法。运用刺激联想以提高广告效果的方法很多，最为常见的有如下几种。

（1）用消费者熟知的形象来比喻广告商品的形象或特长。如济南某饭店的广告语："梦回天府千百度，一品情牵老转村。"以人们熟知的"天府"，来暗示饭店的川味特色。

（2）利用言简意赅、寓意深刻的词语，创造深入浅出、耐人寻味的意境，以暗示商品或服务给人带来的方便与乐趣。如某国际速购中心的广告语："巴黎的浪漫，不再遥远。"通俗易懂、意境迷人，使你确信，只要你步入该中心，就会很快拥有巴黎的浪漫！

（3）通过广告中的画面把商品的优劣、使用前后的不同效果等加以对照、比较，使人们自觉地进入广告中的角色，做出有利于广告主的选择。如某化妆品广告，画面是一个别具一格的女士头像，左半侧布满皱纹，右半侧青春亮丽。受众看了，自然很容易地联想到，如果不用这种化妆品，皱纹很快就会爬上自己的脸，从而产生一种畏惧心理；而用上这种化妆品，就可以永葆青春，因而就会激起受众的某种期盼心理，产生强烈的购买欲望。

（4）把广告寓于美妙动人的故事传说之中，使受众在欣赏故事传说的过程中，产生美好的遐想，由此爱屋及乌，对广告主或广告商品产生好感。

（5）运用画面的特殊色彩，或利用广告的特殊音响，营造一种独特的情调，以增强广告的感染力，诱发受众想象。例如，日本"柔和七星"香烟的系列广告，主体画面不是蓝天、白云，就是大海、冰川，色彩总是蓝色和白色，让人感到无比的宁静与和谐，从而联想到这种香烟的醇正柔和。

需要注意的是，广告若要发挥联想的心理功能，必须充分研究广告指向市场的消费习惯、消费水平与消费趋势，掌握广告对象的普遍心理与个别心理，了解他们希望什么、顾虑什么、欢迎什么、反对什么等，有针对性地创造各种易于激发联想的因素，使广告信息的联想效果适应消费对象或购买对象的知识经验和欲求，令其愉悦、信服和向往，刺激其产生有益的共鸣与情感冲动，使之确立购买、使用的信心，并最终导致消费行为。

任务总结

人们都说，广告是一门独具魅力的学科。它的魅力来自哪里呢?尽管这一问题很难回答，但有一点是肯定的，就是成功的广告一定是依据消费者心理规律策划出来的。如今的广告人对此已没有什么争议，成功的广告对消费者一般具有六种影响力，具体如下。

（1）吸引注意。广告以新颖独特的方式给消费者一定的震撼和吸引的注意力。

（2）传播信息。广告向消费者传播商品信息，以形成对商品特别是品牌的认知和印象。

（3）情感诉求。广告以情感方式打动消费者的心理，引起消费者情绪与情感方面的共鸣，在好感的基础之上进一步产生信赖感。

（4）进行说服。广告在传播商品信息，引起情绪共鸣的时候，逐渐影响消费者的态度，并说服消费者改变原来的态度，促使消费者逐渐喜欢广告商品并购买广告商品。

（5）指导购买。广告中宣传模式化的消费与购买行为，大力渲染消费或购买商品之后的美妙效果，给消费者明显的示范作用，指导人们的消费与购买行为。

（6）创造流行。广告常以完全相同的方式，向消费者多次重复同样的内容和诉求，利用大众流行的社会心理机制创造轰动效应，激发更多的消费者参与购买。

任务6　调查广告主

【任务引入】

广告人经常会遇到这样的老板：一开始他就要求广告人拿一套方案出来。其实，这个时候广告人连企业和产品的 A、B、C 还不知道。相当多的企业老板对策划存在着某种程度的误解，认为策划就是想一两个点子或创意，而不知策划其实是在充分掌握企业状况和市场状况之下的分析、判断和推论过程，不知道策划首先是一种思想，然后才是一种方案。方案固然可以作，但如果这方案是凭空想象出来的，对于广告主又有何价值呢?

如果你是广告人：

1. 一个老板委托你做一个广告策划，你首先要做的是什么呢?
2. 如果老板要求你先拿一个方案出来，你怎么说服老板呢?
3. “广告主唯利，广告人唯美”。你怎么认识这句话的含义?

知识链接

6.1　广告主调查的内容

1. 广告主所在行业地位调查

广告主所在行业地位调查，简单地说，就是调查广告主在行业中是一个怎样的名次。销售量、市场份额排在多少名？属于行业第几品牌？在过去几年里，广告主在行业座次上有什么变化？是正在老化、退步，还是稳坐名次，或是快速提升？根据行业座次，可以判断出企业适合做一个什么样的市场角色，是市场领导者、市场挑战者、市场跟随者、还是市场补缺者。

2. 广告主的战略调查

前通用电气 CEO 杰克·韦尔奇认为：战略就是“制订基本的规划，确立大致的方向，把合适的人放到合适的位置上，然后以不屈不挠的精神改进和执行。调查广告主的战略，主要调查以下几个方面。

（1）战略指导思想。按照战略大师迈克尔·波特的观点，每个企业都会有许多优点或缺点，任何优点或缺点都会对相对成本优势和相对差异化产生作用。成本优势和差异化都是企业比竞争对手更擅长适应五种竞争力的结果。将两种基本的竞争优势与企业相应的活动相结合，就可导出可让企业获得较好竞争地位的三种战略：总成本领先战略、差异化战略、专一化战略。竞争优势是所有战略的核心，企业要想获得竞争优势就必须做出选择，决定希望在哪个范畴取得优势。

（2）战略目标。战略目标是指企业在一定时期内在经营、管理、企业发展等各个方面所要预期达到的理想成果。不同的企业有不同的战略目标，在同一企业的不同发展阶段也有不同的战略目标。前通用电气 CEO 杰克·韦尔奇被公认为“企业管理的大师”。他对战略目标的解释是，当你是市场中的第四或第五的时候，老大打一个喷嚏，你就会染上肺炎；当你是老大的时候，你就能掌握自己的命运，你后面的公司在困难时期将不得不兼并重组。韦尔奇心目中的理想就是雄霸市场。所以，他利用通用电气公司庞大的财务资源，帮助通用电气公司向市场领导者的地位迈进，凡是未达标准的企业一律整顿、关闭或是出售，形成了韦尔奇的铁腕做法。战略目标的制订，有两种思路：一是从企业的现有资源出发；二是从行业的发展前景出发。

（3）战略步骤。战略步骤是为了实现战略目标而采取的阶段性措施。企业资源有限，决定了企业的战略目标，必须抓住战略重点，有的放矢。通过对广告主的战略调查，我们可以得出广告主的战略方向、战略重点，最重要的是我们可以在此基础上，把握广告主的真正态度和需求。比如，广告主交给我们的广告任务在广告主的运营中处于怎样的一个位置？重要程度有多高？广告主的投入会有多大？

3. 广告主的组织结构调查

广告主与广告公司之间最重要的就是沟通。公司与公司的合作，最终还是人与人的交流。广告公司要想高效、顺畅地与广告主沟通，就要充分了解广告主的组织结构。而每一家广告主都有两套组织结构：一套是画在图表上的正式结构；另一套则是这个组织中各色人等彼此之间活生生的关系，即非正式组织结构。

4. 企业文化调查

企业文化调查，包括企业地域文化调查、内部文化调查和责任文化调查。

（1）地域文化调查。“浙商”、“晋商”、“徽商”这些响当当的称呼，都在揭示一个道理：地域与经济有着紧密联系。中国早期策划界的风云人物王志纲有一个著名的“文化板块”理论。他将中国划分为三个板块：长江文化板块、珠江文化板块和黄河文化板块。

珠江文化板块经济发展完全根植于市场经济的土壤，民营或合资企业在相互竞争中成长、壮大，但企业各自为政，“满天星斗，不见明月。”每一个企业都非常活跃，具有较强地冒险精神，强调个体，强调个人能量，用做生意的眼光来观察世象，很少强调团体，很少强调政治，这是一个“人人为自己，上帝为大家”的地方。

黄河文化板块强调集体，有较强的团队精神和集体主义，奉行“孔孟之道”，也奉行“是骡子是马，拉出来溜溜”、“不见兔子不撒鹰”的现实主义。什么事情你得先做好，他看清楚了才愿意进入，而一旦进入就势不可当。

长江文化板块介于两者之间，既讲政治，又讲经济。但是它比黄河文化板块更遵循市场经济规则，比珠江文化板块更理智、精明，较少冒险精神。

了解一个企业，我们一定要结合该企业所处的地域，以及由地域产生的文化环境来分析。同等规模，处在东南沿海与处在京津地区的企业，它们的地域文化可能存在很大差异。

（2）内部文化调查。企业内部往往有两套文化：一套是写在企业手册里的文化；一套是事实的行为文化。有时候二者比较一致，有时候相差甚远。“不准抽烟”、“不准带宠物上班”这是李彦宏对百度第一批员工定下的唯一规矩。而今，随着百度从最初的 8 个人发展到上千人，有了“百度的 23 条军规”，现列举前 10 条。

- 我在做世界上最酷的互联网技术。
- 我穿着我喜欢的衣服上班。
- 当 9 点多来上班时，公司还有免费的早餐在等着我。
- 处处感到轻松，由我自己来安排自己的工作时间，我们这里是弹性工作制。
- 处处感受信任，当我想玩游戏、听音乐或上 BBS 时，不必小心翼翼地躲开老板。
- 处处感受到平等，我可以随时找任何人来讨论问题，包括公司的 CEO。
- 我的工作非常有挑战性，我会绞尽脑汁，连上厕所都低头沉思。
- 我可以体会巨大而实在的成就感，我可以用自己的技术改变这个世界，改变亿万人的生活。
- 业内顶尖高手尽是身边同事，每个新人有一位导师，言传身教，耳濡目染，绝对高水准的学习机会。
- 我不担心被隔离在核心技术之外，我做的就是真正的核心技术，换了别处我不会成长得这么快。

（3）责任文化调查。在 2006 年年度经济人物评选中，评选标准做出一个“看起来微小但意义重大”的调整——2005 年评选标准为“创新、责任、影响力和推动力”，2006 年“责任”被放到了最前面，首次将“责任”作为评选的首要指标。这表明我国在逐渐成为国际公认的“负责任的大国”的过程中，也希望越来越多的中国企业成为“负责任的企业”。这与其说是中国的一个趋势，不如说是中国成为全球趋势的一部分。

在全球，环保、道德逐渐成为企业生存发展的关键词。2006 年，英国的一些商场开始销售一系列由“公平交易组织”认证生产的服装。所谓公平交易是指发展中国家的农民能够从棉花和其他产品的销售中获得较高的收入。又比如，从 2007 年 1 月起，英国麦当劳餐厅的所有咖啡豆原料都从经过热带雨林联盟认证的农场获取，这个联盟是为农民提供可持续发展生计的非营利性组织。

再比如，西方所谓的“道德牛仔裤”，这种牛仔裤设计不新颖，用料也不精，但是它却在销售一种“正义价值”：它告诉你，自己第一不是污染产品；第二不是用剥削廉价劳动力生产的而是工人在足够的劳动保障下制造的。于是，当这种牛仔裤上架的时候，其他所有的“名牌”会发现自己处于一个尴尬的处境——大部分公司都可以在第一点上信誓旦旦，但在第二点上可能就难以那么强硬了。目前，世界上大部分优秀公司在发布年报的时候，要发布《社会责任报告》，中国石油、国家电网、中国移动等企业也开始发布《社会责任报告》。一个企业要成为好的企业公民，才能真正在社会上承担责任，才能真正打动消费者。企业公民须具备六大特点，分别是善待股东、善待员工、善待客户、善待环境和资源、善待合作伙伴、善待整个社会。

5. 品牌调查

针对企业品牌的调查，广告公司要了解以下几个方面。

（1）品牌打造阶段调查。一般来讲，品牌的发展会经过三个战略阶段：第一个阶段是品牌依附产品的阶段，这个阶段品牌是依靠具体的产品打响知名度，比如大众汽车是依靠桑塔纳打响的；第二个阶段是建立品牌的识别符号，是品牌脱离产品的阶段，在这个阶段，品牌不等于某个具体的产品，而是有了一定的文化内涵，就像大众的“W”代表的是一个符号，第二个阶段也就是品牌符号化；第三个阶段是品牌带动产品的阶段，通过合理的品牌延伸和持续一致的品牌传播，带动系列产品的发展，像大众一样，除了桑塔纳，还有帕萨特、宝来这样的产品。

（2）品牌理念调查。理念是一个品牌的灵魂，这个理念要有足够差异，足够承载消费者的梦想。比如白沙香烟，提出飞翔的理念。香烟，其实就是纸和烟草的混合物，所有的香烟都是这样。白沙就不一样了，它已经跳出了单纯卖烟的概念，它卖的是一种飞翔的力量。飞翔这个理念，从产品层面来讲，是抽烟以后飘飘欲仙的一种快感；从心理层面来讲，每个人心里都有一个飞翔的梦，是内心深处对美好未来的一种向往。这样，品牌就能够从心理层面打动消费者的心，与消费者产生共鸣。

（3）品牌认知调查。品牌怎么样，最终还是消费者说了算。1993 年，一项全球性品牌资产研究——品牌资产评估开始运行。17 年来，该研究在包括中国在内的全球 44 个国家访问了超过 40 万名消费者，累计研究了 2 万个品牌，总投资超过 1 亿美元，并发展为一种全面、深入的品牌管理系统。这个系统提出了评价品牌认知的四个基础元素：差异性、相关性、尊重度、认知度。

差异性代表品牌的不同之处，这个指标的强弱直接关系到经营利润率。差异性越大，表明品牌在市场上同质化程度越低，品牌就更有议价能力。差异性不仅表现在产品特色上，也体现在品牌的形象方面。

相关性代表品牌对消费者的适合程度，关系到市场渗透率。品牌的相关性强，意味着目标人群接受品牌形象和品牌所做出的承诺，主观上愿意尝试，也意味着在相应的渠道建设上有更大的便利。

尊重度代表消费者如何看待品牌，关系到对品牌的感受。当消费者接触品牌进行尝试性消费后，会印证他们的想象从而形成评价，并进一步影响到重复消费和口碑传播。

认知度代表消费者对品牌的了解程度，关系到消费者体验的深度，是消费者在长期接受品牌传播并使用该品牌的产品和服务后，逐渐形成的对品牌的认识。

这四个元素构成了品牌健康度的支柱，而它们相互之间的关系非常关键。当差异性高于相关性时表明品牌具有正确的发展方向和空间，差异性明显，议价能力良好，同时相关性存在，目标人群逐步认同品牌，而未来在保持差异性的同时，相关性可以得到增强。如星巴克、奥迪、红牛等。当相关性高于差异性时，表明品牌的独特性逐渐消失，可能被其他类似品牌替代。而相关性越大，意味着该品牌越适合大众的需求，价格将会成为影响销量的主要因素，降价促销成为保持市场的唯一重要行为，品牌竞争力逐步下降。这正是许多品牌常犯的错误：缺乏对目标消费群更深入细致的研究，盲目地让品牌迎合大众的口味，最终因为追求短期销量而丧失了品牌差异，被市场巨大的惯性同化，如邦迪、家乐福、李锦记、夏士莲等。当尊重度高于认知度时，表明消费者的评价很高、很喜欢，并期待进一步了解该品牌，认知度因此会逐步上升，整体而言，品牌处于这种状态是良性的，如 IBM、林肯汽车、奥林巴斯、索尼等。当认知度高于尊重度时，表明消费者十分了解该品牌，但觉得品牌没什么特别之处，严重时可能出现类似"因了解而分手"的离婚状态。这也是品牌常犯的错误：在过多地告知消费者各类品牌信息甚至杜撰品牌故事的同时，放松了品牌基础工作如质量、服务等的维护，如小灵通、脑白金、巨能钙、两面针等。

研究发现，品牌从诞生到发展壮大，差异性的提升至关重要，而品牌的衰退，则从差异性的减弱开始。有潜力的品牌，几乎都表现出差异性大于相关性，尊重度高于认知度的状态，市场呈现出了理想的上升趋势。而衰落的品牌，几乎无一例外地失去了品牌最为宝贵的差异性，并且由于没有及时发现品牌下滑的态势并采取维护行动，导致积重难返。

6. 广告主以往广告活动调查

广告主以往广告活动的调查，应该是对为达到广告效果的一切手段的调查，包括全国性的广告活动、区域性的广告活动，以及其他为达到广告效果的非广告手段。

（1）全国性广告调查。在广告主内部，全国性甚至全球性的广告传播活动，被称为一级广告传播。这个一般由广告主总部统筹安排，这些广告活动一般比较倾向于选择全国性的媒体，电视媒体如央视、收视率比较高的卫视等，网络媒体如一些门户网站等。

（2）区域性广告调查。因为中国不同地域的差异很大，越来越多的广告主将区域广告传播的权力下放到区域分公司，希望分公司能够进行“本地化”的广告传播，结合地方强势媒体或者特色栏目进行一些活动策划，这已经成为很多分公司的成功经验。

（3）其他达到广告效果的非广告手段调查。管理学有一种说法，目的是重要的，达到目的的手段是可以广泛采用的。随着媒体的碎片化（即媒体越来越多，单个媒体、单个版面或栏目的影响力在相对削弱），要求针对消费者的传播也要做到多方“围堵”，无孔不入。成功的传播，应该让消费者打开电视的时候看到你，看报纸的时候扫过你，上班开车的途中听到你，等红绿灯的时候碰见你，上网的时候又与你不期而遇……

对广告主以往广告活动进行调查，比较忌讳持全面否定的态度。一些广告公司为了显示自己的专业和比前任优秀，倾向于大肆攻击广告主过去的广告行为，似乎广告主在遇到他们之前都白活了。其实，任何转变都讲究循序渐进，广告主可能更需要一个广告的改善者而非颠覆者。

6.2 广告主调查信息的分析与提炼

广告主调查，最终目的是为广告运作提供方向和突破口。通过上述调查，我们可以试着找一下方向和突破口。比如，从行业地位上，有没有文章可以做？在企业文化和品牌上有没有可以挖掘的点？在销量和市场份额上，有没有可以吆喝的？就产品本身，有没有亮点？

1. 从行业地位上寻找广告方向

针对广告主所处的行业位置，寻求相应的突破可能性，是广告公司的天职。

如果广告主是市场领导者，那广告的调子就可以“老大”一些，就像全球三大卫浴品牌之一的科勒，它有一个经典的水龙头电视广告：设计师引领着一对夫妇走来，设计师充满自信地介绍着自己的公司设计、承建的著名建筑，三人来到设计师的办公室，设计师说：“有什么可以效劳的？”夫妇对望了一下，妻子从包中拿出科勒龙头，说：“造一座房子，配得上科勒龙头”。设计师看着龙头，一言不发。广告语为：科勒，世界厨卫经典。

当然，当广告主处于市场领导者的地位后，即使是很幽默很生活的广告，也有那么点“君临天下”的味道。例如科勒的喷头电视广告：一对夫妻，在回家的路上巧然而遇，互相一个对视，开车的妻子马上脚踩油门加速开车，丈夫飞速地奔跑，穿过邻居家的栅栏一边跑一边脱着衣服，丈夫如愿地先一步到家。打开冲凉的水龙头，非常享受地洗起澡来。门外的妻子在那里抓狂，最后还是科勒的一句广告语：科勒，世界经典卫浴。

科勒马桶电视广告：男主人公正走出家门，碰巧看到一个性感漂亮的管道修理美女。男主角第一反应就是跑回自己家的卫生间把能看到的东西都扔进抽水马桶里，想把马桶堵塞，有借口可以让那个美女来到家里维修马桶。但是事与愿违，一件件的东西被一一抽走。广告语：科勒，五级旋风。

在中国的羽绒服品牌中，波司登是最喜欢拿销量说事儿的。它的“13 年销量遥遥领先”广告语，不知道说服了多少消费者甘愿掏钱包，这就是行业领军品牌的魅力。

当广告主以市场挑战者的身份出现时，就可以表现得叛逆、刺头一些。就像早期的百事可乐对可口可乐那样。

当广告主是市场跟进者时，就要表现得“乖”一些，对行业“尊敬”，就像早期的蒙牛。看到它今天的威猛势头，谁会想到它曾经打出“为民族工业争气，向伊利学习”的宣传口号呢？

当广告主是市场补缺者时，就可以考虑品类创新策略，独自开辟一个品类，成为新品类的老大。比如，七喜曾是非可乐的领军品牌，雅客曾是维生素糖果的领军品牌，等等。

2. 从企业文化和品牌上寻找广告方向

消费者不仅关注企业生产什么，还关心这个企业是不是一个有个性、有良心的企业，甚至更关心后者，所以广告公司从企业和品牌角度寻找广告方向的机会越来越多。作为早期进入中国的外资企业之一，BP（英国石油公司）在中国的业务拓展已有 30 多年的历史。在过去的 30 多年里，BP 积极参与中国经济建设。迄今为止，BP 在华投资已超过 30 亿美元，拥有合资及独资企业共 30 多家，员工总数超过 3000 人，是在华投资额领先的外资企业之一。2005 年 10 月，BP 在中国启动“2005 BP 品牌推广”活动，通过一系列翔实报道、精彩广告及主题网页，让更多的中国消费者走近 BP。在很多中国企业以为消费者对环保诉求已经麻木的时候，BP 却以自己的行动证明消费者仍然拥有一颗向往绿色的火热的心。一位网友评价其诉求空调设定温度调高一度的电视广告时说：“简单的画面，简单的语言，短短几十秒，却让我感动，甚至激动。不只是因为内容，也为其创意！真的是简约而不简单！”

【相关知识】

面霸120广告的创作之路

提起康师傅品牌，可谓妇孺皆知。作为最早进军大陆的食品企业之一，康师傅在推出方便面产品后迅速成为中国方便面市场的领导品牌。1997 年，康师傅推出面霸 120，上市初期主要以量大和料好为卖点，取得了不错的市场优势。在新世纪到来之际，广告主要推出全新的面霸 120，全新的内容、全新的包装、全新的宣传，希望在延续面霸 120 原有特色的基础上，能注入一些新元素。在这种背景下，我们电通接到了为面霸 120 创作电视脚本的任务。

1. 第一次提案

面霸 120 的特点是包装色彩浓郁、量大、面条筋道、口味浓厚。我们经过研究，决定围绕着“口味”这个基本诉求点进行创作，因为归根结底卖食品的主要诉求点还是好吃。只不过人人招数各有不同，怎样诉求美味又不落俗套呢？

几经斟酌，电通给面霸 120 提炼了一个“香”字。这个香，是指面霸 120 浓郁的香味。确实，方便面泡开的时候是很香的，而且我们形容一个人吃得很爽，很开心，也会说“他吃得好香啊”。

我们要提倡一种面霸 120 的新吃法，即闻上 30 秒再品尝，闻香而启动，实乃吃面的最高境界。吃之前的百般酝酿，只为入口这一刻的无上享受！从另一个角度说就是面霸 120 的好味道，不用尝就知道。

以前康师傅是“香喷喷好吃看得见”，现在面霸 120 则是“香喷喷好吃闻得到”。由这个创意策略我们发展了几种表现形式。

闻所未闻——康师傅新面霸 120 上市！

香得让你无话可说——面霸 120！

一闻就上瘾——面霸 120！

面目一新的享受——面霸 120！

需要说明的是，在提广告脚本时，我们一贯的做法是最初提案时用故事版先提概念，即只有一个主画面，下面用文案来解说的形式。经过几次反复后，当创意方向渐渐明朗了，才会将画面一格格分得比较细。

2. 第二次提案

客户对我们的工作很是肯定，但是希望能为面霸 120 的品牌内涵注入一些精神层面的东西。回来后客户服务部提供了两个简报。

一是“纯正浓厚的口味，给予人们感官上的刺激和满足”，延伸为对生活的满足与回味。

二是“筋斗的面条表现出韧性，大克重的面饼带给人能量”，使消费者的生活更有力量。

相对于面霸 120 这种上市已有一定时期，口味也为消费者所熟悉的产品，讲“美味”可能不太适合，我们需要做些新的尝试。在这样的思路下，我们又酝酿出三个脚本。

《运动篇》：“让生活多一点感动，活力 100 分”。

《相扑篇》：“分量十足，面霸 120”。

《舞动篇》：“引爆生活新动力，让平淡的生活动起来”。

3. 第三次提案

这次提案双方言谈甚欢，我们所做的工作给客户留下了深刻的印象。客户清晰的品牌意识也令我们钦佩不已。

提案汇报快结束时，客户委婉地提出看还有没有潜力可挖。迎着客户殷切的目光，霎时间我们突然感到重任在肩，毕竟像康师傅这么大影响的成熟品牌，一举一动都非同小可，难怪客户在决策时总是瞻前顾后。真理是越辩越明，创意也是越琢磨越出彩。不过创意几经反复，似乎已经到了山穷水尽的地步，我们都急切期待着柳暗花明的出现。

于是，我们想在内部做个小调查，看能不能有东西能触发我们新的灵感。没多久一张调查表就分发到公司各位同仁的手上。

谁是电通最会吃面的人？

你是不是一个酷爱吃方便面的家伙？

请描述一下你独特的吃面方式或是不同于他人的吃面哲学？

结果收上来的答案千奇百怪，给了我们不少启发。

吃面要吃出一身汗才爽。

面的线条令我着迷。

把面当情人看。

放各种各样的配料。

吃方便面时放音乐。

我们感觉到如果仅仅是为方便面而做方便面，始终跳不出那个圈子。在大家的心目中，吃方便面已不仅仅是为了吃饱，更多的是把它当作一种调味品，吃腻了正餐，换换口味，吃的是一种情趣。所以，我们又回到"多一点"的想法上来。于是《刺激篇》和《想法篇》应运而生。

《刺激篇》：高楼工地一群工人在吃面。

画外音：我们每天消耗很大。

特写：肱二头肌夹着面霸，所以量要多一点。

《想法篇》：夫妇两人无聊的生活场景，生活往往很乏味。

画面：料多汤浓的面霸，男女对望，面带微笑，请给我们浓一点。

口号：面霸 120，就是多一点！

4. 第四次提案

我们带去了一些崭新的概念去与客户分享，双方展开了激烈的讨论，最终一致认同的是面霸的品牌个性应该是比较尊重传统，比较关注实际。所以，我们前面所做的尝试可能走远了点，我们这次要另起炉灶。在内部讨论中，我们碰撞出很多值得一提的概念。

"我不是天才，所以我需要 120%的努力"。普通人奋斗拼搏，成功就是需要付出多一点，面霸 120 之所以在激烈的竞争中立于不败之地，也是因为始终坚持"付出多一点"。

"多一点尝试，人生更精彩。"人生需要多一点挑战和尝试，没玩过的要去玩玩，没吃过的要去尝尝，多一点体验，生命才不会有遗憾。新面霸的好味道也是需要去尝试才知道。无论是多一点坚持，多一点挑战，多一点勇气，还是多一点付出，多一点主动，多一点体验，人生都会更精彩，生活也更有乐趣。

"人生百味，尽溶其中。"面霸的口味十分丰富，酸甜苦辣，每次品尝都有不同的感受。

"再来一次——面霸 120。"莫以成败论英雄，在众多商家选用奥运金牌选手做代言人时，我们独树一帜，率先用铜牌选手甚至没有取得名次的运动员做代言人，面霸要宣扬一种愈挫愈勇、百折不挠的精神。"一生要失败几回，才能了解成功的真谛"，结论就是："再来一次——面霸 120。"

一位资深广告人曾有个很形象的比喻：做创意的过程就像筛沙金，开始是漫无边际地挥洒，然后是锱铢必较的细致，最终出来的才会是闪光的东西。于是，我们再将创意的"筛口"拧小，终于确定了"坚持"这一创意，用运动的形式来表达，我们想到了很多励志小品：攀岩、骑自行车环绕中国、横渡海峡等。

懂得坚持到底，你的斗志将比地心引力还要大。"挑战到底，生命不会留白。"每一次挑战，都犹如凤凰涅槃，重塑崭新自我。其实，人最大的敌人不是别人，正是自己内心的怯懦。如果说人生是一场较量，那么较的是斗志，量的是坚持。爱拼才会赢，相信自己，你就一定能行。

面霸 120 自上市以来，数年如一日，始终坚持向消费提供更好的品质和更多的实惠，这种执著的精神正是面霸的品牌核心资产。这也是我们广告创作人员应坚持说的"卖点"。想到这里，形势豁然开朗，我们对提案充满了信心，果不其然，客户对此基本认可，剩下的就是对细节的一些考量了。

5. 最终提案

创意策略：面霸的精神就是运动精神。具体地说，该运动有两个特点。

集体性，众志成城，团结一致才能赢。

对抗性，双方竞争，敢于拼搏才能胜利。

将这一创意发展成一系列广告方案，在不同的地点有不同的运动表现，来传达面霸坚持到底，胜利到底的精神。

创意表现：采用拔河这项中国传统的运动，同时赋予它全新的表现形式，给受众耳目一新的感觉，并将面霸有机地融合在各项运动里面。

在这个脚本里，面霸成为胜利的标志和象征。运动的色调一律采用黑白，而面霸用原色，对比鲜明，引人注目。

任务总结

如果将广告作品看作一个商品的话，那么广告主就是广告商品的需求者，他的市场行为就是对广告商品购买的行为。由于广告主支付广告商品的制作、创意、策划和发布的一切费用，因此在广告创意、策划到广告投放这一系列的过程中，广告主占据着主导地位。他是广告这一活动的主要发起者，也是完全的控制者，广告主所代表的企业的实际情况以及主观愿望等，决定了广告以什么方式、有什么内容、于什么时间、在什么地点发布。

任务7 调查广告媒体

【任务引入】

在广州，只要你坐公交车，稍稍留意一下，便会发现不少公交车已经悄悄地改变了。102路、109路、243路等车上，多了一个新东西，一个全新的媒体——《流动&生活》车载杂志。

《流动&生活》是传世广告公司通过专利技术搭建的新型媒体平台。它将杂志安装于公交车的坐椅后面，通过自动化控制实现杂志的自动翻页，是一种崭新的媒介形式。自从《流动&生活》推出以来，她便以创新的杂志形式，较低的千人成本，高效的广告效果，征服了诸多企业，受到广大广告主的热烈欢迎，在社会和媒体界引起了很大的反响，中央电视台、广州电视台、南方都市报都对这一媒体都给予了高度的评价。

广告是为解决某一问题而做，而要解决这一问题就不得不考虑媒体的选择问题。

1. 广告要采用什么样的媒体形式？
2. 这种媒体是不是为大众所接受或者喜欢？
3. 这种媒体有什么样的特点与优势？
4. 广告的成本会怎么样？
5. 通过这一媒体，广告能影响到的有效人群有多少？

知识链接

7.1 报刊媒体的调查

1. 报纸媒体

报纸是历史最长的广告媒体，不过今天的报纸和报纸所刊载的广告与以前相比，已经发生了很大的变化。

第一，报纸的种类大大增加。20世纪80年代末90年代初，中国的日刊报纸已超过1700种，其中晚报1275种，晨报400种，其余30种为日报。据1985年资料显示，中国正式登记、由邮局发行的报纸就达1777种。

第二，报纸的版面大大增加。报纸越来越厚，报纸刊登的广告版数也越来越多。以美国报纸为例，1940年美国的日刊报纸平均为31版，广告占其中的12.5版，即为总版面的40%。到1980年，报纸平均版面为66版，其中有43版刊登广告，占总版面的 65%。中国的一些著名报刊如《解放日报》、《文汇报》、《新民晚报》等，近年也在不断地扩版增版，刊登广告的版面也相应地有所增加。

第三，报纸不但为他人作“嫁衣”，而且也纷纷开始为自己做广告。随着广告新媒体的开发，尤其是电视广告的崛起，报纸面临着竞争，为了生存，报纸也为自己做广告。

第四，越来越多的报纸为迎合广告客户和读者的需求而搞地区版分刊。如英国的地方报纸《明星快报》，在80年代就一下子搞了10个地区版，还出版星期日增刊，彩色广告、免费报纸等，帮助广告主渗透市场。

报纸是所有广告媒体中最常用也是最重要的媒体，它信息量大、宣传面广，而且方便、及时又经济。报纸广告有三大特点。

（1）广。报纸发行量大，有的可达上百万份，如上海的《新民晚报》、广州的《羊城晚报》等。阅读的人数则比发行量更多，至少有两倍以上，因而报纸的覆盖面特别大。如果广告人希望有尽可能多的人了解广告信息，那么选择报纸刊登广告是最好不过的了。

（2）快。重要的报纸天天出版，有航空版、传真版。它能保证每天出版并及时送到读者手中，这样就能把最新的广告消息迅速传递给消费者。如果广告主要举办某种展销会或推出季节性的新产品，那么最方便、最快捷的信息传递途径莫过于报纸了。

（3）活。报纸版面安排比较自由，大则整版，小则夹缝里的一块大小。广告主根据需要，既可每天变换广告内容，也可刊登系列广告。文字、照片、商标、图案可以灵活搭配，使广告图文并茂，这些特点也给报纸广告带来无穷无尽的活力。

报纸广告依靠报纸所具有的新闻性、权威性和保存性，无形中提高了读者对所刊登广告的信任度以及查找翻阅广告的便利性。当然，报纸广告也有它的不足之处。由于受印刷水平及新闻纸质量的限制，报纸一般不能印得很精美，而且大多是黑白色的，因而影响了宣传广告产品的包装外观。另外，报纸广告安排复杂，尤其是分类广告，往往安排得密密麻麻，缺乏个性，难以引起人们的特别关注。

2. 杂志媒体

期刊或杂志的诞生决非因为广告，最先发现杂志刊登广告潜力的是美国智威·汤普逊公司的创始人智威·汤普逊，所有美国畅销杂志都和汤普逊签订了广告合同。据统计，中国承办广告业务的杂志至1991年底有6000多种。

杂志是视觉媒体中比较重要的媒体。作为印刷广告媒体，同报纸一样，杂志广告也具有许多优点。

（1）生动性。杂志与报纸相比，更具有保存价值，而且封面和插页纸张比较讲究。杂志广告可为彩色，可为黑白，常以色彩层次丰富的图画或照片取胜，再配以简洁的文字说明。现代照相技术的提高，更为其锦上添花，这是它的一大长处。

（2）专业性。大部分杂志往往有一批专门的读者群，这些读者群具有一定的文化水平、理解能力和专业知识。杂志广告可以有的放矢，针对性比较强。对特定消费阶层而言，广告的有效到达率较高。

（3）留存性。杂志保存的时间相对报纸来说要长得多，因此广告的生命力也相对延长。

（4）杂志广告往往独占一幅或半幅，所以比较集中、醒目，容易引起读者的注意。同报纸相比，杂志虽然具有优越性，但在实际中，杂志广告的刊发量远远小于报纸，时效性也没有报纸强。刊物不如报纸那样拥有广泛的读者群，它的出版周期比较长，短则如周刊，长的如年鉴。

3. 报刊媒体调查内容

对于广告公司或广告主来说，选择合适的报刊做广告是相当重要的。对报刊进行选择，可从以下方面来考虑：报刊的发行范围、发行量、发行对象、信誉度、编辑水平、印刷技术、版面选择及广告费率等。要做好报刊选择工作就必须进行调查，获取大量的数据，做到心中有数。

（1）发行范围。根据广告的目标市场，对报刊进行选择。一般而言，大众化的、生产量大、销售对象分布广泛的产品，可选择全国性报刊做广告。而地区性产品或用户集中的产品，可选择地方性报刊做广告。专业性强的产品，如化工产品、医疗器械产品等，则可选择一些专业性报刊做广告。因此，广告公司或广告主就要调查哪些报刊是全国性的，哪些是地方性的或专业性的，明确报刊的发行范围，从而确定选用哪一种广告媒体。

（2）发行量。报刊发行量越大，广告的接触面越广，广告的成本就相对降低。报刊的发行量是广告主或广告公司在选择广告媒体时的重要决策依据。发行量数据正确与否与广告效果的关系甚为密切。早在19世纪60年代，美国就出现调查报纸发行量的广告代理人乔治·罗威尔，他曾向本国和加拿大5000家报纸发信，询问各报的发行量。1869年，他将所得资料汇成《罗威尔美国报纸指南》，列出报纸名称、发行人、住址、发行数量。虽然这些数据未经审核，但这毕竟是一次富有启迪意义的尝试。1904年，在广告主、广告公司和出版商的迫切要求和积极筹措下，美国成立了一个发行量审计局。以后，英、日、韩等国也相继成立类似组织。在中国，从政府发布的有关资料中，也可获得有关报刊的发行量数据。据1985年的资料显示，1985年底，刊印数在 100 万份以上的报纸有 10 种，平均印数在 100 万册以上的杂志有 27 种。

（3）发行对象。发行对象是指读者总的构成情况，包括年龄、性别、职业、收入等不同情况，以区分读者层。至于同一报刊的各个版面，其读者层是难以调查的。区分读者层的分布也是一个至关重要的调查内容，尤其是在报刊专业化趋势愈演愈烈的情况下，不同性质的报刊，其读者层面分布是不同的。因此，要根据产品目标消费者所在的阶层情况进行选择。美国得克萨斯州的《达拉斯早新闻》在 1985 年前后就刊登广告，声称：《达拉斯早新闻》给你们（广告主）提供有钱购买你们产品或服务的人（广告受众），因为我们在所有可靠的受读率分项调查中项项领先，22 ~ 45 岁年龄组、家庭收入 5 万美元以上、专业人员、经理层、大学文凭，等等，反映出他们对读者层所进行的调查。

（4）并读情况。并读指读者同时阅读两种以上报刊。这种调查主要了解广告在读者面前的暴露频次。广告媒体到达读者的频次取决于两个因素：一是在相同报刊上连续刊登广告；二是相同的广告刊登在数种报纸、杂志上。

（5）发行频率。这是指报刊发行的间隔数，如日报、双日报、周刊、旬刊。选择报刊连续发布广告，两次广告所间隔的时间称为报刊信息传递周期。一般情况下，广告效果产生周期与媒体信息传递周期是一致的。

（6）版面位置与费用。刊载广告要了解版面，公开版面指较为重要、醒目的位置，一般采用较大的字号，费用较高；平淡版面指不太重要、不太醒目的位置，如报刊下角、夹缝，通常采用较小的字号，费用也就较低。

广告主还要注意版面大小、位置安排的科学性，广告版面越大，注意率越高，自然效果越好，但广告费越来越贵，广告刊登的位置也越来越讲究。第一版引人注目，效果最佳，其他各版、插页效果递减。广告位置不同，效果不同，费用也不同。同一版面，不同位置，效果也不一样，读者视线流动规律是注意力值左比右大，上比下大，中比上下大。版面注意值如图 2-12 所示。

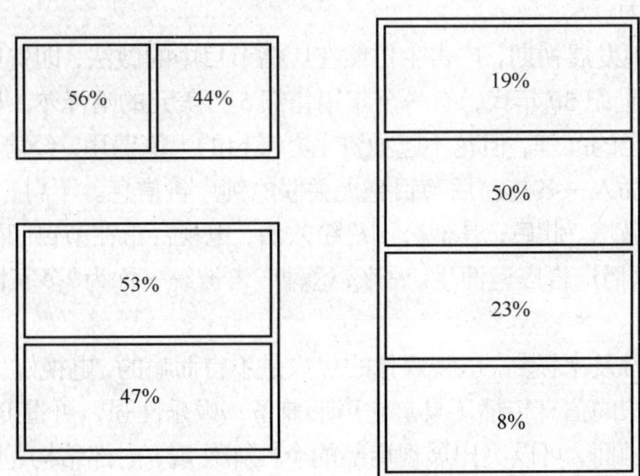

图 2-12　版面注意值示意图

因此，应根据企业财力、版面位置的实际效果、费用来安排广告版面和位置。

7.2 广播电视媒体调查

1. 广播媒体

近年来，广播业虽然受到电视等行业的挑战，但仍具有独特的优势。20 世纪 60 年代出现立体声周频电台后，许多企业纷纷出资赞助立体声音乐节目，从而吸引了成千上万热爱音乐的人们。加之日本索尼公司及时推出了便携式收放机，使不计其数的青年人与收放机音乐、广告紧密相联，有的甚至边滑旱冰边收听节目。某机构透露，到 20 世纪 80 年代中期，美国每个家庭平均拥有收音机 5.5 台，12 岁以上的人中，有 95.7%的人收听广播，成年人平均每天收听 3 小时 12 分，四分之三的人是在上下班驾车途中收听的。广播的“黄金时间”是早上 6 至 10 点，下午 16 至 18 点。

广播媒体具有传播速度快、时效性强、传播范围广、覆盖率高、不受时空限制的特点。广播是通过对人的听觉器官的刺激来传递信息的，因此适合任何文化层次的人。

广播的声音轻松、悦耳，使人能在松弛的精神状态下接受广告信息。

广播的时间长，传播的信息量大，广告选择的余地也大。尤其是广播中的专题节目针对特定层次的听众，广告宣传能更有针对性地深入特定层次的消费阶层。广播媒体的优越性体现为快捷、深广、亲切、通俗、悦耳、灵活。

当然，它也难免有不足之处，如只闻其声不见其面，听众无法认识产品包装或外观；广告以秒计费，难以尽述产品特性；有时受电台收听范围限制，广告涵盖区域较窄；广告时间短，收听对象区隔过细，到达率降低，较难达到全面效果；收听广播的比率降低，广告效果也相对减弱。

2. 电视媒体

电视媒体是视听两用媒体，具有综合性的传播功能，对社会大众具有非凡的影响力。电视媒体是所有广告媒体中具有强劲发展势头和发展潜力的一种，在广告市场上具有很强的竞争力。

在美国，电视发展初期，广告主仿照在广播节目中的做法，即资助并直接控制制作整套节目。20 世纪 50 年代，有一个年销售额 5 万美元的哈泽尔·毕晓普小型唇膏公司很想宣传自己的品牌，但花不起独资主办节目的大笔费用，经协商，电视台同意他在节目间隔中插入一条与前后节目毫无关联的纯广告信息。不料，广告产生奇效，该公司产品销量激增。此后，其他公司纷纷效法，电视台常在节目间隔时插播几个短小的广告，于是插播广告应运而生。后来，这种广告被统一称为“多家协办节目广告”，至今兴盛不衰。

目前电视的普及率极高。电视媒体的优点是不言而喻的，电视媒体是直接、快速、最能深入千家万户的信息传播工具。它声形兼备，娱乐性强，可看度、可听度最高，尤其是它的动态画面，可以突出展现商品的个性如外观、内部结构、使用方法与效果等，能强化商品特色。

电视媒体在突出商品诉求重点方面是任何媒体都难以相比的。电视普及率高，单次收看人数最多，使广告可漂洋过海，翻山越岭，深入各地区，广及各阶层。通过电视，能对观众尤其是对握有购买决定权的家庭主妇进行广泛的广告宣传，为一般日用品及耐用消费品的销售奠定基础。

电视媒体尽管傲视群雄，但也有不可避免的天然弱点。电视广告制作耗时费资，工序繁杂，电视广告读秒播出，稍纵即逝，时效性短。由于受片长限制，广告难以详述商品特性。受电视开机率、收视率高低的影响，很容易造成庞大的广告费用漏失。电视广告的这些缺点对它争取中小企业的广告业务带来一定的不利影响。

3. 广播电视广告媒体调查内容

广播电视媒体调查资料，在国外由专门的调研公司提供。美国媒体标准调查研究公司与西蒙斯市场调查公司是两家知名的提供媒体视听众资料的劳务公司，两家公司使用不同的调查方法，互相竞争，为客户提供了丰富的市场信息。

广播电视广告媒体调查的主要内容如下。

（1）广播区域，指广播电台和电视台播送所达的范围，即它们的覆盖范围，也称覆盖域。如果覆盖域与目标市场消费者的分布范围相吻合，那么这种媒体是最适宜的。覆盖域过大，则媒体浪费；覆盖域过小，则要考虑用其他媒体与之配合。

（2）视听率，又称收视率、收听率，指收看（听）某一特定电视节目或广播节目之人数（或户数）占用标受众的百分比。电视广播业者用视听率来评价节目的普及状况，并以此作为广告播放费率的收取标准之一。广告主与广告公司则根据视听率选定电视节目或广播节目，以判断他们的广告信息将传播到多少人，计算这些人接触广告信息的频次。电视收视率计算方法如图 2-13 所示。

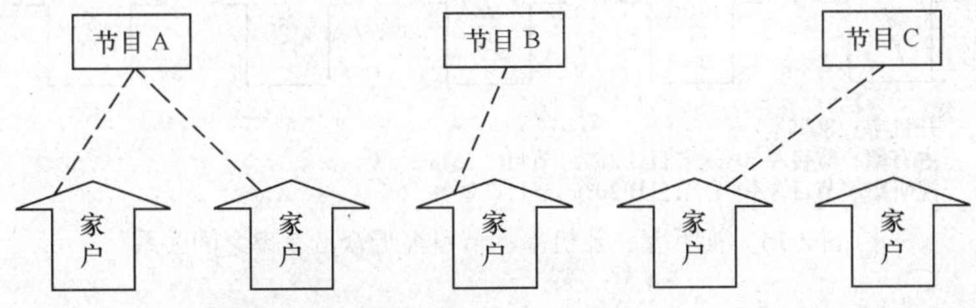

节目 A：5 户家庭有 2 户在看，收视率 40%。
节目 B：5 户家庭有 1 户在看，收视率 20%。
节目 C：5 户家庭有 1 户在看，收视率 20%。
有 1 户家庭未看电视，开机率 80%。

图 2-13　电视收视率计算方法

（3）开机率，指一天中某一特定时间电视户数（人数）或广播户数（人数）中开机的百分比。开机率的程度，因季节、一天中的时段、地理区域以及市场而有所不同，这些变化反映了观（听）众的工作习惯与生活形态。另外，电视与广播的开机率，两者有互补性，当电视开机率最低时，广播开机率最高，反之亦然。

（4）节目视听众占有率，指收看（听）某一特定节目的户数（人数）占开机总户数（人数）的百分比。节目视听众占有率并不表示拥有电视机（收音机）的总户（人）

数，而是指在某一特定时间那些正在看某一特定电视广播）节目的户（人）数，如图 2-14 所示。

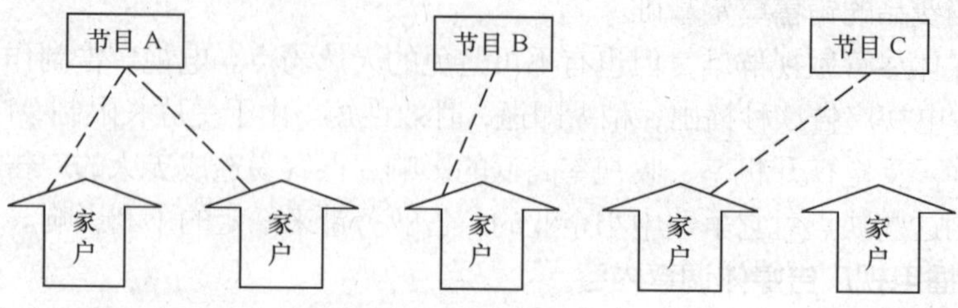

5 户家庭有 4 户家庭在看电视，开机率 80%。
节目视听众占有率
节目 A：4 户家庭有 2 户在看，占有率 50%。
节目 B：4 户家庭有 1 户在看，占有率 25%。
节目 C：4 户家庭有 1 户在看，占有率 25%。

图 2-14　节目视听众占有率计算

视听率、开机率、节目视听众占有率，这三者关系密切，可用下列公式来表示：

开机率 × 节目视听众占有率 = 收视率

图 2-15 表示三者之间的相互关系。

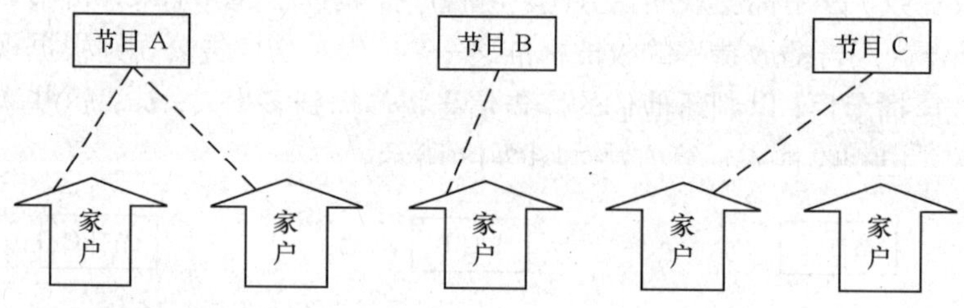

开机率：80%
占有率：节目A 50%　节目B 25%　节目C 25%
视听率：节目A 40%　节目B 20%　节目C 20%

图 2-15　视听率、开机率、节目视听众占有率之间关系

（5）视听者层。广播和电视都是大众传播工具，视听者广泛，难以分割。但可大致测出不同的视听者层，如从小汽车收音机数量，就可测定出司机收听者层。不同的节目，有不同的爱好视听者，通过测定偏爱节目的人数，也可测算出视听者层。

7.3　其他广告媒体的调查

广告在媒体的运用上，一般以电视、报纸、杂志和广播为多，故有四大媒体之称，也就是我们通常所说的大众媒体。除此以外，辅助媒体还有 DM（直邮广告）、户外广告、电话广告、POP（售点广告）等，一般泛称为小众媒体。现在是多媒体时代，不少广告主、广告公司甚至自己创造媒体。虽然这类媒体是小众媒体，但在组合使用时，对一些地区性商品，或对局限于某商圈的广告主而言，其效果通常较直接而实在，现介绍几种常用的辅助媒体。

1. 直邮广告

直邮广告（Direct Mail，DM），即以信函为媒体，把广告信息、产品信息直接传递给目标消费者。它的特点是针对性强、目标明确、反应迅速、方法简便。

DM 适于区域性的商家，针对商圈投递，如超市、房地产；也适用于拥有特殊名单的单位或商品，如顾客名单、产妇名单、信用卡名单等，还可随着 DM 提供特别赠品或优惠。

2. 户外广告

户外广告即在交通要道、特殊建筑壁面、建筑物顶部安置的广告。它的特点是面积大、广告醒目、注意度高，广告期限也比较长，容易造成广告的累积效果，文字简捷、构图特殊，但位置有限，租金昂贵。

户外广告有霓虹灯、油漆看板、电视墙等。

3. 交通广告

交通工具因流动性强，在人群密集区域往来，信息传递面广，是极具魅力的广告媒体。由此，公共汽车的车厢广告，火车、长途车上的椅套广告、清洁袋广告，火车站、公路站、航空站、地铁站的壁面、灯箱广告，公共汽车的站牌广告，以及车票、船票、机票广告等都成了交通广告的一部分。

交通广告的特点是定点或定线，对一部分人的接触率特高。随着交通工具及位置的不同，广告内容变化弹性大，区域性的广告效果好。不过这类广告较难细分市场，广告接触面也较窄。

对其他媒体的调查，主要是了解人流量或客流量，比如通过 DM 的反馈信息，可测算、衡量广告媒体的区域影响、广告信息的到达率等。

任务总结

广告媒体调查是广告调查的内容之一，是对广告信息借以传播的介质、技术手段的性能所做的调查。广告媒体的选择，目的在于了解掌握企业的广告媒体运用情况和竞争品牌在媒体上的广告策划及经费投入，进而更加合理、有效地分配广告费，安排媒体组合，使广告主以最少的媒体费用、最适当的媒体组合来传播广告信息，更好地满足消费者需求，并取得最大的经济效益。

媒体调查的主要内容包括以下两方面。

（1）广告媒体的优劣势分析。广告活动中，不同媒体各有特点。电视广告效果好，但费用高昂；报纸广告费用低廉，但效果往往不理想；网络广告的传播范围广，但受到网站的种种制约。在进行广告策划时要根据广告主的需要、广告特点进行科学选择与决策，以求达到理想的广告效果。

（2）媒体接触率调查。彻底了解消费者对媒体的接触情形，进行调查分析，以便进行媒体选择与设计，如对印刷媒体（报纸、杂志）的发行量、读者层、阅读率、发行频率、每千人成本广告费的调查；对电波媒体（广播、电视）的传播区域、视听率、视听者层的调查；对四大广告媒体以外的媒体特性的调查，如户外广告、邮寄广告、交通广告等媒体的调查。

项目实施

项目目标

通过“广告调查”项目的实施，学生在设计广告调查方案、进行网络调查、写作调查报告的过程中，可以学会学习、学会思考、学会合作；在完成任务的过程中，可以树立责任意识、集体意识、成就意识。

项目内容

1. 设计广告调查方案。
2. 进行广告调查。
3. 撰写广告调查报告。

实施过程

1. 学生分组。一般 3 至 5 人为一组，实行组长负责制。组长实行轮换制，轮值组长在进行项目分析的基础上，确定广告调查的主题。

2. 成员分工合作。组长向成员提出明确的工作任务，要求成员在规定的时间内，分别完成不同阶段、不同项目的工作任务。在调查方案设计阶段，需要完成调查的目的及意义、调查的内容与范围、调查的方法与组织、调查费用预算等工作；在广告调查的实施阶段，需要完成网上搜索、信息的整理与分析等工作；在撰写调查报告阶段，需要完成调查背景与目的介绍、调查的基本情况与结果、调查结果的分析与总结等工作。

3. 检查与协调。在项目实施过程中，组长需要检查成员完成工作的进度及质量，及时修正、协调成员的行为，从而保证项目实施的质量，注意成员工作的互相沟通与衔接。

4. 形成项目成果。组长负责对成员工作成果进行汇总、分析与整理，形成一定形式的工作成果。在设计调查方案阶段的工作完成后，形成“××公司××产品（或品牌）的广告调查方案”，在广告调查项目完成后，形成“××公司××产品（或品牌）的广告调查报告。”

成果展示

各小组将项目成果“××公司××产品（或品牌）的广告调查方案”，“××公司××产品（或品牌）的广告调查报告”，制作成 PPT，准备进行项目展示。组长以项目负责人的身份进行项目展示，演示并讲解广告调查方案、广告调查报告。

项目评价

在展示组进行项目展示的过程中，其他小组以公司营销部门、广告部门及其他相关部门负责人的身份对展示组的方案进行评价，并就有关问题进行咨询与交流，评价标准参考表2-2。

表2-2　　广告调查评价标准

序　号	评价项目	评价内容	评价标准	赋　分
1	调查方案	格式规范、内容完整、难易适度	20	
2	调查实施	分工合理、组织严密、调查严谨	30	
3	调查报告	方法得当、逻辑性强，说理透彻	40	
4	项目展示	程序规范、解说有力、回答流利	10	
合　计			100	

项目拓展

日喻（苏轼）

原文：

生而眇者不识日，问之有目者。或告之曰："日之状如铜盘。"扣盘而得其声。他日闻钟，以为日也。或告之曰："日之光如烛"。扪烛而得其形。他日揣龠，以为日也。日之与钟、龠亦远矣，而眇者不知其异，以其未尝见而求之人也。

道之难见也甚于日，而人之未达也，无以异于眇。达者告之，虽有巧譬善导，亦无以过于盘与烛也。自盘而之钟，自烛而之樾，转而相之，岂有既乎？故世之言道者，或即其所见而名之，或莫之见而意之，皆求道之过也。

然则道卒不可求欤？苏子曰："道可致而不可求。"何谓致？孙武曰："善战者致人，不致于人。"子夏曰："百工居肆以成其事，君子学以致其道。"莫之求而自至，斯以为致也欤！

南方多没人，日与水居也。七岁而能涉，十岁而能浮，十五而能没矣。夫没者岂苟然哉？必将有得于水之道者。日与水居，则十五而得其道；生不识水，则虽壮，见舟而畏之。故北方之勇者，问于没人，而求其所以没，以其言试之河，未有不溺者也。故凡不学而务求道，皆北方之学没者也。

昔者以声律取士，士杂学而不志于道，今也以经术取士，士知求道而不务学。渤海吴君彦律，有志于学者也。方求举于礼部，作《日喻》以告之。

译文：

（一个）一出生就双目失明的人不认识太阳，向有眼睛的人问太阳是什么样子。有的人告他说："太阳的样子像铜盘。"敲铜盘就听到了它的声音。有一天（他）听到了钟声，把发出声音的钟当作太阳。有的人告诉他说："太阳的光像蜡烛。"用手摸蜡烛就晓得了它的形状。有一天，（他）揣摩一支形状像蜡烛的乐器龠（yue），把它当作太阳。太阳和敲的钟、吹奏的龠（yue）差别也太远了，但是天生双眼失明的人却不知道它们之间有很大的差别，因为他不曾亲眼看见而是向他人求得太阳的知识啊。

抽象的“道”难认识的情况比太阳难认识的情况更严重，而人们不通晓道的情况比生来就不认识太阳的瞎子没有什么不同。通晓的人告诉他，即使有巧妙的比喻和很好的启发诱导，也无法使这些比喻或教法比用铜盘和用蜡烛来说明太阳的比喻或教法好。从用铜盘比喻太阳而到把铜钟当作太阳，从把铜钟当作太阳而到把乐器籥（yue）当作太阳，像这样辗转连续地推导它，难道还有个完吗？所以世上大谈“道”的人，有的就他自己的理解来阐明它，有的没有理解它却主观猜度它，这都是研求道的弊病。

既然如此，那么这个“道”最终不可能求得吗？苏先生说：“道能够通过自己的虚心学习，循序渐进使其自然来到，但不能不学而强求它（道）。”什么叫做“致”？孙武说：“会作战的将军能招致敌人，而不被敌人所招致（处于被动的境地）。”子夏说：“各行各业的手艺人坐在店铺作坊里，来完成他们制造和出售产品的业务；有才德的人刻苦学习，来使那道自然到来。”不是强求它而是使它自己到来，这就是“致”啊！

南方有很多能潜水的人，天天同水在一起生活，七岁就能趟水过河，十岁就能浮在水面游泳，十五岁就能潜入水里了。潜水的人能长时间地潜入水里，哪能是马虎草率就能这样的呢？一定是对水的活动规律有所领悟的。天天与水生活在一起，那么十五岁就能掌握它的规律。生来不识水性，那么即使到了壮年见到了船就害怕它。所以北方的勇士，向南方的潜水的人询问来求得他们能潜入水里的技术，按照他们说的技术到河里试验它，没有不淹死的。所以凡是不老老实实地刻苦学习而专力强求道的，都是像北方的学潜水的一类人。

从前以讲究声律的诗赋择取人才，所以读书人合学儒家墨家还兼及名家法家而不是立志在求儒家之道；现在以经学择取人才，所以读书人只知道强求义理，而不是专力踏踏实实地学。渤海人吴彦律，是有志对经学作实实在在地学习的人，正要到京城接受由礼部主管的进士考试，我写《日喻》来勉励他。

1. 广告人与广告主的关系，像不像是“教盲人的人”与“盲人”呢？
2. 广告人也有“道”，你认为什么是广告人与广告主中的“道”呢？
3. 广告人与消费者的关系，像不像是“教盲人的人”与“盲人”呢？
4. 广告人也有“道”，你认为什么是广告人与消费者中的“道”呢？

项目3

制订广告计划

在我们这个行业，当你开始关心数钞票，胜于做好广告及服务客户时，很快的，你就会发现没有多少钞票可数。

——李奥·贝纳

项目目标

知识目标

- 深刻理解广告目标、广告计划、广告预算的内涵
- 掌握制定广告目标、广告计划、广告预算的内容及其方法

能力目标

- 根据企业的实际需要确定广告目标
- 根据企业的市场营销计划及营销策略，撰写广告计划书
- 根据企业的实际情况确定广告预算

素质目标

- 通过合作学习，培养学生的合作意识与合作精神
- 通过探究学习，激发学生学习兴趣

- 让学生在学习中体会成就与快乐，树立学习信心

项目描述

广告计划教学项目，需要学生独立完成一份符合企业营销实际的广告计划书，作为企业广告活动的纲领性文件，指导企业的广告活动。要完成这样的一份广告计划书，需要学生系统学习广告基本原理，理解并领会广告目标、广告计划、广告预算之间的相互关系，掌握撰写广告计划书的基本内容和规范格式，同时注意撰写广告计划书的一些技巧，使形成的计划书文本具有实际的指导意义。

任务8　确定广告目标

【任务引入】

广告目标："增加销售额"，"扩大市场占有率"，"帮助销售员开发新客户"；或者说"一年内增加销售额10%"，"在一年内将市场占有率从10%提高到12%"，"一年内开发的新客户达到30家"。

1. 你认为上述指标能作为对广告目标的表述吗，为什么？
2. 如果说这是对营销目标的表述，你认为广告目标应怎么表述？
3. 营销目标与广告目标是什么关系？营销目标如何转化为广告目标？

知识链接

8.1　对广告目标的认识

企业最关心的，也是广告活动最应明确的，就是广告所能达到的效果。在这个问题上，企业经常犯的一个错误，就是把提高销售额作为广告的唯一目标。在许多企业看来，公司花钱做广告的一个基本原因就是推销产品或服务。因此，销售额或与之相关的某个指标如市场占有率，就成为广告唯一有意义的目标，而且也将这作为判断广告成功与否的唯一标准。犯这一错误的主要原因就是其对广告目标的认识存在误解。

广告是市场营销的手段之一，是为实现营销目标服务的。因此，广告目标应以营销目标为基础，并服务于营销目标。广告目标通常以消费者的反应变量，如品牌知晓、品牌认知、品牌偏好等来表示。而营销目标通常用销售额及其有关的指标，如市场占有率、利润率或投资回报率等指标来表示。例如，某一品牌产品的营销目标是将销售额提高30%，而为实现这一目标服务的广告目标应是：提高品牌知名度90%以上，提高品牌认识70%，提高品牌偏好40%，提高尝试购买35%以上，品牌忠诚（再购买）率达到20%。

一般来说，广告目标是广告作用的直接结果，是广告本身可以实现的目标。广告

是一种沟通活动，沟通的目的就是通过向消费者传递有关广告产品的特性、消费益处、品牌形象等信息，使其能够在产生购买行动前就对广告品牌形成一种良好的心理倾向，如对广告品牌的肯定认识、积极的情感反应、购买意向等。这些通过广告沟通所引起的对广告品牌的良好反应就是广告的沟通目标，也就是广告目标。

广告目标主要包括：创造品牌知名度，增进品牌认识与兴趣，树立良好的品牌态度、品牌形象，激发购买欲望等。

8.2 广告目标的特性

一般来说，成功的广告目标必须具有下列一些基本特性。

1. 精确性

广告目标要精确地反映出广告所要引起消费者反应的变化程度。如在一年内提高品牌知名度 20%，至于这个变化程度是多少，要根据营销目标、消费者对广告品牌已有的了解程度及态度等因素而定。

2. 具体性

广告目标中应明确说明企业希望向目标受众传递什么信息来实现该目标，否则就无法为广告文案创作者提供指导。

3. 单一性

一般来说，一个广告所要达到的目标应该只有一个。如果目标太多，广告传递的信息重点太多，很容易使消费者混淆，广告效果将大打折扣。例如，一个有吸引力的广告虽然能成功地引起人们的注意，但其说服力可能很差。明星广告虽然能引起很多人的注意，但有时却不利于广告信息的沟通，因为人们将注意力放在广告人物上，而不是广告所要传递的信息上。因此，一般来说，决不能用一个广告来完成多个目标，而必须创作多则广告，通过广告战役，逐步实现广告的各个目标。

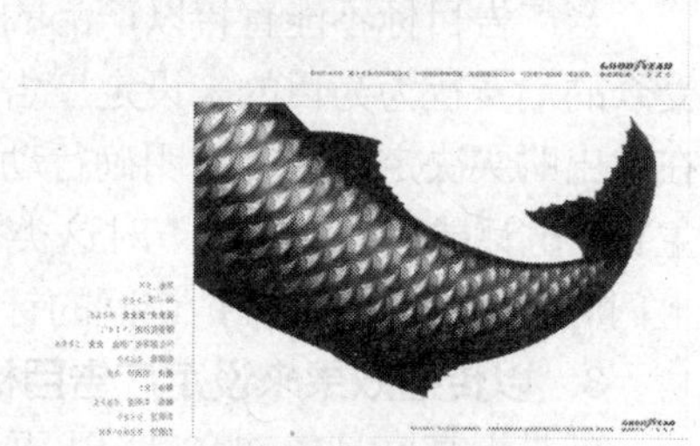

图 3-1　某轮胎广告

4. 可测性

广告目标是测量广告效果的标准。如果广告目标不能测量，企业无法知道广告是否达到了预期的目标，广告创作人员也无法判断广告创作是否成功。例如，根据消费者能否说出广告品牌名称，或能说出广告品牌名称的人数百分比就可测量品牌知名度这一目标的实现程度，判断广告创作是否有助于实现广告目标。

5. 时限性

制定广告目标的最后一步是规定广告目标要在多长时间内完成。目标实现期限随广告目标的大小、难易，可长可短，大多数广告的时间期限都是从几个月到一年。一般来说，提高品牌知名度的广告目标可在较短的时间内，通过向目标受众广泛、反复地宣传来实现。但是，用于产品重新定位的广告宣传，因为需要改变消费者对广告品牌已有的形象知觉，就需要较长的时间。

6. 可行性

广告目标必须切实可行，是在激烈的市场竞争情况下，在一定的广告经费支持下能够实际达到的目标。如果目标定得太高，不能完成，企业就会有挫折感，甚至产生广告无用的想法。

8.3 广告目标的内容

在确定广告目标时应充分考虑企业的营销环境、营销目标、产品所处生命周期阶段以及广告对象的特点。一般来说，广告目标的内容可以是如下几项。

1. 以产品销售情况来设定广告目标

企业根据产品的销售情况，如销售数量、销售金额、市场占有率等，来设定明确而具体的广告目标。扩大产品的销售规模，意味着企业能从中获得更大的经济收益。这种设定方式简单、易行，特别是对直接销售的商品，其优势更为明显。因为对于直接销售的商品来说，直邮广告、电话广告可以直接与广告受众联系，消费者是否购买可以很快得知。但对于大多数消费品的营销而言，由于广告效果的体现不太明显，因此以产品销量设定的广告目标应结合其他因素进行。

2. 以消费者的行为为基准设定广告目标

当广告目标不能直接以产品的最后销售效果制定时，企业可以以引导或改变广告受众的消费行为为目的来设定广告目标。例如，某些企业设定的广告目标是广告受众在做出购买决定前采取某明确行动。如向企业索取更详细的产品资料、网上访问企业主页、电话或信件咨询等。对这类消费者，企业可以采取直接营销方式，由推销人员上门洽谈，从而提高推销访问的针对性和效率。

3. 以传播效果来设定广告目标

就是提高产品的知名度，让更多的广告受众了解产品，心理上接受和偏爱广告产品。这类广告目标的设定，从短期看，未必有明显效果，但却是大多数企业经常采用的方式。它以消费者知悉广告内容后的心理效果作为测定广告效果的目标，如广告是否在正确的时间，为正确的对象所知晓，广告受众是否产生了应有的记忆和理解、形成了预期的感觉和联想、建立了对产品有利的偏好等。

在实际操作中，还要考虑企业的实际情况，根据企业市场营销的需要确定具体的广告目标。

（1）如果旨在刺激即时销售，则广告目标可能是：向受众公布需要立即购买的特殊原因（如价格、优惠条件等），提醒人们即时购买产品，配合特定的购买时机刺激即时销售。

（2）如果旨在促进近期销售，则广告目标可能是：建立受众对产品的认知，提升品牌形象；向受众灌输有关产品的信息或对产品的看法，反击或抵消竞争对手的宣传，改变错误的印象、纠正不正确的信息；培养受众对产品的熟悉程度，令其轻易就能辨认出自己的产品。

（3）如果旨在建立"长期的顾客忠诚"，则广告目标可能是：使受众建立起对公司及品牌的信心，促使顾客对产品产生需求；选择最好的分销商和经销商，确保产品的全面销售；建立"信誉平台"以便推出新品牌或新品种，使受众认识并接受品牌。

（4）如果旨在增加销售量，则广告目标可能是：保住现有顾客并说服其他品牌的用户转用企业的品牌；让人们在购买时能具体指定企业的品牌，将非用户转化为用户，使偶尔惠顾的顾客变为老主顾；宣传产品的新用途，劝说顾客购买大包装或多种组合的产品，鼓励用户更经常地使用该产品或加大使用量。

（5）如果旨在利用某些具体步骤引导受众，以期最终达到销售目的，则广告目标可能是：说服潜在顾客来信索要产品的宣传材料、交回礼券、参加竞赛；劝服潜在顾客参观商品样品陈列室、提出进行产品演示的要求，劝诱潜在顾客尝试产品（为受众提供尝试机会）。

（6）如果旨在获得广告额外的收效，则广告目标可能是：协助销售人员开发新客户；帮助销售人员从批发商及零售商那里得到更多的订单；帮助销售人员得到最好的产品展示场地，给予销售人员"入场权"；振奋销售队伍的士气，给同行留下深刻印象。

（7）如果旨在提供促销及建立顾客满意度所必需的信息，则广告目标可能是：提供"到哪里去买"、"如何使用该产品"式的广告；展示产品的新型号、新特色、新包装；提供产品新订价格，如特价、以旧换新等。

（8）如果旨在借助广告塑造公司形象，则广告目标可能是：宣传产品的质量及其可靠度，公司的服务水平，公司内部不同产品之间的相似之处，公司成员的整体形象，公司的发展、进步、技术领先。

8.4 确定广告目标的方法

1961 年，美国广告学家 R.H.科利（Russell H.Colley）认为广告的成败与否，应视其是否能有效地把想要传达的信息与态度在正确的时间，以正确的成本，传达给正确的人，从而提出了"为度量结果而确定广告目标"的方法（Defining Advertising Goals for Measured Advertising Results），即 DAGMAR 模式（达格玛模式），也称科利法。

科利认为，广告目标不同于营销目标，广告目标只是一个特定时期内针对受众所确定的一项"宣传任务"，应以其特殊的传播效果来衡量，而不应与具体的销售指标直接挂钩，最多应把销售效果看作是衡量广告目标的一个方面，而且只是一个不能成为直接衡量和决定广告成败依据的方面。DAGMAR 广告效果模式如图 3-2 所示。

图 3-2 DAGMAR 广告效果图

知名（Awareness）：潜在顾客首先一定要对某品牌或公司的存在"知名"。

理解（Comprehension）：潜在顾客一定要了解这个品牌或企业的存在，以及这个产品能为他做什么。

信服（Conviction）：潜在顾客一定要达到某种心理倾向并因信服而去购买这种产品。

行动（Action）：潜在顾客在了解、信服的基础上经过最后的激励产生购买行为。

根据科利的建议，全美广告主协会在 20 世纪 60 年代提出了制定广告目标的 6M 法，一个广告目标应包括 6 个基本要素。

1. 商品（Merchandise）。广告的商品或服务，其诉求点是什么？
2. 市场（Market）。广告所要影响的是哪些人？
3. 动机（Motives）。消费者购买或不购买的原因是什么？
4. 信息（Messages）。广告所要传播的主要信息是什么，想改变受众的什么态度？
5. 媒体（Media）。怎样传播广告信息？
6. 测定（Measurement）。以什么准则和方法测定广告效果？

8.5 广告目标确定常出现的问题

1. 广告目标与营销目标背离

我们知道，广告目标是服务于营销目标的，广告是市场营销的手段之一。所以广告的目标应该以营销目标为基础，并且与其保持一致。但是广告目标是不同于营销目标的，广告目标通常以品牌知名度、品牌认知与兴趣、品牌态度、品牌形象、激发购买意向等来表示，而营销目标通常用销售额、市场占有率、利润率或投资回报率等来表示。广告目标应是广告作用的直接结果，是通过广告本身就可以实现的目标。营销目标则必须通过促销、公关、广告等营销手段整合来实现目标。广告活动是营销活动之中的一项，是属于营销活动的，故广告活动不能背离营销目标。

2. 广告目标太多太宽泛

对于企业来说，可能会觉得花一分钱的广告费，就要把所有的广告信息都传达出去才算是精打细算。但是作为专业的广告从业人员来说，这是大忌。因为在信息化的社会中，受众一天接触的信息成百上千，从各个方面来的信息充斥着他们的生活。而大多数信息对他们来说毫无用处，有的甚至成为一种骚扰。所以受众理所当然地只会留意自己感兴趣的信息，对于不感兴趣的信息，能记住的极少。根据这种情况，在确定广告目标的时候，要尽可能做到专一。如果实在做不到目标专一，则一定要对广告目标的主次有区分，如此传达出去的信息才会有重点有力度，容易被记忆。

3. 广告目标不符合实际情况

广告目标是广告活动的指导，所提出的目标应该与企业的状况和市场情况相吻合，既不要盲目理想化，把目标定得太高，也不要太过小心谨慎，目标定得太低。目标太高使策划者失去完成目标的信心，目标定得太低又得不到企业想要得到的利益。因此，在制定目标的时候一定要合理，既要有可能达到又要保持一定的弹性，留一些余地。

任务总结

广告目标是广告作用的直接结果，是广告本身可以实现的目标。广告目标主要有：创造品牌知名度，增进品牌认识与兴趣，树立良好的品牌态度、品牌形象，激发购买欲望等。

根据美国广告学家科利（Colley）的观点，广告的成败与否，应视其是否能有效地把想要传达的信息与态度在正确的时间、以正确的成本传达给正确的人，即“为度量结果而确定广告目标”的方法。据此，一个广告目标应包括 6 个基本要素：商品、市场、动机、信息、媒体、测定。

企业在实际确定广告目标时要注意：广告目标不能背离企业的营销目标，应该为营销目标服务；广告目标不能太多太宽泛，要具体单一；广告目标必须与实际情况相吻合，不能太高也不能太低。

任务9　制定广告计划

【任务引入】

受益于中国经济的不断发展和广告业的不断完善，中国广告市场预计在 2011 年将增长 15%。另外，媒体价格的增长以及品牌认知度的提升，也将推动广告市场的增长。

其中，电视广告业务将继续增长，尤其是卫视广告将实现大幅的增长，增幅有望达到 20%；而互联网广告更是有望增长 44%，达到 513 亿元；市场相对较小的广播广告业务，在汽车销量继续增长的带动下，今年有望实现大幅增长，去年该项业务增长 44%；不过报纸广告业务今年增速将出现下滑，2010 年报纸广告实现了 20%的增长，未来可能成为首个增速回落至个位数的媒介。

电视广告投入排名前五的公司均为外国公司，其中最大的两家为宝洁和欧莱雅，而娃哈哈是广告投入最大的国内企业。

这是一篇关于中国广告市场 2011 年发展趋势的预测报道。

1. 作为一个广告人，根据这一报道如何调整你的广告计划？
2. 作为一个广告主，根据这一报道如何调整你的广告计划？
3. 作为媒体，根据这一报道如何调整你的广告计划？

知识链接

9.1　什么是广告计划

广告计划是企业对于即将进行的广告活动的规划，它是从企业的市场营销计划中分离出来，并根据企业的营销目标、营销策略而制定的广告活动规划。

广告计划可以分为广义广告计划和狭义广告计划两种。广义的广告计划，是包括广告市场调查、广告目标计划、广告时间计划、广告对象、广告地区、广告媒介策略、广告预算、广告实施、广告效果测定与评估在内的全部广告活动的内容，也就是广告策划。狭义的广告计划，具体包括广告目标、广告地区、广告时间和广告对象，旨在说明在什么时间、什么地区，对什么人刊播一个什么广告，达到什么目的。任务中的广告计划是从狭义的角度来进行分析的。

广告计划是广告活动的基础，它既有像企业形象广告那种 3 ~ 5 年的长期广告计划，也有像招聘广告那样一次性的短期广告计划。但无论是哪一种广告计划都必须经过慎重研究再做决定，因为广告计划决定着广告活动的基本方向。一个好的广告计划，应该有以下的实质意义。

1. 广告计划是一项广告行动文件

实施一项广告活动是非常复杂的，需要各方面的协调配合。广告计划就是把主要的步骤、时间安排、参与部门等写成行动性文件，使之成为衡量和监控广告活动的基本依据。广告计划一旦制定，就成为广告活动必须遵守的行为准则和努力方向。

2. 广告计划是对某一广告目标以及完成这一目标所采取行动的说明书

广告计划对企业、产品、服务及其品牌面临的问题及机会加以陈述，解释各项广告指标及实施步骤，解释怎样才能实现最终目标。

3. 广告计划是企业广告活动的财务预算报告

完成广告目标需要多少费用，为什么需要这么多费用，这些费用是如何安排的，它可能带来什么样效益等，都是广告计划要回答的问题。

4. 广告计划是整个企业经营计划的有机组成部分

广告计划作为企业经营计划体系中的一个子计划，应与其他计划相衔接、相配合、相协同。一般将广告计划作为整合营销系统的一部分与其他经营计划相衔接。

9.2 广告计划的基本内容

一份完整的广告计划，应系统规划广告活动的整个过程，为广告计划的实施提供完整的策略和方法依据，其基本内容包括确定广告目标、明确广告对象、提炼广告主题、制定广告战略、进行广告预算和效果测定等六部分内容。

1. 确定广告目标

广告计划的首要任务，就是明确广告传播所要实现的目标。广告目标规定着广告活动的方向，其他广告活动如媒体的选择，表现方式的确定，广告应突出哪些信息内容，都要围绕广告目标来考虑。广告目标也是衡量广告传播效果的一个重要依据。

2. 明确广告对象

作为一种付费的传播活动，广告应该有的放矢，向广告商品的购买者或可能的购买者，即现实的和潜在的购买者传递有关信息，这些现实的和潜在的购买者就是广告的对象。广告对象，即广告信息的接收者，或者说广告的目标市场。

3. 提炼广告主题

广告主题是广告的中心思想，是广告的灵魂，它统率广告作品的创意、文案、表现等要素，它使广告各要素组合为一个完整的广告作品。一则广告必须鲜明而突出地表现广告主题，使人们在接触广告之后，很容易理解广告在告知什么，要求什么。要使广告主题鲜明而富有个性，一般应注意以下几点：显眼、易懂、刺激、统一、独特。

4. 制定广告战略

广告战略是按广告目标的要求，确定广告活动的方式方法，包括广告表现战略和广告媒体战略。广告表现战略要通过广告创作来实现。广告创作主要包括广告主题的确定、表现形式的采用、文稿的撰写、图像的绘制、画面的摄制等多方面内容。广告媒体战略主要包括媒体的选择、确定广告发布日程和方式等内容。

5. 进行广告预算

广告预算是企业投入广告活动的费用计划。通过广告预算，主要是为了更有计划地使用广告经费，减少浪费，使广告运动更有效率。正确编制广告预算，是广告计划的重要内容之一，是企业广告得以顺利开展的保证。广告预算的内容包含两大类：一是直接的广告费用，如市场调研费、广告设计费、广告制作费、媒介租用费等；二是间接的广告费用，如广告机构的办公费用、工资收入和广告工作的杂费等。

6. 广告效果测定

通过广告效果的测定，可以对当前的广告活动做出评价，从而为修正广告计划和改进广告设计提供科学的依据，以争取更好的广告效益。

9.3 广告计划书的撰写

广告计划书是在制作广告计划时所形成的书面材料。一份完整的广告计划书通常由七部分组成：前言、情况分析、广告预算、广告建议事项、广告表现、广告媒体策略、广告效果分析。

1. 前言

这是全部计划书的开头部分，具体说明广告计划的任务和目标。必要时，还应把计划的重点概括出来，以方便企业决策者了解全貌。

2. 情况分析

情况分析部分主要包括四个方面的内容：公司及商品的历史、商品分析、消费者分析和竞争者分析。

（1）公司及商品的历史。简短地介绍公司及商品历史概况，叙述内容应围绕以下几个问题展开：本商品或品牌的背景；专利权或技术上的历史；过去的广告预算；过去的广告主题；过去的媒体费用；目前在广告中或推广上所使用的创意主题；目前本品牌所面临的问题点和机会点。

（2）商品分析。这是广告计划中比较重要的一部分内容，必须对一切可能影响到商品或劳务销售的要素进行概要分析，一般可围绕以下问题展开。与竞争者相比，本商品在特点、成分、用途、消费者接受率等方面的竞争结果如何；在过去几年中有何增加或改进，如新用途、新市场等？本商品被认为是新的、现代的，还是旧式的、保守的？它是一种流行的商品并受消费者风俗习惯变迁的影响吗？本商品的价值何在，是好还是尚可，或是不好？现在的使用者满意吗？销售范围广泛吗？是否在任何地方都能买到本商品？零售商对本商品感觉如何，他们愿意经销本商品吗？本品牌认知度、理解度和接受度怎样？本商品与竞争对手相比，有何与众不同之处？服务方面的情况怎样？

（3）消费者分析。这部分内容很重要，叙述时应尽量明晰、准确，内容主要包括以下几点。一是基本情况，如性别、年龄、收入、职业、种族、教育、家庭收入、人口、社会阶层、地理区域等。二是态度情况，如对本商品的知晓程度、喜爱程度，是同情、认可、支持，还是冷漠、敌视、否定？反对原因在哪里，是漠不关心还是存有偏见？三是行动情况，如在何处使用本商品、如何使用、使用频次、使用平均数量如何？对同类商品尤其是竞争对手的商品的品质、价格、包装、型号、品牌声誉、服务等评价如何？四是消费者对目前广告和推广活动认知度如何？本商品为消费者解决了什么问题？消费者知道这些利益吗？现有顾客的忠诚度如何？发生品牌转移了吗？如果已发生，是在本品牌中还是在其他品牌？谁是本品牌的最佳潜在顾客？他们住在什么地方？能否影响到他们？总之，消费者分析是对与商品或劳务有关的所有现实和潜在顾客的全部相关信息进行评估。

（4）竞争者分析。对有关竞争者广告的分析，可以突出本计划如何发展以及为什么这样发展的理由，为企业提供一个衡量的参照物，具体内容包括：竞争者的包装设计、品牌命名的长处和短处；竞争者目前的广告活动针对何人，使用何种策略、产生何种影响、广告费用支出和分配情况、广告主题的变化，本广告在竞争中的长处与短处等。

3. 广告预算

广告预算对于实现广告目的具有决定性意义，策划人员对广告预算所作的策划必须合理、明确，容易被接受，便于执行。为此，必须明确认清广告预算的根据。没有根据的广告预算，只能是缺乏科学性的主观武断；根据不足的广告预算，必然会在不同程度上影响广告效果，不利于实现广告目的。

4. 广告建议事项

这一部分是广告计划书的核心，主要包括如下内容。

（1）商品问题点、机会点。清晰地叙述现存的主要问题，可能是一个商品问题、一个行销问题或是一个形象问题。这些问题必须是在广告的影响范围之内的。

（2）广告目标。说明此次广告活动总的目的是提高知名度，还是促进销售，或者是树立形象。

（3）广告定位。说明广告要在消费者心目中占据什么位置，消费者看了广告之后会发生何种反应？

（4）广告诉求对象。基于对消费者进行的分析，概括出此次广告活动的诉求对象——广告目标市场，说明选择这一目标的理由。

（5）广告诉求内容。这是整个广告计划中最重要的部分，一定要陈述得清楚详细。首先列出参与竞争的主要商品。接着再做出承诺，说明商品的优异之处，使之具有极强的竞争力量。最后阐述支持承诺的理由，最好用事实，或者用权威的认知来说明。

5. 广告表现

广告表现的主要内容如下。

（1）印刷媒体所用的文稿图案和布局。

（2）广播脚本或电视脚本。

（3）广告主题的文词和美工表现。

（4）包装设计、插图等。

（5）户外广告牌的设计。

（6）广告特制品。

图 3-3　孕妇咨询中心广告

6. 广告媒体策略

这一部分要对广告媒体计划进行清晰、完整而简短的陈述，具体包括以下三部分内容。

（1）媒体目标。用可计量的术语确定媒体计划的明确目标，包括：想传达的目标观众或听众；在预算使用上，可利用的预算及其限制；所需到达率及平均频次；所需持续度；所需地区性的特别权数；媒体支持推广的必要程度等。

（2）媒体组合。这一部分主要是介绍各种媒体的选择和组合情况，主要内容有：所选择的媒体种类；将预算分配到各地理区域的策略；分配给各种媒体的预算；按月或按季分配广告的年度预算；年度广告之按月或按季所希望的到达率、暴露频次程度；每一有代表性的月份，有效到达率与暴露频次程度；所要使用的媒体单位大小的规格，比如 30 秒或 60 秒电视广告片或广播广告词、全页或版面不足一页的广告等。

（3）媒体计划。这一部分要确切地表示出每一刊播日程、所需费用及其他相关内容，主要包括：说明判断各媒体价值的标准；用资料和文字来说明媒体组合是最佳的，也是最经济的；用资料说明媒体组合对各目标市场的净到达率和暴露频次分布状况；用资料说明媒体组合所获得的总暴露度，特别是说明观众听众的比率；用摘要说明每一个广告媒体，每月使用次数，每次刊出之成本以及每月总成本；年度费用摘要；用年度流程表（或日程表）说明个别广告媒体刊出周期、到达率、暴露频次以及本年度的每月成本。总之，任何有助于购买广告时间或版面的信息资料，都应加以说明。

7. 广告效果分析

即对广告的预期效果进行一个大致的估计。

【相关知识】

“可口可乐”某地区广告计划书

一、前言

“可口可乐”在××地区推销之广告计划，内容共分以下几部分：广告分析、广告目的、广告内容、广告预算、广告效果评估。在广告分析中，先将“可口可乐”在××地区推销所具备的条件，做一般性分析，此分析包括人口统计、产品质量、消费心理等三方面；从而得知“可口可乐”在××地区之市场展望及顾客之形象；再以此为根据，拟定广告之目的及广告内容之建议。

二、广告分析

1. 人口分析。“可口可乐”在××地区之最大购买潜力为上等收入与中等收入之家庭成员，此类人士在××地区总人口 13 000 000 中，约占 3 030 000 人，年龄为 10～39 岁。

2. 产品质量分析。“可口可乐”与××地区现有之“荣冠果乐”、“七星”、“黑松可乐”等，虽均属同类饮料，唯“可口可乐”具有最优良品质，口味亦较其他类似饮料更佳。因此，“可口可乐”在质量方面具备明显的竞争优势。

3. 消费心理分析。“可口可乐”亦远较其他类似饮料更为有利，人们对“可口可乐”的名字及其优良品质与最佳口味之印象颇深。以下各点为“可口可乐”在顾客心理方面的优势：第一，“可口可乐”为美国生产之最优良饮料，拥有世界声誉，在全球市场处于领导地位；第二，每瓶只售 3 元，堪称价廉物美；第三，四季皆宜，令人心旷神怡，万事如意。

三、广告目的

根据人口统计所指示之推销对象，我们的广告目的为：第一，使社会人士普遍得悉“可口可乐”已在××地区上市。第二，使“可口可乐”品质优良之特色深入人心。

四、广告建议事项

1. 广告定位。应使用最具影响力之内容及文字，扩大宣传，使更多人饮用“可口可乐”。在内容方面，根据质量与心理分析，应包括以下各点：第一，“可口可乐”是美国最佳饮料，驰誉全球，畅销世界；第二，“可口可乐”品质最优良，永远保持最高水准，口味最好，令人心旷神怡；第三，“可口可乐”令你享受到美妙之生活情趣。

2. 广告阶段策略。

第一阶段（初上市时期），普遍宣传“可口可乐”已上市，通过各种方式方法，令社会人士对本品名称及包装式样产生深刻印象，使社会人士对“可口可乐”之广告主题，有深切认识。

第二阶段（上市以后），继续加深顾客对本产品名称及包装式样之印象，继续发挥广告主题之影响力。

3. 广告主题（广告诉求与表现策略）。“可口可乐”在××地区的宣传主题，应与世界各地一致，即：“可口可乐令你万事如意。”理由如下：第一，本主题目前在世界各地使用，获得极大成功；第二，本主题能将“可口可乐”之特点，如品质优良、怡神妙品，随时随地均可饮用等，巧妙地传达出来；第三，以年轻活泼人士，出现于各种欢乐情景之广告画，其动人形象，必将深入年轻一代之心坎；第四，主题曲节奏轻松、活泼而愉快，旋律美妙，感染力极强，给人以生活是美妙的感觉。

4. 广告媒体策略。在地区方面，根据客户意见，以××地区北部为主，中部及南部为次。在种类方面，我们根据两项原则作为取舍标准。第一，要能为“可口可乐”找到推销之对象。第二，要能有效地表达“可口可乐”之广告特色及主题。

根据上述两项原则，我们建议，“可口可乐”之推销广告，应综合利用以下三类方式。

电视：选择××电视台。

电台：选择××人民广播电台。

报刊：选择地区读者广泛的两家报纸××日报、××广播电视报。

5. 媒体投放策略。

电台方面，我们建议在××人民广播电台，由五月份起至九月份止，每日为青少年举办流行歌曲特约节目一小时。由此特约节目可得四分钟广告时间，如善为利用，可播出 25 秒广告 8 次。此广告量甚为可观，且定价亦合理。

电视方面，由于广告太挤，只能在开始之五月，及七八两旺月，每星期三天，每日“插播”乙级时段 30 秒广告 3 次。

报刊方面，我们所选定之两份报纸，每报刊登半页广告一次，四分之一页广告五次。其分配为：在开始之星期各刊半页广告一次，以后连续三个星期，每星期刊四分之一广告一次。六月份暂停。七月份之头两星期再恢复每星期刊四分之一页广告一次。

总括而言，我们之广告份量极为充足。在开始之五月及七八月旺月，广告量尤为集中。

五、广告预算

广告资金分配方法有销售百分比法、市场份额法、目标/任务法等。我们将用目标任务法制定广告预算。把以上各类广告媒体、广告活动所需资金进行累加汇总，得到一个大概的广告花费数额。在此基础上增加 10%～20%作为机动预算，以应付突发状况。

六、广告效果评估

主要评估消费者接收到广告后对“可口可乐”的知名度、美誉度的认知，可以用知晓率、喜爱度来表示，包括其他相关的消费心理与行为的前后变化，考虑请专业的市场调查公司来做。

9.4 广告计划书的格式

作为一份完整的广告计划书，从形式上来看，一般由以下几个要素构成：封面、目录、前言、正文、附录、封底。

1. 封面

广告计划书文本应该有一个版面精美、要素齐备的封面，给阅读（审查）者以良好的第一印象。

2. 目录

在广告计划书目录中，应该列出广告计划书各部分的标题及页码，必要时还应该将各个部分的联系以简明的图形与表格形式展示，这样可以让阅读者根据目录提示很方便地找到他想要阅读的内容。

3. 前言

前言，是整个广告计划书的总纲。在前言中主要概述广告策划的目的、任务与目标、广告诉求范围与重点、广告活动进程、使用的主要策略与方法、广告活动各阶段开始与结束的日期及预期达成的阶段性成果等等。前言是对计划书的一个概述，主要目的是让广告客户对广告计划书有一个大致的了解。

4. 正文

广告计划正文主要包括五个核心部分：广告目标、广告对象、广告主题、广告策略、广告预算。

5. 附录

在附录中，应该包括为广告计划而进行的市场调查的有关资料和其他需要提供的背景资料。例如，市场调查问卷、市场调查访谈提纲、市场调查中获取的原始资料与数据、市场调研报告、广告效果评估与测试的问卷等。

6. 封底

在封底注明公司背景资料，如地址、电话、邮编、网址、E-Mail 等。

任务总结

广告计划是企业对于即将进行的广告活动的规划，它是从企业的市场营销计划中分离出来，并根据企业的营销目标、营销策略而制定的广告活动规划。一份完整的广告计划，应系统规划广告活动的整个过程，为广告计划的实施提供完整的策略和方法依据，其基本内容包括确定广告目标、明确广告对象、提炼广告主题、制定广告战略、进行广告预算和效果测定等六部分内容。

广告计划书是在制作广告计划时所形成的书面材料。一份完整的广告计划书通常由七部分组成：前言、情况分析、广告预算、广告建议事项、广告表现、广告媒体策略、广告效果分析。从形式上来看，广告计划书一般由以下几个要素构成：封面、目录、前言、正文、附录、封底。

任务10 制定广告预算

【任务引入】

尼尔森公司 2011 年 1 月 17 日至 2 月 9 日对 90 家香港公司的广告部门负责人进行了一项调查。结果显示，有 63%的受访者表示其公司会增加广告预算，其中，30%的受访者表示公司广告预算增加 6%至 10%，另有 35%的受访者表示预算增加 11%至 20%。报告同时指出，公司增加其广告预算主要是由于广告费用上升所致，并不一定意味着公司计划增加其广告投放的力度。

根据尼尔森的该项调查，公司的广告预算中有 27%会投放至电视媒体，较 2010 年同期增长 1 个百分点，预算中有 22%会投放至报纸，较去年下跌 4 个百分点，另有 12%投放至杂志，11%投放于互联网，另外有 3%将投放于移动电话，已经超过了在广播电台的 2%的广告投放预算，公司在移动电话媒体的投入呈逐年上升趋势，2009 和 2010 年公司广告预算中仅有 0.4%和 1%的投放。

1. 作为一个广告主，根据这一调查结果如何调整你的广告预算？

2. 有人说广告是一项投资行为，也有人说广告就是一种花费，你认同哪一观点，为什么？

知识链接

10.1　什么是广告预算

广告预算是对企业广告活动所需经费总额及开支范围的事先部署和安排。它规定了在广告计划期内企业从事广告活动所需的经费总额、使用范围和使用方法，是企业广告活动得以进行的保证。科学地编制广告预算是实施有效的广告策略并取得预期效果所必需的。

一般而言，预算包括收入与支出两个方面，但广告预算则只有支出而没有收入，其收益只能在企业销售和市场占有率的增长或者利润率的提高上最终反映出来。企业把一笔资金投资于广告，与其期望直接相关。就是说，企业开支一笔广告费用，是要向市场上的顾客及潜在顾客传播企业及其商品和服务的信息，以使其在态度上或行为上产生能够测量的改变，购买广告宣传的商品或接受所宣传的服务，从而使企业取得额外增加的销售。因此，如何以最少的广告开支取得最大的广告效果，是广告预算所要解决的中心问题。

企业的广告支出能否取得预期的销售效果？广告支出与销售量之间有没有内在的联系呢？肯尼斯・朗曼（Kenneth Longman）经过长期的研究，得出了如下结论：任何广告都只能在两个销售点——临限与最大销售限度之间发生效果。在临限阶段，没有任何广告也会有一定程度的销售；而在达到最高销售点以后，无论如何做广告，销售情况也不可能再有所提升了，如图 3-4 所示。

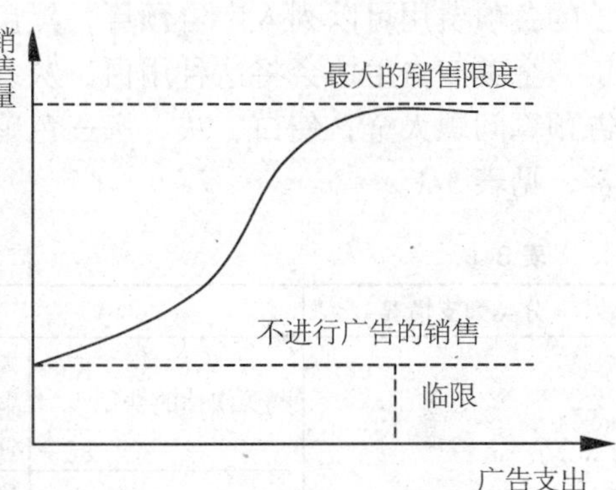

图 3-4　肯尼斯・朗曼广告投资模式

可见，广告成功的关键，是以最少的广告投入，在临限销售与最大销售之间产生最大的销售金额，这也是决定广告预算的重要依据。

10.2　广告预算的内容

编制广告预算，首先要确定广告预算的范围，即列入广告费用开支的内容。如何认识和确定广告预算范围，涉及企业效益评估、成本核算、国家经费和税收管理、广告事业和传播媒体事业的发展等问题。究竟哪些开支应该列入广告预算，哪些不应该列入广告预算，早在 1983 年，国家工商行政管理局和财政部在《关于企业广告费用开支问题的若干规定》中，就已明确将广告费列入企业销售成本中。一般可以列入广告预算的费用如下。

1. 广告媒体费

主要指购买媒体的时间和空间的费用，约占广告费用总额的 80%～85%。

2. 广告设计制作费

主要包括广告设计人员的报酬、广告设计制作的材料费用、工艺费用、运输费用等，约占广告费用总额的5%～15%。

3. 广告调查研究费

包括广告调研、咨询费用，购买统计部门和调研机构的资料所支付的费用，广告效果检测费用等。这一部分经费约占广告费用总额的5%。

4. 广告部门行政费用

包括广告人员的工资、办公费、广告活动业务费、公关费、与其他营销活动的协调费用等，约占广告费用总额的2%～7%。

目前国际上公认的广告费用开支表，是由美国最权威的广告刊物之一《印刷者墨汁》所提出的广告预算项目构成标准。该杂志从1928年起即开始研究广告预算的构成项目问题。1960年，在全美广告主协会广告管理委员会的协助下，对900多家广告主做了调查，根据调查结果，将各种和广告活动有关的费用开支分为白色、灰色和黑色三类单子。白色单子的各项费用是必须列入广告预算的，灰色单子的各项费用可以列入广告预算，黑色单子的各种费用不能列入广告预算。1967年，全美广告主协会将这种用白、灰、黑三种颜色列出各项开支的调查表编入广告预算问题大全，使白、灰、黑三色单子更具影响力。广告预算的具体项目和内容，见表3-1。

表3-1 广告预算项目表

分类列支情况	具体费用项目	
必须列入广告预算的项目（白单子）	购买媒体的费用	购买报纸杂志版面的费用，购买广播电视的时间费用，购买户外广告、交通广告、电影广告、幻灯片广告等媒体的费用
	管理费用	广告部门工作人员的工资及办公经费，支付给广告公司及广告制作者的手续费和报酬，推销人员的业务费，广告部门工作人员的差旅费，广告部门固定资产折旧费等
	制作费用	用于美术、印刷、制版、照相的费用，广播电视广告作品的制作费用等
	杂费	如广告材料的运费，橱窗广告安装费等
可以列入广告预算的项目（灰单子）	样本费、示范费、展览费、房租、照明费、广告部门各种用具的折旧费、电话费、广告宣传车的费用、向广告组织缴纳的会费、市场调研费用等	
不能列入广告预算的项目（黑单子）	免费赠送商品的费用、社会慈善费、旅游费、包装费、说明书印刷费、生活福利费、商品陈列场所的租金等	

10.3 影响广告预算的因素

编制广告预算，除了确定广告费用范围外，还必须了解有哪些主要因素影响广告预算。一般说来，影响广告预算编制的主要因素有产品因素、销售量与利润率因素、竞争对手因素、企业实力因素、消费者因素、媒体因素等。

1. 产品因素

多数产品在市场上都要经过投入期、成长期、成熟期和衰退期四个阶段。处于不同阶段的同一产品，其广告预算有很大的差别。企业要在市场上推出一种新的产品，广告预算无疑要大一些，以使产品被大众所接受。当产品进入成熟期，广告预算的费用则应稳定在一定的水平上，以保持产品的畅销状态。而一旦产品进入衰退期，广告费用将大幅消减。

2. 销售量与利润率因素

企业为了增加销售量，往往会采取增加广告投入的方式。一般情况下，广告费增加了，企业的销售量和利润也相应地增加和提高。反之，如果增加广告投入，销售量和利润却上不去，那么肯定要挫伤企业的积极性而减少广告投入，消减广告预算。因此，广告产品的销售量与利润因素也是影响广告预算的一个方面。

3. 竞争对手因素

广告是企业进行市场竞争的一个手段，广告预算也因而受到竞争对手的影响。竞争对手之间进行市场竞争，往往以广告宣传的形式表现出来，在一定程度上，广告的竞争就变为广告预算的竞争。即竞争对手增加微弱的广告预算，企业为与其抗衡，也会迅速做出反应。

4. 企业实力因素

广告预算的高低，受企业的财力状况、技术水平、生产能力和人员素质的影响。企业规模大，实力强，产量高，资金雄厚，当然广告预算就可以大些。反之，如果企业的资金、产品规模都比较小，则广告预算就少。在编制广告预算时，应量力而行，不可盲目求大。

5. 消费者因素

消费者是市场的主体，也是广告宣传的受众，消费者的行为不仅影响市场的走向，也影响广告预算的制定。当消费者对某种商品反应较为冷淡时，企业应该加大广告宣传的力度，刺激消费，使消费者逐渐认识商品；当广告商品已被消费者认同，在消费者心目中有较高的地位时，企业可以适当地控制或减少广告预算的规模。

6. 媒体因素

不同的传播媒体有不同的广告受众，不同的广告效果和不同的广告价格。一般来说，电视广告的费用最高，其次是报纸，最后是广播和杂志，互联网上的广告费用相对较低；而电视和广播节目覆盖范围的大小，收视率的高低，报纸杂志发行量的大小，以及这些媒体的权威性，最佳播出时间和最佳版面等不同，其广告的价格费用也就有明显的差别。因此，在制定广告预算时，必须考虑媒体因素的影响。

10.4　广告预算的方法

编制广告预算的方法很多，常用的主要有以下几种。

1. 销售额百分比法

销售额百分比法，就是企业以一定时期内产品销售额的一定比例，匡算出广告费用总额。这是最常用的一种广告预算编制方法，具体分为两种。

（1）上年销售额百分比法。企业以上一年度产品销售额的一定比率的数额作为本年度广告费用的一种方法。如某企业 2004 年的销售额是 10 亿元，若以 2%的比率进行 2005 年的广告预算，2005 年广告预算总额为 0.2 亿元。

（2）下年销售额百分比法。企业以下一年度的销售额计划为依据，确定一定比率的资金用于广告活动。某企业 2005 年的销售计划为 100 亿元，如果以销售额的 2%用于广告预算，则 2005 年的广告预算总额为 2 亿元。

2. 销售单位法

销售单位法是以每单位产品的广告费用来确定计划期的广告预算的一种方法。

广告费用总额＝上年度广告费用÷上年度产品销售量×本年度计划产品销售量

或者，广告费用总额＝单位产品分摊的广告费用×本年度计划产品销售量

销售单位法对于经营产品比较单一，或者专业化程度较高的企业，操作起来非常简便。

3. 目标任务法

目标任务法是指根据企业的营销目标，确定企业的广告目标，根据广告目标编制广告计划，再根据广告计划具体确定企业的广告费用总额，如图 3-5 所示。

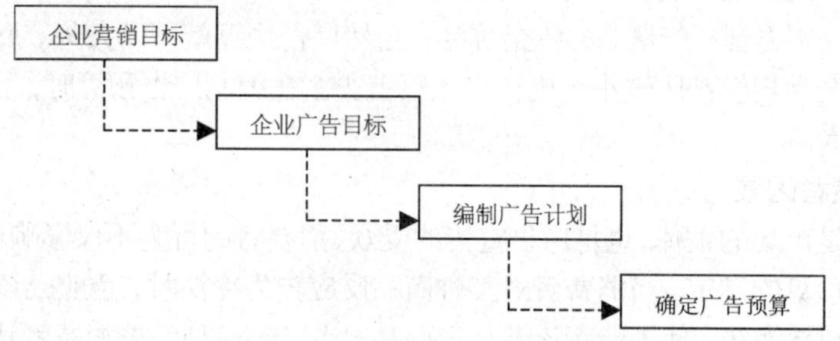

图 3-5　目标任务法的操作过程图

美国市场营销专家阿尔伯特·费雷（Albert Fery）将目标任务法的操作过程归纳为 7 个步骤。

（1）确定企业在特定时间内所要达到的营销目标。

（2）确定企业的潜在市场并勾画出市场的基本特征。

（3）计算潜在消费者对广告产品的知晓程度和态度变化情况，以及广告产品的销售增长情况。

（4）选择恰当形式的广告媒体，以提高产品的知名度，改变消费者对产品所持有的不利于产品销售的态度。

（5）确定广告暴露频次，制定恰当的广告媒体策略。

（6）计算为达到既定广告目标所需的广告暴露频次。

（7）计算实现上述暴露频次所需的最低广告费用，这就是广告费用预算总额。

4. 竞争对比法

竞争对比法，指企业根据竞争对手的广告预算来确定自己的广告预算的一种方法。

广告费用总额 = 主要竞争对手的广告费用额 ÷ 主要竞争对手的市场占有率 × 本企业市场占有率

或者，

广告费用总额 = 主要竞争对手的广告费用额 ÷ 主要竞争对手的市场占有率 × 本企业预期的市场占有率

运用竞争对比法的关键是要了解主要竞争对手的市场地位与广告费用额。如果企业想保持与竞争对手相同的市场地位，则可以根据竞争对手的广告费率来确定自己的广告规模；如果企业想扩大市场地位，则可根据比竞争对手高的广告费率来确定自己的广告费用总额。

5. 量力而行法

量力而行法，就是指企业根据自己的经济实力即财务承受能力，来确定广告费用总额。“量力而行”是指企业将所有不可避免的投资和开支除去之后，再根据剩余来确定广告预算，将广告看作是一种投资而不是一种耗费，比较适用于小企业。

10.5　广告预算的分配

企业确定了广告预算的数额后，下一步就要对整个广告预算进行分解，具体落实预算到每一个项目之中。企业进行广告预算分配的方法主要有时间分配法、地理区域分配法、产品分配法等。

1. 时间分配法

按时间分配是指企业根据广告刊播的不同时段来具体分配广告预算。根据时间来分配广告预算是为了取得理想的广告效果，因为在不同时间里，媒体受众的人数以及生活习惯是不同的。广告预算的时间分配包含两层含义。

（1）广告费用的季节性分配。在不同的季节里，由于市场需求情况的变化，就要求广告活动的规模有所侧重。以店面广告为例，在我国每年的 12 月到次年的 2 月是零售业的销售旺季，这一段时间内企业应该扩大店面广告的规模，提高店面广告的艺术品味，要多投入。6～8 月是销售淡季，再多的广告投入也难以改变商品销售不旺的规律，这一段时间内，企业应理智地缩小广告规模，否则就是一种非理性的行为。

（2）广告费用在一天内的时段性安排。在一天的时间内，大多数消费者都表现出一个明显的生活规律：白天工作，晚上休息。企业在选用电视媒体进行广告宣传时，应该侧重于 18:00～23:00 这一时段，因为这一时段的电视广告具有较高的注目率，因此企业的广告费用安排也应侧重于这一时段。

2. 地理区域分配法

地理分配是指企业根据消费者的某一特征将目标市场分割成若干个地理区域，然后再将广告费用在各个区域市场上进行分配。企业可以根据不同区域市场上的销售额指标，来制定有效的视听暴露度，最终确定所要投入的广告费用额。

假如N企业在全国销售M品牌产品，根据产品销售情况可以将全国市场划分为A、B、C三个区域市场，N企业计划投入的电视广告费用为3 500万元，N企业根据区域市场分配预算如表3-2所示。

表3-2　N企业电视广告费用的区域分配情况

市场名称	占销售总额的比例（%）	视听众暴露度（千次）	每千次成本（元）	广告费用（万元）	费用比例（%）
A区域	50	32,000	500.00	1,600	45.70
B区域	30	28,000	500.00	1,400	40.00
C区域	20	10,000	500.00	500	14.30
总计	100	700,00	500.00	3,500	100

表3-2就是N企业根据产品在不同区域市场上的销售比例，制定了有效的视听众暴露次数标准，并据此分配不同数额的广告费用。A市场的产品销售份额为50%，其广告投入为1600万元，占总投入的45.70%；在B市场上，M品牌产品的销售份额为30%，计划投入广告费用为1400万元，占广告预算总额的40.00%；C市场上M品牌产品的销售占总销售额的比例最小，所以计划只投入500万元的资金进行广告宣传。

3. 产品分配法

按产品分配与按区域分配在本质上是相同的，它是指企业根据不同产品（或品牌）在企业经营中的地位，有所侧重地分配广告预算。这种分配方法使广告预算与销售额密切联系在一起，贯彻了重点产品重点投入的经营方针。分配广告预算的依据可以是产品的销售比例、产品在不同的生命周期阶段、产品的潜在购买力等。

以美国宝洁公司为例，该公司的洗涤类产品有汰渍、快乐、Gain、Dash、Bold、象牙、Dreft、Oxydol、Exa、Solo等品牌，其中象牙品牌是一个成熟品牌，其广告投入可以相应少一点。Exa、Solo等品牌是新品牌，需要大量的广告推广，以提高品牌的知名度，其广告费用就需要多一些。

4. 传播媒体分配法

按传播媒体分配广告预算，就是根据广告计划所选择的广告媒体以及媒体刊播频次计划，分配广告经费的方法。这种预算分配的目的在于使用组合的传播媒体，来实现广告规划所预期的信息传播范围和效果。这种分配方法一般有两种形式。

（1）传播媒体之间的分配。即根据广告计划所选定的各种媒体进行广告费用的分配。

（2）传播媒体之内的分配，即根据对同一媒体不同时期的广告需求来分配广告经费。

按传播媒体分配广告费用，要根据产品的种类和定位、产品的销售区域、媒体的使用价格等综合考虑。在广告预算中，首先应该保证的是广告媒体的使用经费。

从某种意义上讲，广告预算实际上就是一个行动方案，而这个行动方案一旦制定，广告的各个环节均应照此办理。在企业中，每一个管理层次都应在广告预算的有效期限之内严格按照广告预算的各个项目、数额负责具体实施。但是，由于各种不可预测性因素的制约，也许在将广告预算付诸实施进程中会出现一些偏差，这就要求在拟定广告预算时要留有余地。

10.6 广告预算的控制和管理

广告预算在付诸实施后，企业和广告代理商就必须加强对广告预算的有效控制和管理。为了保证广告计划的执行，达到预定的广告目标，使广告费用用得适度、合理，减少和避免偏差和失误，对广告预算进行严格的管理是必要的。

1. 控制和管理的前提

广告预算的管理是建立在明确的广告计划的基础之上的，计划越具体，越明确，越能进行有效的控制和管理。如果企业不清楚广告计划的目标和广告计划，就不能合理分配广告预算，更谈不上对广告预算的管理。

2. 广告预算管理的内容

广告预算管理就是以广告计划中的各项目标和指标，去衡量广告预算的执行情况，纠正执行过程中的失误。从广告预算使用看来，管理行为是和广告活动同时开始的，在广告活动的每一个环节，只要有广告费用的使用，就有广告预算的管理。

3. 广告预算管理的组织机构

广告预算管理要有明确的组织机构或由专人负责。企业自营广告业务须要有专门机构或专人负责控制和管理广告预算。企业委托广告代理时，除了代理商进行预算管理外，企业也要有效地监督广告预算的使用。

任务总结

广告预算是对企业广告活动所需经费总额及开支范围的事先部署和安排。它规定了在广告计划期内企业从事广告活动所需的经费总额、使用范围和使用方法，是企业广告活动得以进行的保证。科学地编制广告预算是实施有效的广告策略并取得预期效果所必需的。

编制广告预算，首先要确定广告预算的范围，即列入广告费用开支的内容。一般可以列入广告预算的费用有：广告媒体费、广告设计制作费、广告调查研究费、广告部门行政费用。除此之外，还必须了解有哪些主要因素影响广告预算。一般说来，影响广告预算编制的主要因素有产品因素、销售量与利润率因素、竞争对手因素、企业实力因素、消费者因素、媒体因素等。

编制广告预算的方法很多，常用的主要有以下几种：销售额百分比法、销售单位法、目标任务法、竞争对比法、量力而行法等。企业确定了广告预算的数额后，下一步就要对整个广告预算进行分解，具体落实到预算的每一个项目之中。企业进行广告预算分配的方法主要有时间分配法、地理区域分配法、产品分配法等。

项目实施

项目目标

通过制订广告计划，编制广告计划书项目的实施。在制订广告计划的过程中，学生可以学会学习、学会思考、学会合作；在完成任务的过程中，学生可以树立责任意识、集体意识、成就意识。

项目内容

在实施广告调查项目的基础上，制订公司广告计划，编制“××公司××产品广告计划书”。

实施过程

1. 学生分组。一般3至5人为一组，实行组长负责制。组长实行轮换制，轮值组长在进行项目分析的基础上，列出制订广告计划的提纲及步骤。

2. 成员分工合作。组长向成员提出明确的工作任务，要求成员在规定的时间内，分别完成不同阶段、不同项目的工作任务。一份完整的广告计划书，其中心内容应该包括：广告目标、广告对象、广告主题、广告策略、广告预算，轮值组长要进行合理分配。

3. 检查与协调。在项目实施过程中，组长需要检查成员完成工作的进度及质量，及时修正、协调成员的行为，从而保证项目实施的质量，注意成员工作的互相沟通与衔接。

4. 形成项目成果。组长负责对成员工作成果进行汇总与整理，形成一定形式的工作成果，最后形成“××公司××产品（或品牌）广告计划书”。

成果展示

各小组将项目成果“××公司××产品（或品牌）广告计划书”制作成PPT，准备进行项目展示。组长以项目负责人的身份进行项目展示，演示并介绍本组的成果。

项目评价

在展示组进行项目展示的过程中，其他小组以公司营销部门、广告部门及其他相关部门负责人的身份对展示组的方案进行评价，并就有关问题进行咨询与交流，评价标准参考表3-3。

表 3-3　　广告计划书评价标准

序　号	评价项目	评 价 内 容	评价标准	赋　分
1	计划依据	广告计划基于企业的市场营销计划，所以广告计划要符合企业营销目标	20	
2	计划内容	广告计划书的结构符合要求，内容充实	40	
3	计划格式	计划书格式规范，符合计划书要求	10	
4	项目展示	项目负责人对项目内容熟悉，讲解流畅，回答问题娴熟，PPT 制作精美	30	
合　计			100	

项目拓展

计划执行了一半，效果却不明显，怎么办

企业的广告预算本来就不多，迫于竞争的压力，为了生存和发展，满怀着对广告的期望开始投放广告，可计划执行了一半，产品的销售效果却不甚理想，大量的广告费导致企业大量的资金流出，却不见销售货款回笼，资金周转出现困难，同时相关的市场人员越来越丧失信心。老板的压力可想而知，继续投放，可能会出现亏损，也可能会扭转局面；不投了，市场费用得到节约，但前期的费用可能就浪费了。于是，就会出现以下情况。

1. 有些企业会压缩后半部分广告预算，而给销售部门施加压力。

2. 有些企业会重新安排广告预算的比例，调低广告预算甚至终止投放，将预算放在终端促销。

3. 有些企业则坚信继续做广告，必定会有销量。更有企业会认为之所以销量不明显，是因为广告力度不够，而加大投放。

出现上述情况，的确会令人矛盾，是停止执行原广告发布计划，还是继续执行？虽然说广告传播的效果是潜移默化的，而并非立竿见影，可能你的广告已经引起了目标受众的注意和兴趣，很多消费者已经产生了购买欲望，他们离行动仅有一步之遥。但黎明前的黑暗是最容易让人缺乏耐心。如果明天的销量真的会很明显的话，今日的“半途而废”岂不前功尽弃？

成功学权威陈安之说过一句话：“没有失败，只有放弃，放弃才是真正的失败。”有时成功确实是需要一定的耐心，这就是在考量老板的睿智和魄力，一些国际性大品牌之所以成功，往往是耐心和坚持的力量。国际品牌万宝路香烟，起初是以女士香烟的面目示人的，市场销售陷入困境后，委托利奥广告公司重新进行品牌规划，以“美国西部牛仔”的形象撬动男性市场。第一年总投资1800万美元，应该是一片辉煌了，但是，事实并非如此。广告推出后，“万宝路牛仔”并没有引起人们多少注意，没有发挥想象中的营销作用，更为糟糕的是，万宝路香烟仍然是被认知为女性香烟。广告策略没有问题，创意和媒体也没有问题，资金投入更没有问题，还缺少什么？缺少的是耐心！如今，正像人们所知道的那样，万宝路已成为香烟第一品牌，在全世界每售

出五支香烟就有一支是万宝路。正是持久的耐心，万宝路从平庸走向了辉煌。人们分析原因时，千万不要把它的成功归于牛仔形象或与此相关的事情，真正发挥关键作用的是万宝路集团，是他在广告推出后的困难时期，以持之以恒的精神坚持下来，最终迎来了成功。

您可能会说，万宝路是大品牌，投得起，而我却是小企业，情况不一样。那么您当初制订广告预算的依据是什么呢？究竟花多少钱做广告是合理的呢？专业的广告调查数据表明：如果消费者在一定时间内三次接受同一产品广告射来的箭，他们就有35%～40%的购买心理，而当广告之箭5～10次射来时，其购买心理倾向就将达到40%～70%了。所以，广告的投资是根据企业的市场野心和销售成长计划而定的。有些企业会预算其目标销售额的7%～8%作为广告费用，而产品利润率较高和公司经济实力更强的企业会把这个数字递增至12%～15%。

任何预算充其量是纸上谈兵。万一产品销售状况不佳的话，往往有两种方式可以选择：要么降低销售目标，同时也减少市场费用预算；要么不减少任何事先设定的预算投资，而是努力去完成销量。前者容易导致市场恶性循环，因为你的市场费用预算越不足，就越难提高销量……

1. 如果你是一个广告人，请给你的广告主一些建议。
2. 如果你是一个面临这样问题的老板，你会如何决策？为什么这样决策？

项目4

广 告 策 划

创意是广告的灵魂。

——伯恩巴克

项目目标

知识目标

- 掌握广告创意、广告表现的内涵
- 了解不同广告媒体的特点
- 熟悉广告文案的基本结构，掌握广告文案的写作要求
- 掌握广告策划书的基本内容和基本格式

能力目标

- 以科学的方法，按广告主的要求确定广告表现策略
- 在调查研究的基础上，为客户发掘广告主题
- 根据客户的广告计划和广告预算，为客户制订媒体策略
- 按广告文案的写作要求，为客户撰写广告文案
- 按广告策划书的格式要求，为客户撰写规范的广告策划书

素质目标

- 通过合作学习，培养学生的合作意识与合作精神
- 通过探究学习，激发学生学习兴趣
- 让学生在学习中体会成就与快乐，树立学习信心

项目描述

广告策划，是根据广告主的营销计划和广告目标，在市场调查的基础上，制定出一个与市场情况、产品状态、消费群体相适应的经济有效的广告策划方案，并加以评估、实施和检验，从而为广告主的整体营销提供良好服务的活动。

广告策划是一个动态过程，是对广告活动的一系列决策行为，包括确立广告目标、广告对象、广告战略、广告主题、广告策略、广告创意、广告媒体、广告评估等，进而形成广告策划方案和提案。广告策划对广告公司、广告人、广告主都是非常重要的。对于广告主，广告策划关系到能否取得理想的广告效益；对于广告公司，广告策划关系到能否取得广告代理权，拿到代理费；对于广告人，广告策划关系着一种策划思想能否得到社会的承认。所以，广告策划是整个广告活动的核心。

任务11 表现广告创意

【任务引入】

雅克·塞奎拉，法国哈瓦斯广告集团灵魂人物，人称“欧洲创意之父”。雅克曾成功地将雪铁龙、路易·威登、迪奥、法国航空等品牌推向世界。当他站在中国这块土地上时，他觉得周围充满了活力和无限可能。但是，当他被堵在拥挤的高架桥上，看着路边一幅幅巨大的广告牌时，却忍不住喃喃自语：“中国的广告在哪里？特色在哪里？这些广告不过是英美作品的复印件，了无生趣！”在他看来，中国的文化特色在绘画、雕塑、电影中都表现得非常充分，但就是没能出现在广告中。

雅克说，“世界上有三种广告：英式广告，发于头脑止于心，是一种知性的广告，引人思考；法式广告，发于心止于头脑，是一种感性的广告；第三种是美式广告，发于头脑止于钱包，是一种完全实用性的、讲效率的广告。英、法、美的广告都反映出了它们本国的文化特色，一看就能认出来。而中国的广告，只是对美式广告的模仿，没有任何灵魂、文化、浪漫和精雕细琢。”

听了雅克关于“中国广告都是复制品”这一言论，请回答下列问题。

1. 我们的广告都是复制品吗？
2. 我们的广告缺少什么元素？
3. 我们应该如何学习西方广告？

知识链接

11.1 什么是广告创意

随着我国市场竞争不断升级，广告竞争也从以前的所谓“媒体大战”、“投入大战”上升到广告创意的竞争。“创意”一词成为我国广告界最流行的常用词，也有越来越多的人认识到创意是广告的灵魂和生命。然而，创意一词的含义究竟是什么？其含义如何界定？对此，人们众说纷纭。

美国广告专家 Alber Szent Gyorgri 认为，创意就是你发现了人们习以为常的事物的新含义。

另一位美国广告专家 Shirey Polkoff 认为，创意就是用一种新颖而与众不同的的方式来传达单个意念的技巧与才能，即所谓客观地思索，天才地表现。

美国的权威广告杂志《广告时代》给出的创意定义是，“创意是一种控制工作，广告创意是为别人陪嫁而非自己出嫁。优秀的广告创意人员深知此道理，他们在熟悉商品、市场销售计划等各种信息的基础上，发展并赢得广告运动，这就是广告创意的真正内涵。”

我们认为，广告创意是广告人员在对市场、产品和目标消费者进行调查分析的前提下，根据广告客户的营销目标，以广告策略为基础，对抽象的产品诉求概念予以形象而艺术的表现的创造性的思维活动。

对广告创意的这个定义，我们可以从以下几个方面理解。

1. 广告创意从本质上来讲，是一种创造性思维

广告创意，关键就在一个“创”字。创造意味着产生并构想过去不曾有过的事物或观念，或者，将过去毫不相干的两件或更多的事物或观念组合成新的事物或观念。广告创意要求摒弃惯性思维，追求新颖独特，发人之所未发，言人之所未言。

广告活动是否能完成其告知和劝服的职责，在很大程度上要依赖于广告作品是否具有创造性。精彩的广告创意能使广告诉求信息更形象、更生动、更有说服力。

2. 广告创意的前提是科学的市场调查

广告创意必须符合广告产品的整体营销目标。为此，广告创意人员就必须充分掌握产品、竞争对手以及目标消费者的消费心理等各类信息，以期从中发现或开发出能够有效地达成营销目标的创意主题。例如，P&G 推出“尿不湿”儿童用品，创意人员想当然地以“方便”作为诉求主题，以为凭此必能大受年轻母亲们的青睐，然而事实却大大出乎他们的意料之外。后经过深入细致的调查发现：用纸尿布在年轻母亲们的潜意识里产生了一种由于太方便而没有恪尽母爱职守的负疚心理，这直接影响了年轻母亲们的购买行为。即使有的母亲偶尔使用，一旦发现婆婆来看望孙儿时，也会手忙脚乱地把“尿不湿”藏起来。

3. **广告创意就是善于将抽象的产品概念转换为形象而艺术的表现形式**

广告创意固然是一种创造性的思维活动，但它与一般意义的创造性思维不同。这其中最大的不同就是广告创意在思维方式上并不是寻找解决某个问题的方法，而是寻求如何用形象生动的表现方式来说明某个事物（产品）的某个概念，这里的关键之处在于转换：将抽象的概念转换为具体的形象，将科学的策略转换为艺术的表现。

4. **广告创意的目的是为了塑造品牌形象，体现商品个性**

诚然，广告的终极目标无疑是为了促进商品的销售，但并非每一则广告都是为了直达这一目标（比如形象广告）。即使是促销广告，广告也不能只是单纯地号召大家来购买。具体到广告创意这一环节，创意的目的只是如何让目标受众了解商品个性，如何让品牌形象在目标受众的心中扎下根，在此基础上再促使他们心甘情愿地采取购买行动。

11.2 广告创意的特征

1. **广告创意要以广告主题为核心**

广告主题是广告定位的重要构成部分，即“广告说什么”。广告主题是整个广告策划活动的中心，每一阶段的广告工作都紧密围绕广告主题而展开，不能随意偏离或转移广告主题。广告主题是广告创意的起点和基础，只有围绕主题，广告创意才会“有的放矢”。“白加黑”感冒片电视广告的创意：五彩缤纷的电视画面突然消失了，屏幕上一半黑一半白，而且信号极不稳定，此画面一下子引起人们的注意：“怎么了，电视出毛病了？”正当你正着急的时候，突然看到屏幕上出现一行字：“感冒了，怎么办？你可以选择白加黑的方法。”紧张的神经才算松弛下来，而下面的信息已经趁机钻进你的脑子：“白天吃白片，无瞌睡；晚上吃黑片，睡得香。”

这则电视广告不但引人注意，而且给人们留下了深刻印象，其成功之处正在于出人意料，又紧抓主题。

2. **广告创意要以广告目标对象为基准**

广告目标对象是指广告诉求对象，是广告活动所有的目标公众，这是广告定位中“向谁广告”的问题。广告创意除了以广告主题为核心之外，还必须以广告对象为基准。“射箭瞄靶子”、“弹琴看听众”，广告创意要针对广告对象，要为广告对象进行广告主题表现和策略准备．否则就难以收到良好的广告效果。

3. **广告创意要以新颖独特为生命**

广告创意的新颖独特是指广告创意不要随意模仿其他的广告创意，与人雷同难免有平庸之感。广告创意只有从视角、方位、理念等方面表现出新颖独特，才会吸引受众的注意力，为消费者留下深刻的印象，从而产生强大的感召力和影响力。某丝袜的广告创意：广告开头时，镜头对准一双形象优美、穿着长统丝袜的腿。画外音告诉观众：“下面这个广告将向大家证明××牌丝袜将使任何形状的腿变得美丽异常”。随着声音，镜头慢慢顺着腿往上移动，观众看到这个模特儿穿着绿灰色短裤、棒球队员汗衫，最后发现穿这双丝袜的竟是个男性——一名著名棒球运动员!他笑咪咪地对着大吃一惊的观众说：“我当然不穿长统女丝袜了，但如果××牌丝袜能使我的腿变得如此美妙，我想它一定能使你的腿也变得更加漂亮。”

这个广告是用男性模特儿推销女性用品——××牌丝袜，这是反常手法的巧妙运用。其创意是：男人的腿穿了丝袜都如此美妙，何况女人呢?商品对象是任何形状的女人的腿，广告却用其他无关的任何形状的腿的异常美丽来衬托，这除了给受众造成新奇刺激外，更把××牌丝袜的魅力夸大到无以复加的程度，给人留下深刻印象。

4. 广告创意要以生动形象为手法

广告创意要想将受众带入一个印象深刻、浮想联翩、妙趣横生、难以忘怀的境界中去，就要采用生动形象的表现手段，从现实出发而又要超越现实，引发广告受众的普遍共鸣。但是，广告创意的艺术处理必须严格限制在不损害真实性的范围之内。

某啤酒的广告创意：在广告片中，一位衣着褴褛、相貌平平、年龄在 50 岁左右的男士，用手毫不费力地打开了啤酒瓶盖，面向观众说道：“今后不必再用牙齿了！”然后嘿嘿一笑，观众发现他竟然少了两颗门牙。这则广告创意表现了自动启瓶啤酒的方便和人工启瓶啤酒的麻烦，这种强烈对比生动形象，更能打动人心。

11.3　广告创意的原则

广告创意必须以企业整体营销策略、广告策略为依据，以产品或服务定位为导向，对广告受众进行有效诉求。广告创意既不能凭空捏造，也不能胡编乱造，而是要遵循一定的原则。

1. 科学性原则

广告创意应以科学调查为基础，了解相关的自然、人文科学。作为广告创意人员，应从消费者需要出发，重视对消费者的深入调查和了解。只有这样，才能为广告进行准确定位。此外，广告创意人员还应了解最新科技，学习和运用相关的科技成果，为广告创意拓展新的思维。

2. 艺术性原则

艺术性原则就是让广告具有感染消费者的魅力从而达到有效的沟通。任何一件有生命力的广告佳作，都必然具有某种触动人心、给受众带来美感或愉悦的艺术魅力。在把握好广告定位后，应充分发挥艺术想象，巧妙表现广告创意，才会给人留下深刻印象。

3. 真实性原则

广告创意必须是建立在真实的基础之上，真实性是广告赢得受众信任的第一步。首先，要求广告的内容必须真实可信。创意再好的广告，如果不是建立在真实的基础之上，迟早会被消费者所摈弃。其次，要处理好艺术加工与产品本身的关系。对广告创意可以进行艺术加工，但不能因此而脱离产品的实际情况。

4. 促销原则

广告的目的是促销，广告创意当然也不能脱离这个原则。广告创意必须围绕广告目标。广告目标好比“红花”，而创意只是“绿叶”。如果广告受众只记住了创意，而忘记了所宣传的产品或品牌。那么，创意再有吸引力，也无法实现促销的目的，也不会是成功的广告创意。某洗面奶的广告创意：一个男生怯怯地对一女生说：“小、小姐，我很喜欢你！”女生回答：“可我不喜欢脸上油油的男生”。男生飞快地洗脸，一会儿脸上没油了，又凑过去说：“小、小姐，我很喜欢你！”“可我已经结婚了！”……一阵笑声，广告结束。

这是某洗面奶的电视广告，无论是画面、音效制作都非常精美，广告也很有趣、很有创意。但是，洗面奶的品牌没有突出，无法给受众留下品牌印象，当然也很难达到促销的目的。

5. 合规原则

合规原则是指广告创意必须符合当地的法律法规、道德规范和风俗习惯。广告创意在追求经济效益的同时，还应该承担起相应的社会责任，避免与社会伦理相冲突，特别是避免对青少年造成不良影响，这也是对广告创意人员的职业道德要求。美国第二大烟草企业——雷诺公司（R. J. Reynolds）在泰国为骆驼香烟做电视广告时，就遭遇了挫折。“为了一支骆驼，我愿走一里路”，骆驼香烟的这句广告名言，响彻全球，其潜台词是烟民为了购买骆驼香烟，宁愿走到鞋底磨破。在泰国播放的该香烟广告中，烟民高跷二郎腿坐在泰国的寺庙前，鞋底磨破的地方特别醒目。该广告在泰国播出后，举国愤慨，群起而攻之。原来，泰国盛行佛教，寺庙乃至尊圣地，在寺庙前跷着二郎腿，露出脚丫子，是对寺庙不尊重的举动。在广告策划全球化的今天，广告创意和表现必须考虑当地的实际情况，必须考虑广告的本土化。否则，当地的消费者是不可能完全理解和接受外来文化的。

11.4 广告创意的过程

广告创意是一种创造性工作，不仅需要创作灵感，而且需要艰苦的劳动过程。广告创意是有一定程序的，沿着这个程序会对广告创意有很大的帮助。

1. 收集资料，进行创意准备

新颖独特的广告创意不是凭空想象出来的，而是在广泛占有客观资料的基础上创造出来的。优秀的广告创意是以缜密的调查和遵循客观实际为基础的。单凭个人经验和感觉进行创意，在广告环境如此复杂的今天，是很难把握正确方向的。

如何收集广告创意的资料呢？首先，要明确目标，广告创意是围绕产品和消费心理展开的，所以至少要收集三方面的信息：本产品情况、竞争产品及其广告和消费群体的需求心理。其次，为了获得真实的资料，要采用适合的方法，可以采用实地采访、问卷调查、开会讨论、亲自实验等方法。第三，要对收集的资料进行分类整理，收集资料的目的是为了进行信息开发，丰富广告创意的来源，而对资料整理是为了更好地理清创意思路，便于寻找新的创意切入点。

2. 分析归纳，进行创意酝酿

在收集资料的基础上，对资料进行分析归纳，舍去价值不大的部分，对留存部分作进一步的研究和思考。为了把握正确的方向，要从资料中列出本产品的竞争优势和局限性，判断出消费者对本产品的心理需求，寻找本产品的诉求重点，以及采用何种表现形式强化广告效果。

在分析归纳阶段，应形成一个创意纲要。创意纲要可以帮助创意人员找到创意的方向。创意纲要一般包括以下几个方面。第一，创意目标，准确描述广告要达到的目的，体现产品的独特优势，满足目标受众的心理需求要点，进行广告的诉求定位。第二，支持性论据，对产品优势和广告定位的依据进行论证和说明。第三，确定广告表现方式的方向，包括广告基调、背景概述等。

此阶段基本确定了广告创意的方向，是成功广告有效创意的关键一步，也是对广告创意人员专业素质的直接检验。

3. 灵感闪现，顿悟产生创意

这是广告创意的产生阶段，也是广告创意的最艰难时期。广告创意人员从不同角度进行构思，把种种涌入大脑中的想法记录下来，加入创意的发展行列，然后进行过滤与筛选，成为一种集合多种构想的组合资料。创意来自对资料的运用和改造，优秀的广告创意更需要灵感。灵感是在现实生活中长时间培养出来的，是广告创意人员潜意识的突然闪现。灵感的闪现会诱发创意人员的思路，帮助其寻求到可贵的东西，从而使原有的构想得到升华，上升到一个具有雏形的广告创意。灵感是突然间闪现的，当创意人员苦苦思索而不得结果的时候，可以把一切问题抛开，让头脑冷静下来，身心得到充分休息，然后再重新开始，这时，创意人员可能找到全新的构思。

4. 实践验证，发展完美创意

当一个成功的广告创意基本形成后，还要用它与竞争产品的广告进行客观对比，找出这个创意在表现上是否有独到的优势，是否能打动目标受众，是否能树立品牌。另外，还要检查其是否有违反道德和法规的方面。同时，还要验证其与企业的整体经营策略和广告目标是否有冲突的地方。如果存在违规或矛盾，则要进行研究和修改、调整。只有这样，才能使其具备一个成功广告的品质。

11.5　广告创意的方法

1. 头脑风暴法

头脑风暴法（Brainstorming）又称智力激励法，是由美国 BBDO 广告公司创始人之一的 A · F · 奥斯本 1939 年首次提出、1953 年正式发表的一种激发创造性思维的方法。它是一种通过会议的形式，让所有参加者在自由愉快、畅所欲言的气氛中，自由地交换想法或点子，并以此激发与会者创意及灵感，以产生更多创意的方法。它被广泛地用于创造性思维活动之中，其目的是诱发一些新奇问题中许多可能的思想或解决问题方法，如图 4-1 所示。

图 4-1　第一财经 630 头脑风暴现场

头脑风暴法力图通过一定的讨论程序与规则来保证创造性讨论的有效性。因此，讨论程序是构成头脑风暴法能否有效实施的关键因素。

（1）确定议题。一个好的头脑风暴法从对问题的准确阐明开始。因此，必须在会前确定一个目标，使与会者明白通过这次会议需要解决什么问题。同时，不要限制可能的解决方案的范围。一般而言，比较具体的议题能使与会者较快地产生设想，主持人也较容易掌握；比较抽象和宏观的议题引发设想的时间较长，但设想的创造性也可能较强。

（2）会前准备。为了使头脑风暴畅谈会的效率更高，效果更好，主持人可在会前做一点准备工作。如收集一些资料预先给大家参考，以便与会者了解与议题有关的背景材料和外界动态。就参与者而言，在开会之前，对于要解决的问题一定要有所了解。会场可作适当布置，座位排成圆环形的环境往往比教室式的环境更为有利。此外，在头脑风暴会正式开始前还可以出一些创造力测验题目供大家思考，以便活跃气氛，促进思维。

（3）确定人选。一般以 8 人～12 人为宜，也可略有增减（5～15 人）。与会者人数太少不利于交流信息，激发思维；而人数太多则不容易掌握，并且每个人发言的机会相对减少，也会影响会场气氛。

（4）明确分工。要推定一名主持人，1～2 名记录员（秘书）。主持人的作用是在头脑风暴畅谈会开始时重申讨论的议题和纪律，在会议进程中启发引导，掌握进程。如通报会议进展情况，归纳某些发言的核心内容，提出自己的设想，活跃会场气氛，或者让大家静下来认真思索片刻再组织下一个发言高潮等。记录员应将与会者的所有设想都及时编号，简要记录，最好写在黑板等醒目处，让与会者能够看清。记录员也应随时提出自己的设想，切忌持旁观态度。

（5）规定纪律。根据头脑风暴法的原则，可规定几条纪律，要求与会者遵守。如要集中注意力积极投入，不消极旁观；不要私下议论，以免影响他人的思考；发言要针对目标，开门见山，不要客套，也不必做过多的解释；与会者之间相互尊重，平等相待，切忌相互褒贬等。

（6）掌握时间。会议时间由主持人掌握，不宜在会前定死。一般来说，以几十分钟为宜。时间太短与会者难以畅所欲言，太长则容易产生疲劳感，影响会议效果。经验表明，创造性较强的设想一般要在会议开始10～15分钟后逐渐产生。美国创造学家帕内斯指出，会议时间最好安排在30～45分钟之间。倘若需要更长时间，就应把议题分解成几个小问题分别进行专题讨论。

2. 启发构思法

启发构思是由周围环境中的事物、现象引发产生灵感、创意的过程。在此这方法中，个人的经历、所见所闻对于产生新的主意、点子十分重要。所以，许多科学家、发明家在进行科学研究和技术发明之余，常常要外出领略一下自然景观，以便从中获得灵感。金·吉列受农民锄草的启发，发明了安全剃须刀架；李维·施特劳斯用帆布做出了世界第一条牛仔裤，并有了“LEVIS”品牌；没有对天空的向往，也就不会有莱特兄弟的第一架飞机。

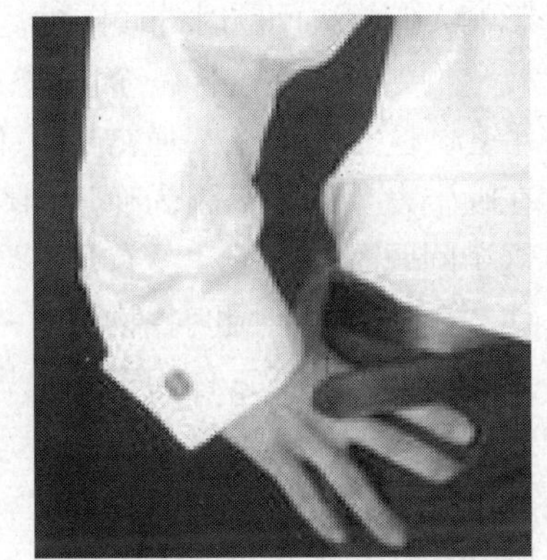

图4-2　Hathaway衬衫广告

在广告实践中，启发构思法的运用并不鲜见。最典型的一个例子就是大卫·奥格威的哈撒韦（Hathaway）衬衫广告创作。如图4-2所示，在构思Hathaway衬衫广告时，奥格威曾想出了几个创意，但是没有一个是让自己感到满意的。后来有一次在摄影棚里他看到一个黑色的眼罩，因而产生了闻名广告界的“黑眼罩男人”的广告创意。模特儿由Baron Wrange扮演，分别出现在各种背景画面上，指挥乐团、演奏双簧管、画画、击剑、驾游艇以及玩牌。在当时，一位英俊的男士戴上眼罩给人以浪漫、独特的感觉。Hathaway衬衫终于在默默无闻116年以后，在数月之内名噪全国，当然这主要归功于围绕眼罩的非凡创意和对模特儿的合适挑选。

3. 顿悟构思法

顿悟构思法源于心理学关于思维的研究。第二次世界大战期间，德国心理学家苛勒研究黑猩猩的思维活动时，在一间房间中央的天花板上吊一串香蕉，黑猩猩站在地面上拿不着。房间的四周放着一些箱子。面对这样的情境，黑猩猩开始企图采用跳跃的方式获取香蕉，但是没有达到目的。于是它不再跳，而是在房间内走来走去。突然它站在箱子前面不动，过一会儿，它很快把箱子挪到香蕉下面，爬到箱子上取到了香蕉。有时一个箱子不够高，还能把两个或几个箱子叠起来，这就是所谓的“顿悟”。后来许多心理学家也发现，尽管人类比黑猩猩进化到更高的层次，但在人类的思维活动中，顿悟现象仍然存在。

在电影电视中，我们常常可以看到，剧中主人公在面临一个问题百思而不得其解时，有时显得很焦虑，有时则很平静地在室内或户外来回走动，忽然间似乎领悟到什么而豁然开朗。顿悟构思法的特点是创作者对问题情境有足够的认识，具体而言就是创作者对产品特点、产品定位以及广告活动所要达到的目的等条件都有了清楚的认识，但一时难以形成或产生一个主意或点子。创作者在一段时间里似乎无所作为，过后忽然感到什么都清楚明晰，因而一个创意就产生了。

以2001年绿色公益广告一则获奖广告创意为例。据说该广告的创作者在进行广告创意时，曾苦思冥想多日仍想不出一个好点子。有一天中午，全公司的人都吃完了快餐，桌上只留一份是作者的，作者看到了桌上的快餐盒，恰似一个棺材，立刻眼前一亮。有了，把两双筷子左右一插，就创作出了《地球之丧》，沿着这条线用方便面的碗和筷子作素材创作了《地球之殇》和《地球之墓》系列广告。

4. 水平思考法

水平思考法又叫侧向思考法，是英国心理学家戴勃诺（Edward Debono）提出的一种创意的方法。他认为我们平时的思维方式是偏重于已往的经验和模式，受到思维定势的影响，而跳不出老框框。所谓思维定势是人在思考时心理的一种准备状态，它影响人们解决问题时的倾向性。思维定势常会影响思维的变通性。

例如，问你这样一个问题：小李进房间后，没有开灯就找到了放在桌子上的黑手套。这是为什么？通常情况下，当听到"没有开灯"时就会有一种倾向认为这是在晚上发生的事，因为晚上和灯之间有一种符合常规的固定的联系。因而，在解决这个问题时，由于"没有开灯"暗示你进入一种习惯性的思维中，使你的思维方向往"在晚上如何照明找物"这一方面去思考。这种遵循已有的经验，按常规思考的方式，戴勃诺把它称为垂直式思考。而如果突破一贯的思考方向，不受思维定势的影响，不认为这事发生在晚上，问题就迎刃而解了。答案是白天进房间，当然不用开灯也十分容易找到东西。这种不受常规约束，摆脱旧经验、旧意识的思考方式被戴勃诺称为水平式思考。

显而易见，水平思考法更能创造出新的观念。运用水平思考法寻求广告创意时，应注意以下问题。

（1）摆脱旧意识与旧经验，破除思维定势，更好地体现发散思维的特点。

（2）找出占主导地位的关键点，例如前面的例子中，关键点是"找手套"，而不是"如何照明"。

（3）全方位地思考，大胆革新，找出对问题的新见解。

（4）抓住头脑中的"一闪念"，把握新观点。

5. 逆向思考法

逆向思考法又称反向思考法，是一种向常规思路反向扩张构思的方法。实际上，这种思维方向应包括在水平式思考法之中。由于利用这种思路常常能较为直接地解决问题，且相对而言更易掌握，因而在广告创意中经常使用。

运用逆向思考法进行广告创意时，需掌握两个要点。一是这种反向思维的传达应恰到好处，语言要实在且幽默。如"杉杉西服，不要太潇洒！"就是一种恰到好处的反向思考的表达。二是应用逆向思考是有条件限制的，不是所有的问题都能从反向得到求解的。因而，在创意中这种反向思考必须以消费者能认同为条件。

例如，伦敦最大的书店布莱维尔要做一个以“在此书店购物舒适自由”为主题的广告，想从反方向去构思，但不知“服务不必过于周到”是否符合消费者的需要。调查发现，在一片服务至上的宣传中，消费者有这样的反应，有时想去商店看看，并不一定要买，由于服务员紧跟在身边，过于热情的介绍商品和服务，令人感到繁琐，或感到不买东西没有面子；再者会使人感到像被监视，有时不买东西就不去商店。商店当然希望顾客常来光临，虽然当时不买，但会成为潜在的顾客。这种调查的结果刚好与反向思考的结论相符合，因而布莱维尔书店在广告中大胆应用反向思考的构思，其内容为“当你光临布莱维尔书店的时候，没有一个人会问您要买什么。您可以信步所至，随便阅读，放心浏览。店员只在您需要的时候才为您效劳。您不招呼，他们决不打扰。无论您来买书或来浏览均欢迎。这就是布莱维尔书店一百多年来的传统。”这样的广告使顾客感到亲切生动，符合心意。

6. 金字塔法

金字塔法是说思考问题时的思路从一个大的范围逐渐缩小，而每次缩小都用一定的目的加以限制，删除多余的部分，等于上了一个台阶，就像一座金字型的塔。而在每一层面上思考的路线都是由发散思维到聚合思维。

假如要为某啤酒做广告，在你没有对啤酒进行调查，也没有听到客户的具体要求之前，就先用自由联想法由啤酒想开去，由啤酒联想到朋友、宴会、欢乐、休闲、旅游……让你的思绪随意飘飞；而此时你可随手记下你的这些联想而不加评价。做这一步的目的是让你的头脑在没有任何条条框框的情况下搜寻你旧有的知识经验，并可启动发散思维，进行大范围的资料搜索。接下来，把自己想成是一个要买啤酒的消费者，这时会考虑到什么因素？此时，会想到啤酒的价格、口味、品牌、色泽、泡沫、度数及附加价值等。这个过程既需要思维的发散能力还需要观察与移情能力。在这之后是大量地搜集有关商品、市场、消费者以及同类产品的广告资料，并与广告主协调，从发散思维的各条线索中求同，并在营销策略指导下，找到广告要“说什么”（What），这是一个从发散到聚合的思维过程。

假如确立了突出啤酒新鲜的定位点，再从新鲜这一点出发，发挥想象与创造力，可进入下一层塔中，确定广告“在哪里说”（Where），即广告在哪发布。结合媒体策略，用这种聚合思维得出的 Where 限制前面所做的发散，因为不同的媒体有不同的受众心理效果和表现手法。同时，登在什么地方，还受到媒体技术水平的限制。这是第二层塔。

再下来要用另一个聚合思维的结果来限定你的发散思维，即“什么时候说”（When）。广告登载的时间不同，要求表现的手法也有所不同；产品在生命周期的不同阶段，其诉求主题、表现方法也应不同，这是第三层塔。

第四层塔在第三层塔基础上发挥创造性，限制“对谁说”（Who）。这时要把广告对象描述成具体实在的个体，一则广告不可能面对所有的消费者，而是面对特定的消费群体。如金利来主要是针对事业有成的成功男人，娃哈哈主要是针对儿童，生力青啤主要针对年轻的新新人类。一旦你把对象锁定在某一类人身上，把它设想成一个对你的专业有最基本了解的，很关心它如何发展的人，你说话的语气、用词、方式自然就有针对性了。

第五层塔的目的更为重要，就是找出“为什么说”（Why）。创造思维不仅是产生新奇绝妙的想法，更重要的是找到他们之中的新的内在联系。在广告创意中，新异是为了达到引人注目的目的，然而这种新与商品或消费者要有内在的关联，就像相声里的关子，不仅要逗笑，说出来还要合情在理。如把啤酒与朋友联系在一起，与绿色相联系，表达一种朋友间的情谊，比较合理。如果把啤酒与古代皇宫相联系，寓意啤酒的珍贵，则不合理，因为我们认为啤酒是一种泊来品，主要表现的是现代与休闲，皇宫不够贴进生活，也略显沉重。

11.6 广告创意的表现

1. 广告表现的意义

广告表现就是将广告创意通过媒体语言，传达给广告受众的过程。广告创意主要考虑的是商品的特征和整体的营销策略，而广告表现是以媒体特性和受众心理作为出发点，调动各种手段去营造广告创意的具体内容。

广告表现由于受媒体形态和传播特性的制约，所以在不同的媒体形式上所传达的广告创意会有不同的侧重点，广告的表现也不尽相同。广告表现不仅要为创意找到最佳的表现语言，营造最有魅力的气氛，还应该对丰富的艺术表现形式进行准确选择，使广告创意得到最单纯、最简洁的诉求途径。

广告能否满足受众的好奇心、促使受众产生购买行为，在很大程度上取决于广告的表现。广告表现使用的手法将直接影响广告创意的说服力，好的广告表现能够为广告创意增值。

2. 广告表现的策略

广告表现策略就是根据广告主题的特点，选择适合的媒体，将广告信息转变为视听语言或符号，恰如其分地传达给目标受众的策略安排。根据不同媒体，经常运用的广告表现策略如下。

（1）平面广告表现策略。平面广告主要是指以报纸、杂志、海报、传单、日历等媒介为载体的广告作品。平面广告一般由图形、文字、商标和色彩构成，作用于受众的视觉系统。平面广告创意要突出卖点、通俗易懂、新颖独特、引发联想，广告表现关键在于视觉传达设计。在视觉传达设计中，主要是如何安排对比和协调问题，包括视觉元素的对比和协调、色彩明暗的安排、广告位置的选择等，（如图 4-3 所示）。

（2）广播广告表现策略。广播广告主要通过声音进行传播，作用于受众的听觉系统，具有传播快速、重复性好、灵活通俗、富于想像的特点，其感染力来源于由声音构成的听觉形象和联想。广播广告的表现形式有对话式、解说式、报道式和演唱式等。广播广告在创意表现的时候，主要是利用语言、音乐、音响的组合突出广告主题的意境，广告用语要力求简洁、口语化和避免同音字歧义的产生。

图 4-3　汽车广告：路上满是音符

（3）电视广告表现策略。电视广告主要借助图像和声音进行广告宣传，作用于受众的视觉和听觉系统，具有生动形象、图文并茂、传播广泛的特点。在电视广告中，生动的电视图像是广告的主要表现手段，而声音是必不可少的组成部分。按照宣传重点的不同，将电视广告分为商品型、促销型和品牌型三种。在电视广告表现方面，要注意广告信息的时间长短和顺序问题，因为时间越长，广告信息量就可以越多一些，就越容易给受众留下印象。另外，电视画面出现的顺序不同，显示的含义就会不同。

（4）网络广告表现策略。网络广告主要借助网页来发布广告信息，除了具有视听媒体的优势外，还具有互动性强、灵活逼真、持续时间长等特点。由于网络广告的受众具有一定的自主选择性，所以网络广告表现要力求简洁生动。为了满足受众的娱乐需要，网络广告可以利用网络技术，将商品信息和视觉虚拟化相结合，提供有益的娱乐内容。

3．广告表现的手法

（1）直接展示法。这是一种最常见、运用十分广泛的表现手法，它将产品或主题直接如实地展示在广告画面上，充分运用摄影或绘画等技巧的写实表现能力，将产品的质地引人入胜地呈现出来，给人以逼真的现实感，使受众对所宣传的产品产生一种亲切感和信任感。这种手法由于直接将产品推到受众面前，所以要十分注意画面上产品的组合和展示角度，应着力突出产品的品牌和产品本身最容易打动人心的部位，运用色光和背景进行烘托，使产品置身于一个具有感染力的空间，这样才能增强广告画面的视觉冲击力，如图 4-4 所示。

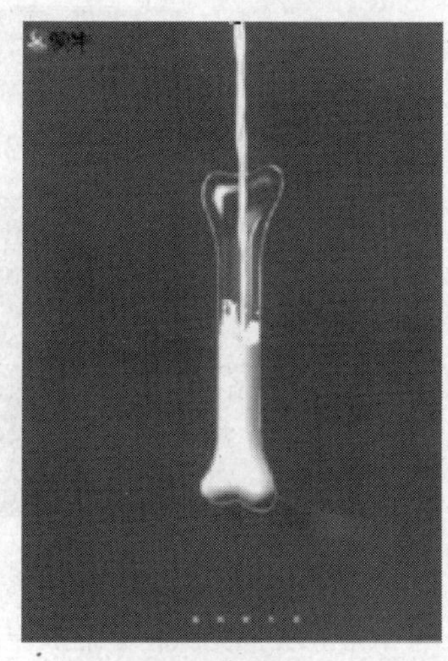

图 4-4　蒙牛奶广告

（2）突出特征法。运用各种方式抓住和强调产品或主题本身与众不同的特征，并把它鲜明地表现出来，将这些特征置于广告画面的主要视觉部位或加以烘托处理，使受众在接触画面的瞬间就很快感受到这些特征，并对其产生注意和发生视觉兴趣，达到刺激购买欲望的促销目的。在广告表现中，这些应着力加以突出和渲染的特征，一般由富于个性的产品形象、与众不同的特殊能力、厂商的企业标志和产品的商标等要素来决定，如图 4-5 所示。

图 4-5　大众汽车广告：无比的节能，这么一点可以跑 2 公里

（3）对比衬托法。对比是一种趋向于对立冲突的艺术美中最突出的表现手法。它把广告作品中所描绘事物的性质和特点，放在鲜明的对照和直接对比中来表现，借彼显此，互比互衬，从对比所呈现的差别中，达到集中、简洁、曲折变化的表现。通过这种手法更鲜明地强调或提示产品的性能和特点，给受众以深刻的视觉感受。

作为一种常见的行之有效的表现手法，可以说，一切艺术都受惠于对比表现手法。对比手法的运用，不仅使广告主题加强了表现力度，而且饱含情趣，扩大了广告作品的感染力。对比手法运用的成功，能使貌似平凡的画面处理，隐含着丰富的意味，展示了广告主题表现的不同层次和深度。

图 4-6 是某品牌牙膏的广告。在广告画面中，利用带皮的香蕉（黄色）和不带皮的香蕉（白色）作对比，表现使用该牙膏前和使用后的两种不同颜色，突出了该牙膏能使牙齿洁白的功效。另外，香蕉摆放的位置，也对比出使用前的忧郁（嘴角向下）和使用后的欢喜（嘴角向上）。

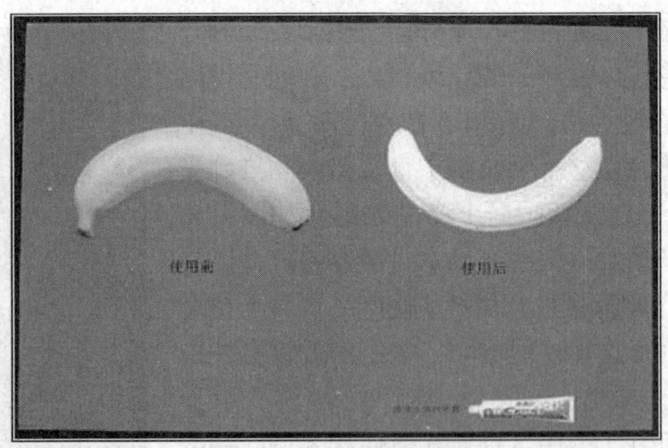

图 4-6　某牙膏广告

（4）以小见大法。在广告创意设计中，对立体形象进行强调、取舍、浓缩，以独到的想象抓住一点或一个局部并对其加以集中描写或延伸放大，从而更充分地表达主

题思想。这种方法以“一点”观全面，以小见大，从不全到全的表现手法，给设计者带来了很大的灵活性和无限的表现力，同时为受众提供了广阔的想象空间，获得生动的情趣和丰富的联想。以小见大中的“小”，是广告画面描写的焦点和视觉兴趣中心，它既是广告创意的浓缩和升华，也是设计者匠心独具的安排，因而它已不是一般意义的“小”，而是小中寓大，以小胜大的高度提炼的产物，是简洁的刻意追求，如图4-7所示。汽车排放的废气、废液居然可以滴到鱼缸中，而金鱼却安然无恙，汽车的环保功能令人叹为观止。广告通过“一点”——废气、废液排放无害，表现汽车的整体环保功效。

图4-7　某环保汽车广告

（5）以情托物法。艺术感染力最有直接作用的是感情因素，审美就是主体与美的对象不断交流感情产生共鸣的过程。艺术有传达感情的特征。“感人心者，莫先于情”，这句话表明了感情因素在艺术创造中的作用，艺术在表现手法上侧重选择具有感情倾向的内容，以美好的感情来烘托主题，真实而生动地反映这种审美感情就能获得以情动人，发挥艺术能感染人的力量，这是现代广告设计的文学侧重和美的意境与情趣的追求。

（6）悬念安排法。在表现手法上故弄玄虚，布下疑阵，使人对广告乍看不解题意，造成一种猜疑和紧张的心理状态，在观众的心理上掀起层层波澜，产生夸张的效果，驱动消费者的好奇心和强烈冲动，开启积极的思维联想，引起观众进一步探明广告题意之所在的强烈愿望，然后通过广告标题或正文逐渐把广告的主题点明出来，使悬念得以解除，给人留下难忘的心理感受。

（7）选择偶像法。在现实生活中，人们心里都有自己崇拜、仰慕或效仿的对象，而且有一种想尽可能地向其靠近的心理欲求，从而获得心理上的满足。这种手法正是针对人们的这种心理特点运用的。它抓住人们对名人偶像仰慕的心理，选择观众心目中崇拜的偶像，配合产品信息传达给观众。由于名人偶像有很强的心理感召力，故借助名人偶像的陪衬，可以大大提高产品的印象程度与销售地位，树立名牌的可信度，产生不可言喻的说服力，诱发消费者对广告中名人偶像所赞誉的产品的注意并激发起购买欲望。选择的偶像可以是美丽的女明星，气质不凡举世闻名的男明星；也可以是驰名世界体坛的运动高手；其他的还可以选择社会名流、艺术大师、战场英雄等。当然，偶像的选择要与广告的产品或服务在品格上相吻合，不然会给人牵强附会之感，使人在心理上予以拒绝，这样就不能达到预期的目的。

（8）神奇迷幻法。运用畸形的夸张，以无限丰富的想象编织出神话与童话般的画面，在一种奇幻的情景中再现现实，造成与现实生活的某种距离，这种充满浓厚浪漫主义色彩，写意多于写实的表现手法，富于感染力，给人一种特殊的美的感受，可满足人们喜好奇异多变的审美情趣的要求。

在这种表现手法中艺术想象很重要，从创意构想到设计结束，想象都在活跃地进行。它的基本趋向是对联想所唤起的经验进行改造，最终构成带有审美者独特创造的新形象，产生强烈打动人心的力量。如图 4-8 所示，这是某饮料的广告，画面表现了饮料受喜爱的程度，连童话里的美人鱼也爱喝该品牌饮料。

图 4-8　某饮料广告

（9）连续系列法。通过连续画面，形成一个完整的视觉印象，使通过画面和文字传达的广告信息十分清晰、突出、有力。

广告画面本身有生动的直观形象，多次反复的不断积累，能加深消费者对产品或服务的印象，获得良好的宣传效果，对扩大销售、树立名牌、刺激购买欲、增强竞争力有很大的作用。

作为创意构成的基础，形式心理的把握是十分重要的。从视觉心理来说，人们厌弃单调划一的形式，追求多样变化，连续系列的表现手法符合“寓多样于统一之中”这一形式美的基本法则，使人们从“同”中见“异”，于统一中求变化，形成既多样又统一，既对比又和谐的艺术效果，加强了艺术感染力。图 4-9 为黄山旅游广告图片。黄山自古就有“五岳归来不看山，黄山归来不看岳”、“登黄山天下无山”的美誉。黄山是以自然景观为特色的山岳旅游风景区，奇松、怪石、云海、温泉素称黄山“四绝”。通过连续图片的展现，让人们对黄山旅游心驰向往。

图 4-9　黄山旅游广告宣传图片：迎客松、飞来石、狮子峰云海、人字瀑

任务总结

广告创意是广告人员在对市场、产品和目标消费者进行调查分析的前提下，根据广告客户的营销目标，以广告策略为基础，对抽象的产品诉求概念予以形象而艺术地表现的创造性的思维活动，它是一种创造性思维。进行广告创意，要以广告主题为核心，以广告对象为基准，以新颖独特为生命，以生动形象为手法，并遵循科学性、艺术性、真实性、促销性、合规性的原则。广告创意的方法通常有头脑风暴法、启发构思法、顿悟构思法、水平思考法、逆向思考法、金字塔法等。

广告创意的表现，就是将广告创意通过媒体语言，传达给广告受众的过程。广告表现的主要手法有：直接展示法、突出特征法、对比衬托法、以小见大法、以情托物法、悬念安排法、选择偶像法、神奇迷幻法、连续系列法等。

任务12　确定广告主题

【任务引入】

“做广告是为了销售产品，否则就不是做广告”——这个观点是大卫·奥格威对传统广告业的一个反叛。奥格威坚持广告不是艺术，它唯一正当的功能就是销售。这种论调对于当时并不被人尊敬、又不甘下流且“羞答答”的广告业来说，似乎扮演了《皇帝的新衣》里面那个孩子的角色。从推销的立场出发，奥格威善于使用视觉效果强烈的画面，并配以简明生动、具有说服力的文字来突出产品的质量。这种实用、朴素甚至有些哗众取宠的广告设计风格给奥格威带来了事业上的巨大成功。

1. “做广告是为了销售产品，否则就不是做广告。”你认同这一观点吗？为什么？

2. “读标题的人数大约为读正文的人数的 5 倍”，标题的花费占去了一则广告所花费用的 80%，广告必须有明确的主题。你认为广告主题策划的重要性在哪里？

3. 按大卫·奥格威的观点，广告主题策划的重点是什么？

知识链接

12.1 广告主题及其构成

广告主题，也称广告主张、广告中心思想，是广告全部思想内容的集中体现和概括，它直接表达广告主的意愿——说什么。广告主题是广告的核心和灵魂，它决定了广告的创意、表现和实际效果，没有明确的广告主题是不会有成功的广告的。

广告主题是对商品最主要个性特征的概括，必须抓住商品的最主要的个性特征。这种特征必须是独一无二的，或者是别人未宣传过的，而且采用的特征必须切合顾客的消费需求和消费心理。广告主题由三要素构成：广告目标、信息个性、消费心理，如图 4-10 所示。

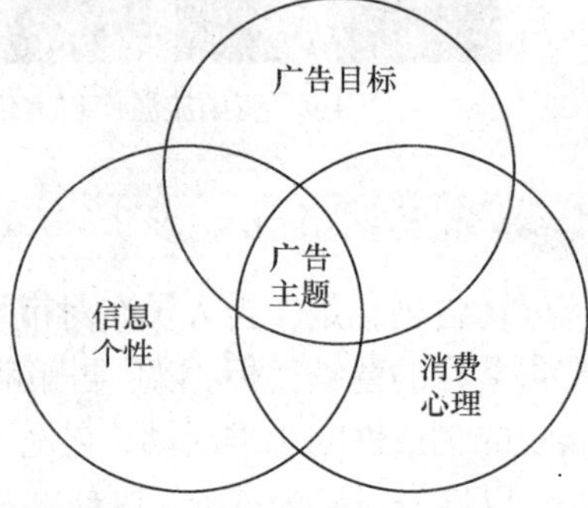

图 4-10　广告主题三要素

1. 广告目标

广告目标针对何种广告对象、施行何种广告策略，达到何种广告效果。广告主题要服从和服务于广告目标，一是不能无的放矢；二是不能不讲效果；三是不能与广告策略相违。

2. 信息个性

信息个性是指广告所宣传的商品、服务或观念要有鲜明的个性，要与其他的商品、服务或观念有明显的区别，突出自己的特点。

3. 消费心理

无论是广告目标，还是信息个性，都要符合消费者某一方面的心理需求。对于消费者来说，他最关心的是广告的产品或服务与自己的关系。所以，广告主题要符合消费者的心理特点，展示商品或服务与消费者切实相关这一诉求点。

任何一个成功的广告主题都是广告目标、信息个性与消费心理三要素的和谐统一。广告目标对广告主题起制约作用，有什么样的广告目标就需要有什么样的广告主题，如果广告目标发生了变化，广告主题也要随之改变。信息个性是使广告主题形成独特风格的条件，广告主题的差异性取决于信息个性的鲜明性。消费心理是确定广告主题必须考虑的因素，是检验广告效果的重要依据。

12.2 广告主题的类型

1. 快乐

生活得快乐，这是每个人追求的一种趋势，也是现代人类的重要心理现象，谁愿意生活得痛苦？快乐是人类生活发展高层次的必然需求。轿车、旅游等广告文稿多以此作为广告题材。

英国旅游协会的广告充满了浓郁的文化气息，这则广告曾被誉为“优秀的企业广告”，而且获得过国际广告大奖。广告全文如下。

轻轻地踱过历代君主们漫长的沉睡。伦敦威斯敏特大教堂中，历代英皇——亨利七世、伊丽莎白一世和苏格兰的玛丽女皇都下葬于此。有 22 代帝王都曾在这里接受加冕典礼。

在英国，这样著名的大教堂有 30 个，每座教堂都是一件独树一帜的艺术品。在你访问英国时至少要来参观一所教堂，免得虚此一行。

备有介绍英国教堂的彩色导游册，函索即寄。

2. 经济

经济实用、价廉物美是当代社会人类购物标准。高消费只是一部分人的生活。对于平头百姓，工薪阶层来说，购买商品的档次总在中、低档上。产品在价格上占据明显优势，刺激消费者的购买欲望。家电、食品、经济型汽车等常以此作广告题材。

如福特汽车广告如下。

在阳光下，钻石和玻璃珠都能闪闪发光，散发出眩目的迷人色彩，但玻璃珠毕竟不能和钻石相比，两者的价值更有天壤之别。同样的道理，只从单一的角度告诉消费者这种商品对您如何有利，而将其他事实弃而不谈，这样会使消费者陷入思考的混乱，而做出错误的判断。

福特汽车公司了解消费者的不同需要，也尊重消费者的选择，因此，福特千里马、天王星或全垒打的购买对象不同，但满足每一购买者的不同需求则是一致的。因为我们理解，欲望并不是单纯的东西，当消费者决定购买时，他的考虑必定是多方面的，不仅要决定手动还是自动与价格高低等问题，同样的，车子的性能、外型、内部空间大小……也都应列入考虑，所以我们决不会说四十万的手排车不如三十七万的自排车来得划算这种片面之词。

我们相信，消费者是明智的。您一定明白“钻石和玻璃岂可相提并论”的道理，我们尊重您的判断和选择。

3. 质量

在商品质量、售后服务等方面向消费者做出承诺、保证，这是商家成功之处。在广告中做出承诺，可增强消费者的信任感，树立品牌形象。家电、建材、名牌服装等常以此作为广告主题。

浙江好来西服饰有限公司的一则致歉广告，不仅没有损伤企业的形象，而且因为他们的诚实，而赢得消费者的普遍好评，使好来西服装的销售量明显增加。该致歉广告全文如下。

我们曾向您承诺：“凡购买好来西高级衬衣，如因正常穿洗，在领口、袖口洗破前出现起泡现象，可在全国任何城市好来西精品店无偿退换。好来西服饰有限公司同时赠送一件好来西服饰精品致歉。”

为了解决衬衣领口、袖口易起泡、易变形的难题，我们竭尽全力，对十几个国家近百个厂家生产的面料、辅料进行反复组合试验，并采用高温处理等特种工艺，终于使衬衣的领口、袖口在正常穿洗的情况下不起泡、不变形，由神话变成了现实。

一切努力只是想让穿上好来西衬衣的您真正享受到那一份圆满的自信与舒适。

然而，我们离完美之境依然相距一步之遥。在去年售出的980 000件衫衣中，有104件衬衣的领口或袖口出现了起泡现象。这于我们虽属万分之1.02的疏忽，对您却是百分之百的损失。尽管我们已履行诺言，但对您的愧疚却难以消减。为此，我们再次向呵护好来西成长的您表示深深的歉意。

不论何时何地，从您穿上好来西衬衣的那一刻起，我们便与您一同分享忧乐。

4. 爱情

爱情是人类永恒的主题，是人类精神的深层次的生命冲动，是社会繁衍、生息的基本现象。爱情创造了美，创造了人们对生活的敏感和热爱，它渗透了人们的情趣、理想和生命感受。家庭用具、日常用品的广告宜选择这一题材，它能产生亲切动人、感人心扉的力量。请看一家名为东华毛料服装厂设计的服装广告。

何不趁现在秋末冬初之际，拿出您的私房钱替他买一套，让他穿上您的爱心度过一个温暖的冬天呢？

5. 荣誉

荣誉是一种赞誉性的评价。人们平时在事业上获得成就，对社会作出贡献，总希望得到社会的尊重和赞赏，得到价值上的承认和心理上的满足。这种心理上的满足感，是一种荣誉感。荣誉感是人类道德、文化、名誉上的精神需要。高档商品、时尚流行款式的广告宜以此作为题材。如意大利一则皮鞋广告：名门淑媛，名品新姿。

具有一定的社会地位、经济实力的人士有时要显示自己的地位和声望。同时，这些人在购买商品时，常常会产生一种扬名和炫耀的购买动机，以此显示自己超过普通百姓的社会地位和表示生活的富裕或表示自己卓越的生活能力。这种文稿题材常被高档消费品引用。《美化生活》杂志曾刊登了一则巴黎时装广告，内容如下。

炽烈的火　绮丽的红——巴黎时装

铁的凝重　血的艳红——驰骋于女装世界

炽烈的火　绮丽的红　赐给您——仕女的典雅华贵，女皇的尊仪雍容

6. 时尚

时尚的东西，总是新潮的，总是领导消费的。在消费品市场中，消费者的购买潮流对于人们的心理冲击力很大。人们或多或少地表现出一种追求商品趋势和新颖的需求。消费者在购买商品时十分看重商品的款式和社会流行样式，而对商品本身的实用价值和价格高低，并不过分花心思考虑。时尚，总是让人们欲罢不能，产生冲动性购买。因此，在广告中，就要突出时尚这一主题。下面是“佳雪”抗黑防晒露的杂志广告。

标题：无油防晒隆重上市

正文：

佳雪植物护肤新科研采用最新科技，全新推出佳雪抗黑防晒露，独特的完全不含油配方，彻底解决夏日护肤“油腻，不透气”的烦恼，令肌肤用后清爽轻松，不油不

腻，再也不会“油光满面”了；产品富含天然芦荟防晒成分，有效防晒，肌肤晒不黑，晒不伤，夏日依然白皙亮丽。佳雪抗黑防晒露，不油、不腻、晒不黑！

12.3 广告主题的确定

广告的主题要鲜明、突出，但不能面面俱到。因此，如何确定广告的主题，是一则广告能否成功的前提。一般来讲，我们可以从商品的特征、消费者的心理、市场需求三个方面，选择适当的角度，抓住商品某一方面的特征，确定广告的主题。

1. 根据商品的特性，确定广告的主题

商品和服务的独特性，是确定广告主题的重要依据。在科学技术高速发展的今天，新产品、同类产品层出不穷，广告设计者要通过新颖的构思，使自己的广告与同类产品的广告区分开来，要善于找出与众不同的或同类产品所没有的、但可以满足消费者需求的特色，在广告中加以突出。这样才能在众多的商品中，树立起自己商品的形象，吸引广大消费者。

如 60 年代末，日本轿车刚刚进入欧美市场时，在当地大力宣传日本车“外形美观，价格低廉”，由于主题没有突出商品的特点，很难打动一般消费者，反被讥讽为带壳的四轮摩托车。70 年代末，欧美遇到了严重的石油危机，日本厂商才抓住机会，改变广告主题，重新定位，突出日本汽车节油的特点，终于赢得了为油荒所困的欧美消费者的青睐。

又如在众多的牙膏广告中，中华牙膏突出其“四十年风尘岁月”——老厂老牌号；白玉牙膏突出其水果香味；草珊瑚牙膏突出其药用价值等，这些都是广告定位的要点。所以，在商品广告中，应避免那种罗列三项、五项甚至八项十项产品“特色”的说明书式的广告，也应避免那种只称“物美价廉、新颖独特”的空洞乏味、言之无物的广告，而应抓住商品某一方面的特色给广告定位。

当然，商品确有突出特点，对构思广告主题而言，是最理想的，但这类商品不是很多。如果本商品与其他商品差异不大，而厂家一时又难以改进其产品，那么可以通过生产加工过程，努力找出一般广告未曾用过的诉求重点。著名广告家克罗德·霍普金斯曾参观过一啤酒厂的生产过程，除了麦芽与啤酒花加工外，他惊奇地发现空瓶子都用蒸汽来消毒杀菌。厂家告诉他，这没什么，每家啤酒厂都是这样的。霍普金斯却认为：正因为还没有人把这点作为诉求重点，所以这一点非常重要（因广大消费者并不了解别的厂家是怎么做的），他拟定了一则引人注目的后来证明是很成功的广告：“我们的酒瓶是用蒸汽洗净的。”他的广告“言人所未言，”给读者留下了深刻的印象。

2. 根据消费者的心理，确定广告的主题

消费者购买某种商品或利用一种劳务的动机，都是为了满足某一方面的需要。在研究商品找出销售卖点之后，还要考虑这个销售卖点是否符合大多数人的消费心理。因此，要根据消费者性别、年龄、职业、宗教信仰、地域等方面的不同，了解他们的

消费心理和动机，以确定广告的主题。一般来讲，消费心理可分为生理需要（如饮食、御寒等）和心理需要（如自尊、地位等）。这些需要大致包括：饮食、健康、安全、经济、爱美、方便、高效、慈爱、吉利、时尚、怀旧、节约等诸方面，这都是广告设计者要充分考虑的。

如在美国市场上销售占首位的万宝路烟，原来是为女性设计的，广告风格淡雅，诉求重点也不明显，因此销售量难以打开局面。后来厂家认真分析了烟草市场上其他公司的产品和广告，发现具有西部风格的、粗犷的男子汉形象最能唤起香烟消费者的欲望。于是该公司设计了以驰骋的奔马掠过草原，一个孤独的男子汉抽着万宝路香烟凝视远方的广告，吸引了众多的消费者。后来，万宝路以此为基调反复宣传，终于使奔驰的骏马和粗犷的西部牛仔成了万宝路的替代形象，这一形象成功地伴随着万宝路在竞争激烈的美国市场夺魁，并使万宝路产品走向世界。

又如化妆品广告"三十五岁以上的妇女如何显得年轻？"迎合了中老年妇女爱美的心理。西施兰夏露广告"使用本品后，你的秘密只有西施兰和你本人知道!"这里只字未提西施兰防腋臭的功效，表现了对消费者的尊重。

反之，不尊重消费者的消费习惯和心理，将会造成严重的后果。日本索尼公司在泰国推销收录机时，曾煞费苦心地设计了一则以释迦牟尼为主体的电视广告：佛祖安详侧卧，双目紧闭，处于物我两忘的境界。此时，画面上的索尼收录机放出美妙的音乐，佛祖顿然凡心萌动，全身随音乐不停地摆动，最后睁开了双眼。岂料，在佛教之邦的泰国，这则广告引起了公众的极大愤怒，被认为是对佛祖的莫大侮辱。此时厂家才猛然醒悟，停播了这则广告并深表歉意。我国旧时某理发店曾挂一幅对联："提起刀人人没发，拉下水个个低头"，顾客望而生畏，后改为"进店来乌头宰相，出门去白面书生"，生意日渐其盛，也是同一道理。

3. 根据市场要求，确定广告的主题

消费市场的构成因素是人口、购买力和购买欲望，因此确定广告主题时还要考虑市场需求即人口、购买力和购买欲望的因素。

人口因素按地区不同，可分为农村市场、城镇市场；按性别可分为男性市场、女性市场；按年龄可分为儿童市场、青年市场、中老年市场。由于消费者的性别、年龄、消费心理、消费习惯不同，所需的商品也大不一样。如老年人要求服装舒适美观，朴素大方；而青年人讲究新颖、时髦；有的讲究经济实惠，有的则要求高档华贵。

对于不同的消费者，其购买力也是不同的。高明的厂家注意生产品种多、档次全的产品，并在广告宣传中针对人们购买力的不同，突出不同档次商品的特点，以满足不同层次消费者的需要。如 20 世纪 80 年代上海某制笔厂生产有低中高档 200 多个品种的钢笔：价格低廉 1 元钱左右一支的普通铱金笔，在购买力较低的消费者和中小学生中好销；3、4 元一支的高级铱金笔，深受中层消费者的欢迎；10 多元一支的铱金笔，对要求货真价实，而且收入较高的消费者有吸引力；几百元一支的景泰蓝铱金笔集礼品、工艺品、文化用品于一身，能满足高层次的消费者及侨胞、国际旅游者的特殊需要。相应的广告宣传应针对不同消费者确定广告主题，如中低档的笔以经济实惠为主题；高档笔可以馈赠或纪念为主题。

又如上海鹤鸣鞋庄旧时的一个著名广告是“天下第一厚皮”，符合当时消费者求其结实耐穿的心理，而在今天鞋类款式不断翻新，人们消费水平普遍提高的情况下，只是“厚皮”，显然不能满足消费者的要求了。

主题的确定，是制作广告的关键一步。而在主题选定后，这一主题就应贯穿于广告设计和制作的全过程，这样才能使广告达到预期的目的。

12.4　广告主题确定的基本要求

1. 深刻

广告主题必须深刻地揭示产品特点。广告策划者一定要对广告产品、市场有深刻的了解，有敏锐的洞察力，在广告目标的指导下挖掘出人所未见的主题思想和精神内涵。深刻的思想性，富有哲理的概括和提炼，是对广告主题的基本要求。

2. 新颖

广告主题要有自己独特的新意，要能从一种富有个性的视角对广告信息进行重新组合，要善于对广告产品从新的角度发现问题，提出问题，找出差距，从而避免与同类产品广告主题的雷同。只有新颖独特的广告主题，才会唤起人们的注意，给人以全新的心理感觉。

3. 鲜明

广告主题必须观点明确，概念清楚，重点突出，使人一目了然。要想清楚地表达企业的销售概念，就要使广告主题单一、简捷、集中，避免因传达的信息量过大而造成广告主题的扩散。从某种程度上说，广告主题的单纯就是鲜明。

4. 刺激

广告主题要有一种感召力、吸引力，让人感觉新意扑面，对感官有一种强烈的刺激作用。

任务总结

广告主题，也称广告主张，是广告全部思想内容的集中体现和概括，是对产品最主要个性特征的概括。

广告主题由三个要素构成：广告目标、信息个性、消费心理。一个成功的广告是广告目标、信息个性与消费心理三要素的和谐统一。广告目标对广告主题起制约作用，有什么样的广告目标就需要有什么样的广告主题，如果广告目标发生了变化，广告主题也要随之改变。信息个性是使广告主题形成独特风格的条件，广告主题的差异性取决于信息个性的鲜明性。消费心理是确定广告主题必须考虑的因素，是检验广告效果的重要依据。

我们可以从商品的特征、消费者的心理、市场需求三个方面，选择适当的角度，抓住商品某一方面的特征，围绕快乐、时尚、质量、经济、荣誉、爱情等方面确定广告主题，这是广告策划活动的关键一步。而在主题选定后，这一主题就应贯穿于广告策划和制作的全过程，这样才能使广告达到预期的目的。

任务13 选择广告媒体

【任务引入】

有的企业在媒体投放上三心二意，张三来找了做一点，李四来找了做一点，一年到头银子没少花，效果却不理想，最后把张三、李四一干人等埋怨一顿。也有的企业把媒体广告仅作为与竞争对手攀比的工具，看见人家做报纸他也做，看见别人做电视他也跟上，完全是看着竞争对手做媒体，忽略了以目标群体为中心的原则。还有的企业太多情，处处献爱，电视、报纸、户外、互联网……只要有媒体的地方就有它的广告。还有的企业只偏向某一媒体，却不知道长期依赖某一媒体会对企业以后成长带来阻碍，容易“偏瘫”。

这里是列举的一些企业在媒体投放计划上存在的问题。

1. 企业的媒体投放是否需要计划，媒体计划的依据是什么？
2. 一个企业应如何控制自己的广告预算？
3. 企业应如何选择媒体组合？

知识链接

13.1 广告媒体分类

广告媒体是用于向公众发布广告的传播载体，是传播商品或劳务信息所运用的物质与技术手段。随着科学技术的发展，社会的进步，新型广告媒体不断涌现，传统的四大广告媒体（报纸、杂志、广播、电视）日益受到挑战。

（1）按表现形式分类，广告媒体可分为印刷媒体、电子媒体。印刷媒体包括报纸、杂志、说明书、挂历等；电子媒体包括电视、广播、电话等。

（2）按功能分类，广告媒体可分为视觉媒体、听觉媒体和视听两用媒体。视觉媒体包括报纸、杂志、邮递、海报、传单、招贴、日历、户外广告、橱窗布置、实物和交通等媒体形式；听觉媒体包括广播、宣传车、录音和电话等媒体形式；视听两用媒体主要包括电视、电影、戏剧、小品及其他表演形式。

（3）按影响范围分类，广告媒体可分为世界性广告媒体、全国性广告媒体和地方性广告媒体。世界性媒体如卫星电路传播、面向全球的刊物等；全国性媒体如国家电视台、全国性报刊等；地方性媒体如省、市电视台、电台、报刊，少数民族语言、文字的电台、电视台、报刊、杂志等。

（4）按受众类型分类，广告媒体可分为大众媒体和小众媒体。大众媒体包括报纸、杂志、广播、电视等；小众媒体就是满足少数群体个性化需求的媒体，包括楼宇电视、车载电视、桌面媒体、洗手间广告牌等。

（5）按传播时间分类，广告媒体可分为瞬时性媒体、短期性媒体和长期性媒体。瞬时性媒体如广播、电视、幻灯、电影等；短期性媒体如海报、橱窗、广告牌、报纸等；长期性媒体如产品说明书、产品包装、厂牌、商标、挂历等。

（6）按广告发布数量和广告收费标准的可统计程度分类，广告媒体可分为计量媒体和非计量媒体。计量媒体如报纸、杂志、广播、电视等；非计量媒体如路牌、橱窗等。

（7）按传播内容分类，广告媒体可分为综合性媒体和单一性媒体。综合性媒体指能够同时传播多种广告信息内容的媒体，如报纸、杂志、广播、电视等；单一性媒体是指只能传播某一种或某一方面的广告信息内容的媒体，如包装、橱窗、霓虹灯等。

（8）按照与广告主的关系分类，广告媒体又可分为间接媒体与专用媒体。间接媒体，也称租用媒体，是指广告主通过租赁、购买等方式间接利用的媒体，如报纸、杂志、广播、电视、公共设施等；专用媒体，或称自用媒体，是指属于广告主所有并能为广告主直接使用的媒体，如产品包装、邮寄、传单、橱窗、霓虹灯、挂历、展销会、宣传车等。

13.2 广告媒体分析

1. 报纸

报纸广告以公开发行的报纸为载体，具有传播面广、传播迅速、文字表现力强、传播费用低等优点，同时具有时效性短、信息易被忽略、理解能力受限、缺乏感染力等缺点。目前中国的报纸广告以品牌类和促销类为主。品牌类广告多为大企业投放，促销类广告则五花八门，占据了报纸广告的大多数。

2. 杂志

杂志广告以写意和创意的手法，已经成为中国广告业发展的风向标。杂志广告的优点是时效性长、针对性强、印刷精美、表现力强；缺点在于出版周期长、受众范围小、理解能力受限。现在杂志纸张的质量要远远高于报纸纸张的质量，同时杂志媒体可以与企业密切合作，为读者提供赠券、打折、顾问式服务等，广告的效果也远远高于报纸。

3. 广播

广播广告曾经成就了许多的产品，“小喇叭”的声音伴随着一代人的成长，但随着新媒体的出现，广播逐渐成为一个逝去时代的产物。广播广告的优势是传播面广、传播迅速、感染力强，劣势是信息稍纵即逝不易储存，只有声音没有文字和图像，听众对广播信息的注意力容易分散。

4. 电视

电视是用电子技术传送活动图像的通信方式，集声音、动作、图像于一身，是目前最普遍、最主流的广告媒体。电视广告的优势是视听结合传达效果好，纪实性强、有现场感，传播迅速、影响面大，多功能、娱乐性强。缺点是和广播一样，传播效果稍纵即逝，信息的储存性差，记录不便也难以查询；电视广告同样受时间顺序的限制，加上受场地、设备条件的限制，使信息的传送和接收都不如报刊、广播那样具有灵活性；还有就是电视广告的制作、传播和保存的成本较高。

5. 互联网

Internet 是现代电脑技术、通信技术的硬件和软件一体化的产物，代表了现代传播科技的最高水平。Internet 这种全新的媒介科技，具有与传统的大众媒介和其他电子媒体不同的传播特征：范围广泛、超越时空、高度开放、双向互动、个性化、超文本、低成本。由于 Internet 的这些与传统的大众媒介和其他电子媒体不同的传播特征，其广告传播也就具有了其他媒体无法比拟的强大效果。

6. 其他广告媒体

（1）户外广告。户外广告与我们的经济与社会生活密切相关，它从一个侧面代表着一个国家经济发展与社会文明的水平。常见的户外广告大致有如下几种形式：路牌广告、电动或电子户外广告、灯箱广告、交通广告、海报与招贴、运动场地广告、节日广告、墙体广告。另外，由于科学技术的飞速发展以及现代人思维方式的解放，户外广告在其表现形式上也有许多重大的突破，如卫星发射现场广告、空中广告（如飞行表演、跳伞表演、热气球球身广告）、活人（模特）活动广告、实物放大（缩小）模型广告、充气放大模型广告、自动翻转（多面）广告、激光投射广告（或利用建筑物反射、或利用空中飞行物、或利用云层反射）等。这些全新的户外广告形式，在视觉外观上富有强烈的表现力与冲击力，因而在传达效果上比其他传统形式的户外广告更胜一筹。

（2）POP 广告。POP 是英文 Point of Purchase 的缩写，POP 广告是指销售现场广告。销售现场媒体是一种综合性的媒体形式，大致可分为室内媒体和室外媒体。室内媒体主要指货架陈列广告、柜台广告、模特儿广告、四周墙上广告、圆柱广告、空中悬挂广告等，如图 4-11 所示。室外媒体主要指销售场所如商店、百货公司、超级市场门前和附近周围的一些广告形式，如广告牌、灯箱、霓虹灯、电子显示广告牌、招贴画、商店招牌、门联、门面装饰、橱窗等。

图 4-11　超市陈列 POP 广告

（3）DM 广告。DM 是英文 Direct Mail 的缩写，是直接邮寄的意思。在我国，邮寄广告的发展较为迅速，已不局限于征求订单之类的初级邮寄函件了。根据邮寄的目的和产品（或服务）的性质不同，邮寄广告分为一次性邮寄和数次邮寄两类。

（4）包装广告。包装，可以说是无声的推销员。包装广告是与产品贴得最近的广告宣传。包装有小包装、中包装、大包装；内包装、外包装；软包装、硬包装。大包装、外包装、硬包装又称为运输包装，而小包装、内包装、软包装则都附带产品说明的性质，产品的详尽信息或企业观念的宣传大都体现在上面。

（5）展览、电影及礼品广告。展览的形式多样，有博览会、展销会、交易会、洽谈会、交流会、新产品发布会，以及固定场所的产品陈列等，因而展览广告的形式也是综合的、多种多样的。电影广告，因为制作、费用等多方面原因，电影广告在我国还未普及，电影院这一比较有效的媒体还未为厂家和广告主所充分利用。电影广告大都较短，1~5 分钟不等，在正式电影开映前加映。礼品广告，以小型礼品或纪念品的馈赠为手段，博取用户对企业的好感和记忆。

13.3　广告媒体评价指标

1. 每千个媒体接触者费用

每千个媒体接触者费用是指将信息送到 1000 个广告媒体的沟通对象所需花费的广告预算。若甲杂志拥有 10 万读者，其大 16 开整页广告为 3 万元；乙杂志拥有 20 万读者，其相同规格的广告费为 5 万元。则甲杂志每千人媒体接触者费用为 300 元，乙杂志每千人媒体接触费为 250 元。这样一比较，可以测知在乙杂志上登广告合算。

在实际工作中，情况并非如此简单，运用每千人媒体接触者费用还需作进一步分析。（1）媒体接触者是否都是广告的目标对象，若对婴儿润肤霜所做的广告，虽然两种媒体的每千人媒体接触者费用相同，但如果一个媒体的所有读者都是年轻的母亲，另一个媒体的所有读者都是青少年，则肯定更有利于在前者做广告。（2）是否所有媒体接触者都已看到商品广告。并非每一个媒体接触者都注意到该商品的广告，对此应作具体分析。（3）是否不同媒体之间的影响力存在差别。即使两个媒体拥有同等数量的目标视听者，但如果甲媒体比乙媒体更让人信服，在甲媒体上做广告即使贵些可能也更符合经济原则。

2. 观（听）众率

观（听）众率是指在一个时期内（如 1 个月），信息通过媒体传送到家庭或个人的数目占计划传送的家庭或个人的比例。若某广告公司计划通过选定的媒体，将产品信息传递给目标市场的 500 万顾客，而实际上只有 450 万人看了这则广告，则观众率就是 90%。

掌握媒体信息传播的观（听）众率，有助于帮助企业认识到，单靠某一种媒体做广告是很难达到预期效果的。在为企业进行媒体选择时，可以同时选用几种能接近消费者的媒体发布广告，使观（听）众率达到预定的要求。

3. 信息传播平均频率

这是指每一家庭或个人在一定时期内(如1个月)平均收到同一广告信息的次数。假定某广告在1个月内共发播4次信息，共有15万人收到，其中5万人看到1次，4万人看到2次，2万人看到3次，4万人看到4次，则信息传播平均频率的计算式为：(5×1+4×2+2×3+4×4)÷15=2.33。

掌握信息传播平均频率有助于在拟定媒体计划时，确定在不同时期利用媒体传播信息的次数，也就是在一定时期内，使广告在消费者眼前重复出现的次数。这样做的目的在于增强媒体传播信息时的诉求认知能力，扩大信息传播的覆盖面。

13.4 广告媒体决策的内容

作为整体广告战略的一个组成部分，广告媒体决策指为实现广告目标，对基本媒体形式的评价和选择，并据以创作有针对性的信息模式和限定有效的媒体投入，以充分发挥媒体投入效益。

广告媒体决策的实质，是确定媒体的选择方案。广告主投入大量的广告费用，其中的大部分是用来购买媒体的时间和空间。所以，广告能否取得效果，首先还是看广告信息是否被传播对象所接触，进而才能影响目标消费者，达到预期目的。这关键就在于媒体计划是否周密，媒体选择策略是否得当。从总体上看，广告媒体决策主要围绕四个方面展开：媒体类型的选择、媒体工具选择、广告时程安排、广告地域分布。

1. 选择主要的媒体类型

在选择主要的媒体类型时，应考虑的因素包括目标受众的媒体接触习惯、产品特点、信息类型和制作与传播成本。

2. 选择特定的媒体工具

媒体策划人员在评估时须考虑到各媒体的特性，才能判断哪些特定的媒体工具足以达到最佳的广告接触度、频率和效果。媒体策划人员也常要计算特定的媒体工具每接触一千人的单位成本及为每一种媒体制造广告所需花费的成本。公司往往要权衡媒体成本与影响媒体效果的因素，可以按受众的特点、受众的注意力、媒体工具的编辑水准等予以修正。

3. 决定媒体的时程安排

广告客户必须决定如何安排全年的广告支出时间，可以依销售的季节变动增减其广告支出，或整年都维持同样的广告支出。广告客户还要选择广告方式：持续式广告、间歇式广告。持续式广告指在一定时间内均匀地播出广告。间歇式广告指在一定时期内非均匀地播出广告。

4. 确定媒体的地域分布

媒体的地域分布与广告预算密切联系。两者的恰当配比才能保证广告支出的效率。

广告预算是确定的，媒体计划要在广告预算允许的条件下进行。选择媒体的程度，要与购买媒体所需的费用联系起来。尽管许多媒体都很理想，但如果广告费的预算不允许，也只能放弃，重新进行选择调整，使之既符合预算的要求，也能达到预想的传播效果。

13.5 广告媒体决策的方式

1. 根据商品的特性选择媒体

各种商品的性能特点、使用价值和流通范围都不尽相同，因此媒体选择也有所不同。如生产资料、耐用消费品等须向广告受众作详细的文字说明，以便告知产品的结构、性能、使用规范等，可选用报纸、杂志等平面媒体；品种规格繁多的时装、日用品等则宜采用图文并茂、声像并举的电视、网络等媒体，向消费者直接展示产品的性能、效果和用途，以求立体、直观、形象。

2. 根据市场需求选择媒体

“有市场才有宣传媒介”，广告信息同产品一样最终是要投放市场的。根据市场需求选择媒体就要求广告策划人员在掌握大量消费者行为特征的基础上进行媒体选择，并要特别注意观察市场变化和发展趋势。如农药的消费群体集中在农村地区，若选择网络等新型媒体就不合适，而墙体广告或流动性较强的宣传单式广告就更有效。

3. 根据广告媒体的数量和质量选择媒体

这里的数量和质量主要是指媒体接触面、频率和影响力。一般而言，推广新产品、扩展品牌或进入不确定的目标市场时，接触面是最重要的；当存在强大的竞争者、想要传达的信息复杂、消费者阻力较大或是购买次数频繁时，频率最重要。如中央电视台的媒体触及面和影响力就远远大于地方电视台，因此选择中央电视台投放广告的效果更好。

4. 根据广告主的支付能力选择媒体

广告是一种有偿的促销活动，并且各种各级媒体的收费标准也有所差别。因此，广告主应该从自己的支付能力出发，从产品的可能消费量和消费范围中，选择费用与效果相适应的媒体，避免出现像“秦池古酒”那样因超出自己支付能力投放广告而导致负债倒闭的悲剧结局。一般来说，竞争力和支付能力强的企业，可选择宣传范围广、影响力大的媒体；中小型企业宜选择一种或少数几种收费低而有效的媒体。

13.6 影响媒体决策的主要因素

在进行媒体决策时，通常需要考虑到以下因素：媒体普及状况和受众成分、媒体使用条件、媒体的广告费用、媒体的传播效益。

1. 媒体普及状况

广告媒体决策首先要考虑到的就是媒体的普及状况。首先，要考察某一媒体对受众的影响度，包括媒体发行或覆盖的范围，受众的规模及构成等。其次，还要考察媒体被目标受众接触的程度，即媒体被受众阅读、收看、收听的状况。媒体的覆盖范围并不等于媒体被受众接触的程度，还要通过一些具体指标，如反复性（是否被反复收听、收看）、注意率（媒体不同时间或空间被注意的状况）、传阅率（读者相互传阅的情况）、吸引力、保存性等来进行评估。

2. 媒体使用条件

这一问题可通过三个方面来考察：第一，考察购买媒体的难易程度，购买手续和过程是否简便易行。这关系到广告能否在合适的时段、合适的空间传播出来，能否及时有效地被目标消费者接触到，如晚上 11 点以后播出的广告，就很少引起人们的注意。第二，考察媒体对广告的表现能力。有些媒体因为固有的特性，表现广告内容有一定的局限性，如对音像要求比较强的广告，电子媒体的表现能力就比印刷媒体要好得多。第三，考察媒体制作广告的水平、风格。广告的设计制作可由专门的广告制作公司去做，但有些媒体也设计制作广告，这方面的评估也不可忽视。

3. 媒体的广告费用

不同媒体刊播广告的费用有很大的差别，比如《人民日报》一个整版的广告费为 28 万元，中央电视台一套节目 21 点 20 分插播的广告价格，5 秒是 2.4 万元，30 秒是 8 万元。就同类广告媒体来说，《北京日报》整版黑白版的广告价格是 13.8 万元，《北京晨报》是 11 万元。但是，在费用上很难比较使用哪一种媒体更合算一些。可用计算相对广告费用的办法来做参考比较。

4. 媒体的传播效益

媒体的传播效益如何，可运用比较的方法，即与广告目标相比较。分析某种媒体适合做哪种形式的广告，对广告目标的适应性如何，把各种媒体进行相互比较，看哪种媒体更适合实现广告目标，且相对费用更便宜。

13.7 广告媒体决策的程序

明确了广告媒体选择的方法及影响因素后，接下来就是如何进行广告媒体的决策问题。广告媒体决策一般要经过四个步骤。

1. 确定媒体类别

确定媒体级别就是确定应采用哪类媒体，如究竟应在广播、电视上做广告，还是在报纸、杂志上做广告等。这是具体选择媒体的第一步。

在这一步，主要从四个方面进行分析：

（1）各类媒体的费用档次，凡是广告预算支付不起的媒体就应该从考虑的范围中划掉；

（2）同类媒体的优缺点比较，根据广告活动的需要看媒体各自的优劣长短；

（3）与以前广告的衔接问题，若本次广告活动所采用的媒体同前几次一致，则容易产生积累的效果；

（4）广告竞争问题，考虑所采用的媒体能否同竞争对手的广告攻势相抗衡，以配合企业的整体竞争战略。

2. 确定具体媒体

在已选定的媒体类别中，选择一个或几个适合本次广告活动需要的具体媒体，进一步落实媒体计划。例如，已经确定将要采用报纸类的媒体推出广告，需要在这一步中做的工作，就是应该确定是在一般性报纸还是专业性报纸上推出广告；若是一般性报纸，那么是全国性的还是地区性的等。在这里应格外注意媒体的针对性、覆盖率及可行性。

3. 确定媒体组合原则

一般说来，一次广告活动不会只在单一的媒体上推出广告，而应利用多种媒体推出。由于广告活动的目标是统一的，因此在每一媒体上推出的广告必须相互协调，其效果可以配合起来。在协调不同媒体时需要有一套媒体组合原则，制定媒体组合原则时需考虑的问题有：一是“面”，即如何涵盖所有的目标市场消费者；二是“点”，即媒体影响力集中点的恰当选取。

4. 进行媒体试验

一套媒体方案一旦确定下来，很可能就在几个月甚至几年内会保持不变，以便积累对消费者的持续的影响力。因此，为了保证所采用的媒体方案行之有效，最好是在正式启用之前，先对其进行一次试验。试验方法是，在选定并做好组合的媒体上，小规模地推出广告，然后调查目标市场消费者的反应，由此判断此套广告媒体方案的成败得失。

任务总结

随着科学技术的发展和社会的进步，新型广告媒体不断涌现，传统的四大广告媒体（报纸、杂志、广播、电视）日益受到挑战。按表现形式分类，广告媒体可分为印刷媒体、电子媒体；按功能分类，广告媒体可分为视觉媒体、听觉媒体和视听两用媒体；按影响范围分类，广告媒体可分为世界性广告媒体、全国性广告媒体和地方性广告媒体；按受众类型分类，广告媒体可分为大众媒体和小众媒体；按传播内容分类，广告媒体可分为综合性媒体和单一性媒体，等等。但主要的广告媒体有报纸、杂志、广播、电视、互联网及其他媒体，如户外媒体、POP、手机等。

作为整体广告战略的一个组成部分，广告媒体决策指为实现广告目标，对基本媒体形式的评价和选择，并据以创作有针对性的信息模式和限定有效的媒体投入，以充分发挥媒体投入效益。广告媒体决策的实质，是确定媒体的选择方案。从总体上看，广告媒体决策主要围绕四个方面展开：媒体类型的选择、媒体工具选择、广告时程安排、广告地域分布。

在进行媒体决策时，通常需要考虑到以下因素：媒体普及状况和受众成分、媒体使用条件、媒体的广告费用、媒体的传播效益。在明确了广告媒体选择的方法及影响因素后，接下来就是如何进行广告媒体的决策问题。广告媒体决策一般要经过四个步骤：确定媒体类别、确定具体媒体、确定媒体组合原则、进行媒体试验。

任务14　创作广告文案

【任务引入】

我不是什么文案写作的理论家，不过这里有五件事我想多多少少是对的。

（1）把自己放在作品里，用你的生活去活化你的文案。如果有什么感动了你，有很大机会，也会感动别人。

（2）用视觉的想象思考。要某人描述一座螺旋梯，他多半会手口并用，有时最好的文案就是没有文案。

（3）如果你相信事实胜于雄辩，你最好是学会写明细，好叫它读起来不像明细。

（4）坦白对灵魂有益，对文案亦然。Bill Aernbach 常说："小小入场费获得大认可。"我到现在还认为他这话不错。

（5）别让人烦。

这是一个广告文案创作人的心得。

1. 你怎么认识"把自己放在作品里"这句话？
2. 你怎么认识"有时最好的文案就是没有文案"这句话？
3. 你怎么认识"小小入场费获得大认可"这句话？

知识链接

广告文案是广告作品中表现广告主题、传递广告信息的最主要部分。广告文案又称广告文稿，是指广告作品中的语言文字部分。一则完整的广告文案包括广告语、广告标题、广告正文和随文四个组成部分，各个部分分别传达不同的信息、发挥不同的作用。

广告文案的结构具有灵活多样的特点，并非所有的广告文案都具有上述完整的结构。有的广告文案没有随文，有的广告文案既无随文又无标题，有的广告文案没有正文只有一条广告语，有的广告文案甚至只有一个品牌名称。尽管广告文案的结构灵活多变，但并不能因此认为广告文案的结构没有规律可循。一般来说，广告文案的结构较多地受到刊播媒体的影响。报纸广告文案的结构通常比较完整，广播广告文案和电视广告文案则通常采用省略的结构。广告文案采用何种结构要受具体的广告目标、产品所处生命周期、广告信息及广告创意等多种因素的影响。

14.1　广告标题的写作

1. 什么是广告标题

广告标题是广告文案中旨在传达最为重要的或最能引起诉求对象注意的信息的语句，位于广告文案最醒目位置，是一则广告文案的导入部分。

广告标题在整个广告文案中的作用主要体现在以下四个方面。

（1）突出最重要的广告信息。直接点明广告主题的标题只用一两个词或一两句话就明白无误地向目标受众传递广告的重要信息。大卫·奥格威曾为波多黎各经济开发署写过一则长达 961 个字（译成中文近 3000 字）的招商广告，广告的正文谈到了投资者关心的一系列问题，如税收政策、生活环境、交通条件、重点扶助的投资项目等。这样一个文案想让广告的目标受众愿意读它，标题的设计至关重要。

（2）诱导受众进一步阅读正文。有些标题不直接点明主题，而是以新颖独特的形式或内容来激起广告受众的好奇，使人欲罢不能，不自觉地去阅读广告正文，由此获得更全面、具体和细致的广告信息。

（3）吸引目标消费者的注意力。每一种产品在制定营销策略时，都要进行市场细分，通过市场细分选择特定的目标消费群。在广告信息泛滥的今天，泛泛的广而告之已很难取得成效，只有针对特定的受众——产品的目标消费者，才有可能见效。所以吸引目标消费者的注意力，是广告标题的重要作用之一。

（4）强化品牌信息。这是品牌时代广告标题所要发挥的重要作用之一。可以从三个层面上展开：一是提高品牌名称的识别率；二是突出品牌的主张，即以品牌的主要特点或差别性特点充当标题，突出品牌的独特主张；三是发布关于品牌的消息。

2. 广告标题的类型

广告标题可以有多种形式，按语言格式分为：陈述式、问题式、悬念式、祈使式、修辞式等。

（1）陈述式。陈述式标题是指向受众直述广告所宣传产品的特点、功能等事实的广告标题。例如，柯达照相机的广告标题是："你只需轻轻地一按，其余的事我来做。"该广告标题把柯达相机操作简便的事实以简明扼要的语言表达了出来。陈述式广告标题语句大都较为朴素、平实，它往往靠产品有力的事实来吸引人、打动人，如果产品的事实本身不够有力的话，就容易使标题显得较为单调、沉闷，不能给受众造成听觉、视觉上的震撼，所以写作陈述式的广告标题更应该把创意放在首位。

（2）问题式。问题式广告标题，顾名思义是以问题的形式来导入告主题，以使广告标题显得较为活泼、生动。问题式广告标题有自问自答的，也有问而不答的；有询问式的，也有反问式的。询问式广告标题的写作应注意提问要具体、明确，切忌无的放矢。例如，"女人，你追求什么?"（某化妆品广告标题）这样的提问显得大而无当，不着边际。因为女人的追求有多种多样，有物质的（包括吃穿等）、有精神的（包括娱乐、体育、阅读等），而该问题与某化妆品之间相隔千万里，且该标题所含产品的信息量太少，唯的信息是：这是女性朋友用的化妆品。而同样是化妆品广告，且同样是问题式的表现方法，"怎样使你的皮肤又白又嫩"，这个广告标题就理想多了。它的提问针对性强，能迅速锁定目标受众的眼睛，引导受众产生阅读正文的兴趣，并且该广告标题传递的产品信息量也比较大（该化妆品能使皮肤变得又白又嫩）。

另一类问题式广告标题是反问式，即以一种较强的语气来突出、强调产品的特点。

例如，“川崎”火锅调料的广告标题是：“吃火锅没有川崎怎么行?”其言外之意是“川崎”调料为火锅的最佳调料，“川崎”调料的质优味美已无需多言。样的反问信息量大，效果好，它的作用显然非一般询问句所能替代。但写作反问句广告标题时应避免采用较强硬的语气，从而使受众心中不爽。

（3）悬念式。悬念式标题是在广告标题中先设置悬念，以引起受众的好奇和关注，引导受众到广告正文中去寻求答案。例如，日本有一则公益广告的标题是：“语言会成为凶器。”语言何以会成为凶器？受众读完该标题不由疑窦丛生，在好奇心的驱使下，会忍不住把视线投向正文，原来这是根据“错误的批评方法会给孩子造成伤害”的主题而创作的广告，目的是给那些一味指责孩子的父母亲敲响警钟。

受众因对悬念的关注，从而自然而然地留意正文。悬念式广告标题的目的是为了让受众对产品留下更深、更久的印象，因此悬念的设置应当是既出人意料又合情合理。写这类标题不可为悬念而悬念，不可故弄玄虚。此外，悬念也不能设计得过大、过深，以至于人们看了后一头雾水。

（4）祈使式。祈使式广告标题是开门见山的一种广告宣传方式。例如，“喜美”牌轿车的广告标题是：不坐林肯就坐“喜美”。这里，“不……就……”的选择性语言巧妙地把“喜美”汽车与驰名世界的“林肯”轿车相提并论，给人的感觉是“喜美”，不是第一就是第二的好车。这样，不仅称颂了“喜美”车，同时又包含着广告主对受众的友善建议，给人一种亲切感。

（5）修辞式。在广告文案中，修辞主要运用在标题上。广告标题写作常运用比喻、拟人、对比等修辞手法，以使标题显得生动活泼，从而引起人们的注意，给人留下过目（耳）不忘的深刻印象。修辞式广告标题通常有以下几种。

比喻型。通过比喻来说明产品的相关信息，使产品信息更形象、更能打动人。例如，玉兰油活肤精华霜的广告标题是：“使毛孔收细了，肌肤就像剥壳鸡蛋般细腻光滑。”通过比喻，该广告把玉兰油活肤精华霜滋养肌肤的功效形象地表达了出来。

夸张型。夸张型广告标题通过把与广告相关的商品特征变形（夸大或缩小）来更好地突出有关信息，从而紧紧吸引受众的注意力，给人留下深刻的印象。最著名的例子就是上海制皂厂白丽美容香皂的广告标题：“今年二十，明年十八。”这则广告标题以夸张的手法来表现使用该香皂后所具有越用越年轻的效果。

对比型。俗话说，不怕不识货，就怕货比货。在广告标题中，通过将本产品与同类产品或与其他事物的对比，来鲜明地突出自己产品的优势。例如，海鸥洗发膏在农村做的广告是这样的：“两只鸡蛋，可换一袋”。该广告标题着重于价格的对比，以突出海鸥洗发膏价格低廉的优势。写作对比型广告标题时要注意不能一味强调自己产品的优势，而把其他同类产品妄加贬低，否则不仅违反了《中华人民共和国广告法》，也会使自己的企业、产品在受众的心目中留下不光彩的形象。

3. 广告标题的写作要求

广告标题的优劣直接关系到整个广告文案的成败。好的标题应该是，当这个产品已退出市场或在市场上已风光不再时，它的标题依然使人难以忘怀。为了创作出一则新颖别致、经久难忘的广告标题，我们在撰写过程中必须注意以下几个方面。

（1）出奇制胜，富有创意。广告标题写作中最忌人云亦云、拾人牙慧。摹仿是广告标题创作的大敌。只有与众不同的创意，才能迅速抓住受众的耳目。正如一位广告行家所言："如果你站着，而周围的人都在跳舞，你就会受到注意。"例如，"派克"钢笔的广告标题创作就显得别开生面："总统用的是派克。"该标题没有像一般广告那样盲目说明派克钢笔如何质优品佳，而是利用总统举足轻重的地位作为广告创作的出发点，因为总统用的东西自然是非同寻常的了，足以使人联想到"好马配好鞍"这句话。该广告标题又未确指某一位总统，这样既避免了侵权的可能，又容易使人产生出很多总统都用"派克"的联想，真是妙不可言。

当然，广告标题写作中，不能为了追逐新奇而不顾受众的感受，甚至以丑为美，那是要不得的。例如，太太口服液的广告标题是："每天送你一个新太太。"由于该广告在"太太"口服液后面故意略去"口服液"，以招徕受众，结果受到了广大受众的抗议，尤其是女性朋友对此颇为不满。在强大的舆论压力下，太太口服液后来只得把广告标题改成："每天把健康和太太口服液送给你。"可见，写作广告标题不能为出奇制胜而不顾广告对象的心理感受。

（2）尽量突出广告商品的品牌。在广告文案中，品牌无论怎样强调都不过分，因为品牌是商品的主信息，如果受众只了解产品的优势，却不知道或记不住广告宣传的产品品牌，那么，广告费算是白扔了。正如大卫·奥格威所说："至少应该告诉这些浏览者，广告宣传的是什么品牌，标题中总是应该写进品牌名称的原因就在这里。"

我们不妨比较一下以下两个打字机广告的标题："不打不相识"与"英雄打字机，十指打天下。"第一例广告标题可谓家喻户晓，它诙谐、幽默，容易引起受众的兴趣，但因为没有写进产品品牌名称，所以，它其实是在为所有打字机做广告，而不是为某个具体的打字机做宣传，这无疑违背了该打字机广告宣传的目的。再看第二个"英雄"打字机广告，标题语言虽然写得较平实，但它是大手笔，有气派，把信息时代打字机的功能与打天下联系起来，自有不同凡响的声势和感召力。而尤为重要的是，该广告写进了产品的品牌，使英雄打字机深入受众心中。事实上，一些优秀广告标题都注意嵌进品牌。

（3）简洁明了，通俗易懂。由于广告受众的文化程度各异，加上有的媒体（例如视觉媒体）具有稍纵即逝、不复留存的特点。因此，广告标题写作中一定要注意做到简洁明了，使人听得清、看得懂。所谓简洁，是指广告标题的写作需讲究炼词锻句，精心选择那些精彩的、别开生面的字、词、句，砍去浮词冗言，使标题不拖泥带水。通常，一个广告标题字数应控制在6~16个字，不超过16个字。因为广告标题过长不容易被人记住，也不利于广告标题的口口相传。

所谓通俗易懂是指广告标题写作不求"深意"、不使用冷僻晦涩的字、词。有的广告标题为了追求别出心裁，推出大有深意的广告，即表达得曲折隐晦，受众看了、听了后一头雾水，不解其意，广告所宣传的商品信息不能有效地传递给受众。广告标题的写作也应避免使用冷僻字、词，不用复句，多用简单句，以使广告所宣传的商品信息能准确无误地传达给受众。例如，中美史克的广告以简明、通俗的语句做广告标题，给人留下深刻印象："两片——肠虫清"、"当你打第一个喷嚏时——康泰克。"

（4）努力表现商品的特性。广告标题除了要生动、能吸引人外，还有一个功能就是要传递一定的商品信息，包括尽可能地在标题中突出商品的某一特征，因为如果标题中关于产品的介绍特别地与众不同或该产品能带给受众较大利益的话，那么受众的兴趣自然而然就会被大大激发起来，他们会进一步从正文中了解更多的商品信息。这也就是大卫·奥格威所说的"每个标题都应给潜在买主自身利益的承诺"的意思。例如，安利高钙丸的广告标题是："一粒等于两瓶牛奶。"该广告突出了安利高钙丸含有丰富营养成分的特点，让人看了不由产生购买的冲动。再如，美国 U 形保险汽车锁的广告标题是："如因本锁被撬而丢车，本公司包赔新车。"该标题以承诺的口气，从一个角度向人们展示了 U 形保险汽车锁的质量牢靠。

（5）引导读者进一步关注正文。一般而言，受众接受广告往往是先被标题吸引，然后看正文，等详细了解了产品的有关信息后，再做出是否购买的决定，尤其是购买大件产品更是如此。因此，一个广告标题仅仅做到生动、吸引人是不够的，还必须巧妙地、自然而然地把受众导入到对广告正文的关注上。可以在广告标题中布下悬念，以使消费者产生好奇心，使他们注意、猜测、思索，从而继续阅读正文。创作人员可以采用疑问方式提出，把广告主的信息用答案的形式说出来，也可以只问不答，引导消费者主动寻找答案。

（6）慎用否定句式。一般而言，广告标题不宜出现否定句，因为否定词后面的内容必定不是广告商品的特点，而受众接触它们后，又常常把否定词的内容与产品的信息混淆起来。有一则"半月清"腋臭特效粉的广告标题是这样的："鼻子再长也闻不到异味。"这则广告本意是要告诉受众"半月清"具有去臭快、效果好的特点，但受众看了，却把"异味"两个字留在了脑中，这样不仅给目标受众带来不舒服的感觉，而且使广告宣传的产品信息的传递受到了干扰。因此，不能为了追求创意的独特而不顾产品信息在传播过程中正确的信息被丢失的可能。一般情况下，还是从肯定方面去陈述为宜。

14.2 广告语的写作

1. 什么是广告语

广告语又叫"广告口号"，它是为了强化受众对企业、商品或服务的印象，在广告中长期反复使用的特定宣传用语。广告语往往体现广告产品的定位、形象，因此，好的广告语能使受众一见就能识别它是出自哪个广告商品或是哪家企业。可见，广告语对树立企业形象和品牌形象具有十分重要的作用。广告语与商标共同构成了企业或商品的标志，只是前者是"语言标志"，后者是"图形标志"。例如，人们一看到"让我们做得更好"的广告语，就自然而然地联想到飞利浦电器。

由于广告语一般要在较长时间内反复使用，所以，写好一条令受众经久难忘的广告语是广告文案创作的一个重要任务。正因为如此，广告主为了求得一幅精彩的广告语，常常不惜花巨资到社会上征集广告语。

2. 广告语和广告标题的区别

广告语和广告标题都处于广告文案中醒目的位置，都是受人关注的部分，在表达主题、传递信息和表达结构上，两者有相同的一面，甚至两者在一定的情况下还可以互换，即广告标题就是广告语，所以两者常常被人混淆。不过，两者的区别也是明显的，具体如下。

（1）作用不同——树形象与抓眼球。广告语的作用主要是集中体现广告定位，树立企业形象或产品品牌形象，而广告标题则是为了吸引受众的注意，激发他们的兴趣，并起到导入正文的作用。广告语的写作并不把吸引受众的注意力作为自己的任务，而是从广告的战略目标出发，为企业或产品塑造独特的形象。

（2）位置不同——灵活与固定。广告语在文案中的位置是较灵活的，既可放在正文的前面和正文的后面，也可放在正文的中间，甚至还可放在文案的左边或右边。总之，只要能突出广告的主题，并与整个广告文案保持统一、和谐，广告语可以放在文案中的任何位置。广告标题的位置就较固定，一般它只能出现在广告正文的上方。

（3）地位不同——独立与依附。广告语常常是脱离于广告画面、音响、正文等而独立存在的。因此，广告语总是一句意义完整的句子，表达的是明确而完整的意义。而广告标题与正文、画面等保持着密切的关系，甚至有时离开了正文或画面，标题就丧失了意义。因而广告标题可以是一个词或词组，也可以是一句或几句句子，其意义表达可以是完整的，也可以是不完整的；可以是明确的，也可以是较含蓄的。因为标题的另一些信息可以由正文、画面、音响来共同完成传递。

（4）使用不同——多次与一次。广告语通常具有一定的稳定性，在较长时期内反复使用，只有在反复使用中它才能使企业形象、商品形象不断深入人心。因此，广告语的使用是一个较长期的过程，而广告标题则是附属于正文的，正文变了，标题就得变，它往往是随着正文宣传的结束而结束。如果某一产品要重做另一个版本的广告，那么它就需要重写标题，而广告语则是可以沿用原来的。

3. 广告语的类型

不同的广告语宣传重点不同。通常，企业在实施广告战略时，常常会考虑把广告语制作的重点放在哪方面，并会根据不同时期的战略需要而有所变化。常见的广告语的类型有以下几种。

（1）突出商品品牌的广告语。此类广告语把宣传的重点放在对产品或企业品牌的大力宣传上。例如，德国贝克啤酒的广告语是："喝贝克，听自己的。"该广告语简洁明快，突出了"贝克"这一品牌，并且巧妙地把"听自己的"与"喝贝克"结合在一起，体现出饮者的自信、果断。

（2）反映企业或产品悠久历史的广告语。此类广告语把宣传的重点放在对产品或企业悠久历史的大力宣传上，使受众对企业或产品刮目相看。例如：培罗门服装店广告语："培罗门，半个世纪的骄傲"，张小泉剪刀广告语："张小泉剪刀，三百年不倒。"

（3）反映产品高品质、高档次的广告语。有些消费者购买产品就是冲着产品的高品质、高档次而来的，广告语突出、强调产品有着非同寻常的档次，以满足这部分消费者追求名牌、追求档次的心理。例如：上海精品商厦广告语："叩开名流之门，共度锦绣人生。"

（4）反映企业或产品带给受众利益的广告语。人们购买产品前，尤为关注的是该产品能否带给自己较大的利益。广告语以此为重点宣传能激发受众对产品的关注，并留下较深的印象。例如：中华牙膏广告语："长效保护，远离蛀牙"；杉杉西服广告语"不要太潇洒。"前者强调中华牙膏能帮助人们远离蛀牙，后者则突出穿上杉杉西服能使人倍添风采；前者重在实际的物质利益，后者强调精神上的收获。

（5）表现企业经营理念的广告语。在广告语宣传中，突出企业经营理念，往往能使受众对企业的形象产生良好的印象。例如：交大昂立口服液广告语："为健康每一天"；飞利浦电器广告语："让我们做得更好"；海尔冰箱广告语："海尔，真诚到永远。"这些广告语都表达了企业为消费者用心服务的良好意愿，使人对他们产生好感。

（6）反映企业或产品特点的广告语。突出企业或产品的特点，也是许多广告语写作的重点内容。例如：工商银行广告语："工商银行，您身边的银行"；飘柔洗发液广告语："头皮屑不见，秀发更飘柔"。前者反映了工商银行网点多、方便大众的特点，后者突出了飘柔洗发液止头屑的作用。

（7）表现产品，给受众带来良好的祝福。人们买产品买的不仅是产品的物体本身，而且也希望能得到精神的享受，即获得附着在物体上的属于意义性的、符号性的成分，而渴望幸运、幸福、吉祥又是大众普遍的心理。从这个意义上说，广告语写作把重点放在产品给受众带来良好的祝福上，应该说是能受到大众欢迎的，并博得他们的青睐的。法国马爹利白兰地酒的广告语："饮得高兴，心想事成"。在这里，酒本身的美味、香醇似乎并不重要，广告语宣传的是饮酒这个行动本身所蕴涵的情感意义，这就是大吉大利、万事如意。再如，人头马 XO 广告语："人头马一开，好事自然来"，该广告语迎合受众求好运的心理，宣传喝"人头马"能带给人们好运。

4. 广告语的写作要求

广告语是广告战略思想的集中体现，要以一个句子充分、准确地体现广告定位、广告主题、广告形象并非易事，从这个意义上说，广告语的创作要比写广告标题更困难。广告标题表现手法有多种多样：可直接，可间接；可正面，可反面。但广告语则必须从正面人手，既要完整、准确地表达广告战略思想，又要有鲜明的风格。因此，广告人应花大力气在广告语的写作上，以达到以下几方面的要求。

（1）新颖独到，与众不同。对大多数受众来说，每天无意或有意地会接触到无数条广告语。因为几乎每一个企业或产品做广告都离不开广告语，如果广告语平淡无奇，与其他产品的广告语大同小异，就不可能引人入胜，更无法让人难以忘怀。有的广告语毫无特色，套用甚至抄袭别人的创意和语句。例如，“学外语，找飞鱼”（飞鱼牌打字机广告语）；“要旅游，找春秋”（春秋旅行社广告语）。这种“×××，找××”的广告语因为使用者较多，给人一种陈词相同的感觉，难以起到应有的作用。

因此，努力创作一个别开生面、富有特色的广告语至关重要。例如，同样是咖啡广告语：“麦氏咖啡，情浓味更浓”（麦氏咖啡广告语）；“咖啡之王，唯我摩卡”（摩卡咖啡广告语）；“雀巢咖啡，味道好极了”（雀巢咖啡广告语）。这三则咖啡广告语，各有特色，“麦氏”赋予该咖啡人性化的色彩，“摩卡”突出自己品质的出众，“雀巢”强调自己良好的口味，从不同的角度创作出了令人印象深刻的广告语。

（2）简短有力，好读易记。因为广告语实质上是口号性宣传，需要在较长一段时期内反复使用，如果句子过长，就不利于受众记住广告所宣传的内容。正因为如此，广告语不像标题那样可以有双行标题或三行标题，它只能是一个句子．以确保广告语的简短有力。所谓“好读易记”就是创作广告语要利用汉语韵律，做到合辙押韵，节奏明快，字句铿锵，读起来朗朗上口。如美达窗帘的广告语：“一帘一景，美达情。”两个“一”字，一前一后，抑扬顿挫，加上“景”、“情”同韵，所以悦耳动听，令人过耳（目）难忘。

诸如此类的还有，“孔府家酒，叫人想家”（孔府家酒广告语），“洗衣用白猫，洗发用发奥”（发奥洗发液广告语）。这些广告语上句与下句字数相同，讲究押韵，读起来节奏感强，动听悦耳。干净利索的广告语也有利于受众记住广告语，从而让企业或产品的形象长驻人心。

（3）单一明确，正面宣传。单一是指广告语的写作要选择一个诉求点来宣传产品，而不能包含多方面的内容——不能既言此，又说彼。明确是指广告语不讲含蓄、悬念，不求深意。因为只有表意明确的广告语，才能使企业或产品的品牌在受众心中留下鲜明的印象，广告语才有可能成为产品或企业的“文字标识”或“特有语汇”。中国电信广告语：“用户至上，用心服务”；富康轿车广告语：“富康，可信赖的朋友。”前者把重点放在了该行业服务理念、服务态度的宣传上；后者则以充满人性化的语言表现了富康轿车的质量可靠、可信。两则广告语表意明确、清晰，宣传效果好。

作为一种口号性宣传，广告语还应从正面人手，加以宣传，而不能从反面、侧面着笔。因为从反面做宣传，往往不容易使企业形象、产品形象得到鲜明而有力的塑造，它给受众的印象往往不直接、不强烈，在这一点上，广告语与广告标题也是完全不同的。

（4）形象鲜明，号召力强。广告语写作要有特色，其中之一就是产品或企业的形象宣传要鲜明，并能鼓动受众在感情上认可它、向往它，在行动上购买它，这是广告语应做到的。例如：“其实男人更需要关怀”（丽珠得乐广告语），“挡不住的感觉”（可口可乐广告语）。前者以充满关切的语气对在社会、家庭中挑大梁的男性有一种感同身受的体贴呵护，令人感动，并产生付诸于购买行动的念头。后一条广告语则使人读后忍不住马上想品尝可口可乐，整个广告语洋溢着引诱人们采取行动的情绪。

【相关知识】

经典广告语欣赏

1. 雀巢咖啡：味道好极了

这是人们最熟悉的一句广告语，也是人们最喜欢的广告语。简单而又意味深远，朗朗上口，以至于雀巢以重金在全球征集新广告语时，发现没有一句比这句话更经典，所以就永久地保留了它。

2. M&M 巧克力：只溶在口，不溶在手

这是著名广告大师伯恩巴克的灵感之作，堪称经典，流传至今。它既反映了 M&M 巧克力糖衣包装的独特，又暗示 M&M 巧克力口味好，以至于我们不愿意使巧克力在手上停留片刻。

3. 百事可乐：新一代的选择

在与可口可乐的竞争中，百事可乐终于找到突破口，它们从年轻人身上发现市场，把自己定位为新生代的可乐，邀请新生代喜欢的超级歌星作为自己的品牌代言人，终于赢得青年人的青睐。一句广告语明确地传达了品牌的定位，创造了一个市场，这句广告语居功至伟。

4. 大众甲壳虫汽车：想想还是小的好

20 世纪 60 年代的美国汽车市场是大型车的天下，大众的甲壳虫汽车刚进入美国时根本就没有市场，伯恩巴克再次拯救了大众的甲壳虫，提出“Think Small”的主张，运用广告的力量，改变了美国人的观念，使美国人认识到小型车的优点。从此，大众的小型汽车就稳执美国汽车市场之牛耳，直到日本汽车进入美国市场。

5. 耐克：Just do it

耐克通过以 Just do it 为主题的系列广告，和篮球明星乔丹的明星效应，迅速成为体育用品的第一品牌，而这句广告语正符合青少年一代的心态，要做就做，只要与众不同，只要行动起来。

6. 诺基亚：科技以人为本

“科技以人为本”似乎不是诺基亚最早提出的，但却是诺基亚把这句话的内涵发挥得淋漓尽致。事实证明，诺基亚能够从一个小品牌一跃为移动电话市场的第一品牌，正是尊崇了这一理念，从产品开发到人才管理，真正体现了以人为本的理念。因此，口号喊得格外有力，因为言之有物。

7. 戴比尔斯钻石：钻石恒久远，一颗永流传

事实证明，经典的广告语总是丰富的内涵和优美的语句的结合体，戴比尔斯钻石的这句广告语，不仅道出了钻石的真正价值，而且也从另一个层面把爱情的价值提升到足够的高度，使人们很容易把钻石与爱情联系起来，这的确是最美妙的感觉。

8. 麦氏咖啡：滴滴香浓，意犹未尽

作为全球第二大咖啡品牌，麦氏咖啡的广告语堪称语言的经典。与雀巢不同，麦氏的感觉体验更胜一筹，虽然不如雀巢那么直白，但却符合品咖啡时的那种意境，同时又把麦氏咖啡的那种醇香与内心的感受紧紧结合起来，同样经得起考验。

9. IBM：四海一家的解决之道

在蓝色巨人经营处于低谷时，提出这一颇具煽动性的口号，希望不仅成为一个名副其实的跨国企业，而且真正成为为高科技电子领域提供一条龙解决方案的

企业。进入电子商务时代，IBM 正在实现这一角色，扮演着电子商务解决方案的提供商角色。

10. 柯达：串起生活每一刻

作为全球最大的感光材料的生产商，柯达在胶卷生产技术方面的领先已无须再用语言来形容，柯达更多地把拍照片和美好生活联系起来，让人们记住生活中那些幸福的时刻，因此请用柯达胶卷，这正是柯达想要的。

11. 山叶钢琴：学琴的孩子不会变坏

这是台湾地区最有名的广告语，它抓住父母的心态，采用攻心策略，不讲钢琴的优点，而是从学钢琴有利于孩子身心成长的角度，吸引孩子父母。这一点的确很有效，父母十分认同山叶的观点，于是购买山叶钢琴就是下一步的事情了。

12. 麦氏咖啡：好东西要与好朋友分享

这是麦氏咖啡进入台湾市场推出的广告语，由于雀巢已经牢牢占据台湾市场，那句广告语又已经深入人心，麦氏只好从情感入手，把咖啡与友情结合起来，深得台湾消费者的认同，于是麦氏就顺利进入台湾咖啡市场。当人们一看见麦氏咖啡，就想起与朋友分享的感觉，这种感觉的确很好。

13. 人头马 XO：人头马一开，好事自然来

尊贵的人头马非一般人能享受得起，因此喝人头马 XO 一定会有一些不同的感觉。人头马给你一个希望，只要喝人头马就会有好事等着到来。有了这样吉利的“占卜”，谁不愿意喝人头马呢?

14. 鹿牌威士忌：自在，则无所不在

在鹿牌威士忌的广告中，那个鹿头人身的家伙总是一副神情自若的样子，因为他经常喝鹿牌威士忌，那种感觉足以让你羡慕，享受一下鹿牌威士忌吧，自在的感觉你一定也会拥有。攻心的力量常常比精确的描述还有效。

15. 德芙巧克力：牛奶香浓，丝般感受

之所以够得上经典，在于那个“丝般感受”的心理体验，能够把巧克力细腻滑润的感觉用丝绸来形容，意境够高远，想象够丰富。充分利用联想感受，把语言的力量发挥到极致。

16. 可口可乐：永远的可口可乐，独一无二好味道

在碳酸饮料市场上可口可乐总是一副舍我其谁的姿态，似乎可乐就是可口。虽然可口可乐的广告语每几年就要换一次，而且也流传下来不少可以算得上经典的广告语，但还是这句用得时间最长，最能代表可口可乐的精神内涵。

17. 海尔：海尔，中国造

国产家用电器一向被认为质低价廉，即使是出口也很少打出中国制造的牌子。海尔在中国家电工业走向成熟的时候，果断地打出“中国造”的旗号，增强了民族自豪感。就广告语本身而言，妙就妙在一个“造”上，简洁有力，底气十足。

18. 中国联通：情系中国结，联通四海心

联通的标志是一个中国结的形象，本身就充满了亲和力。联通把自己的标志和品牌名称自然地融入到广告语中，从外表到精神做到了和谐统一，反映了企业的精神理念。

19. 商务通：科技让你更轻松

简单、易用的商务通解释了什么叫“科技让你更轻松”。凭借着铺天盖地的广告，商务通创造了一个市场。

20. 飞亚达：一旦拥有，别无所求

当人们的生活品质达到一定高度后，手表就不再是看时间这么单一的用途了，飞亚达用高贵的品质，把自己与身份联系起来，使人们戴上飞亚达手表后，更多感受的是不凡的气质和唯我独享的尊崇感受。

21. 李宁：把精彩留给自己

国内最好的体育用品恐怕非“李宁”莫属了。体育用品是年轻人的天下，既没有耐克的超级明星，又没有锐步的国际背景，李宁的“把精彩留给自己”却也同样符合青少年的心态，谁不希望精彩呢？

22. 康师傅：好吃看得见

台湾地区品牌，标准的“墙内开花，墙外红”，一个普通的方便面，能够让美味看得见，的确不容易。

23. 张裕：传奇品质，百年张裕

当进口红酒蜂拥进入中国市场时，以张裕为代表的国产红酒并没有被击退，而是通过塑造百年张裕的品牌形象，丰富了酒文化内涵，使一个拥有传奇品质的民族老字号企业毅然挺立。

24. 新飞冰箱：新飞广告做的好，不如新飞冰箱好

这个广告曾经引起争议，语言学术界、广告评论界、竞争对手都加入了讨论的行列，褒也好，贬也好，反正新飞是没事偷着乐，毕竟广告能引起如此广泛的关注就是成功，新飞的知名度不知又提升了多少。

25. 孔府家酒：孔府家酒，叫人想家

1995年最引人注目的就是王姬为孔府家酒拍的广告，孔府家酒巧妙地把《北京人在纽约》的火爆嫁接到自己的广告中来，而一炮成名的王姬和“千万次的问”成为最大的记忆点，不过人们也记住了“孔府家酒，叫人想家”这句充满中国人亲情的广告语。

26. 上海别克：当代精神，当代车

直到通用别克轿车进入中国，才结束中国只能引进国外过时车型的历史，通用别克是第一个引进的当代车型，无论车型还是广告形象都体现了当代车的风范，不含一滴水分也许就是别克轿车当代精神的折射。

27. 奥妮洗发水：黑头发，中国货

当洗发水市场上的民族品牌一个接一个被吞噬的时候，只有重庆奥妮还屹立不倒，而且还大有向国际品牌发难的气势，“黑头发，中国货”就是对国货的自信和信心。

28. 春都火腿肠：春都进万家，宾朋满天下

还记得那个会跳舞的火腿肠吗？当年春都火腿肠可是电视上的宠儿，而这句广告语则充满了热情洋溢的激情，令人感到温暖。

29. 舒肤佳：促进健康为全家

宝洁的广告从不张扬，而是实实在在，堪称实效广告的典范。舒肤佳也不例外，第一个提出杀菌的概念，“促进健康为全家”的广告语也来得很实在。

30. 农夫山泉：农夫山泉，有点甜

一句广告语打响一个品牌用在农夫山泉身上绝不过分。没有这句广告语就没有广告的成功，而品牌的长期积累，则离不开这句广告语的作用。换一个角度去看瓶装水，换一个思维去理解瓶装水，就会找到差异，而后，你的品牌个性也就不难塑造了。

14.3　广告正文的写作

1. 什么是广告正文

广告正文又叫广告内文，是对广告主题详细阐述的部分。通常用来介绍产品的功效、产品给消费者带来的利益或者企业的特点、宗旨等，通过广告正文的详细解说来劝服受众，促使他们采取行动。

广告正文通常具有以下特点。

（1）解释性。广告正文通常要对标题进行解释，由于广告标题的主要作用是吸引"眼球"，且字数不宜过多，有关商品信息的表达往往是点到为止，因此正文就需要对标题所涉及的相关内容作进一步的扩充和说明。

（2）说服性。如果说广告标题的主要作用是吸引人，那么广告正文的作用是说服人。正文不仅要对产品的基本特征解释清楚，而且还需要让受众对你所说的内容产生信赖感。这就要求正文担当起向受众提供有关商品信息中令人信服的证据——或具体事例或详细数据。因为只有让受众对产品心悦诚服，才可能促使他们产生购买的行动。

（3）鼓动性。产品广告与产品说明书的区别之一在于前者在介绍产品过程中，有较强的宣传色彩——含有对产品的称赞、推荐和鼓励受众购买的意思。这种宣传色彩虽然贯穿于标题、正文、广告语甚至随文中，但正文在实现鼓动性方面无疑起到更为主要的作用。例如，一些对话体正文的结尾，往往有一角色在介绍完该产品的优点后，对另一位说"赶快去买吧"，这其实就是广告正文鼓动受众最直接的告白。当然，更多的广告正文则是在字里行间表露出含蓄的推动力。

2. 广告正文的类型

根据正文的表现形式，广告正文可分为陈述体、说明体、独白体、对话体、故事体、歌曲体等多种形式。

（1）陈述体。陈述体广告正文以简明扼要的叙述方式来介绍广告所宣传的商品或劳务等信息。请看下面一则哥伦比亚咖啡豆的广告正文。

哥伦比亚咖啡豆，制成世界上最香浓的咖啡。哥伦比亚弟斯山脉，是世界上种植咖啡的最好地方。那里有肥沃的火山土壤，温和的气候以及适量的阳光和雨水，保证了每一粒咖啡豆的完美成长。待到咖啡豆成熟时，人们采用手工摘取，只有最好的咖啡豆才进行烘烤，以确保其独特的味道及芳香。假如您是一位咖啡爱好者，一定要选用哥伦比亚咖啡豆制成的咖啡。在中国，唯有麦氏超级特选速溶咖啡和生活伴侣杯装咖啡才是您最终的选择，与众不同！

该广告正文较为详细地陈述了哥伦比亚咖啡豆良好的生长环境，人工采摘方法以及它独特的味道及芳香，使人对该产品不能不"口服心服"。

（2）说明体。说明体广告正文以说明为表达方式，着重对产品或劳务的性能、特征、用途等加以说明解释。下面就是"左旋维他命 C"护肤品的广告。

25 岁以后，选择左旋的 3 大缘由。

缘由一：25 岁以后，肌肤 28 天的新陈代谢开始减缓，出现皱纹、色斑、干燥、灰暗等症状。

缘由二：左旋维他命 C 能够激活新陈代谢，促进自身胶原蛋白合成，使弹力素重新发挥作用，抚平皱纹。发挥强大的保湿、美白、抗衰老的三重功效。

缘由三：左旋维他命 C 显著的功效、极具针对性的定位、合理的价位和良好的品牌，是 25 岁以上女性必备的抗衰老精品。

这则广告正文写得简洁明快，缘由一说明人进入 25 岁后，皮肤会发生一些不良的现象，言下之意，25 岁后，人的皮肤需要保养；缘由二、三主要说明维他命 C 护肤品延缓衰老的良好作用。由于正文以三小段构成，每一小段主要说明一个方面，所以较明确清晰。

写说明体广告正文，要善于抓住事物的特征，尤其是应把重点放在本产品与同类产品的不同上。同时，可采用综合说明方法，如举例说明、数字说明、比较说明、定义说明等，以使产品的信息表达得明确而生动。写说明式的广告正文应少用专业性过强的术语。

（3）故事体。故事体广告是人们喜闻乐见的一种广告宣传方式。它是通过设置一个与产品相关的情节来介绍产品。正文因为有了故事情节，就显得有起伏，就能激发受众的兴趣，使他们在看完故事后，对产品产生较深的印象。我叫×××，多年来常常被牙痛折磨得苦不堪言。牙痛发作时，饮食难进，坐卧不宁，日不能餐，夜不能寐，无可奈何地跑到医院挂急诊，结果医生也只好将病牙拔去。此后，我的牙痛每发作一次，就要去医院拔下一颗牙。就这样，一年之中我竟拔掉了六颗牙!于是我不得不为即将很快失去满口牙齿而深深忧虑。正当此时，一个偶然的机会，我看到了××报上刊登的××药物牙膏广告。广告上不仅说明了使用该牙膏能治各种牙痛病，同时还有不少牙痛患者的来信片断。信的内容都是说使用该牙膏后，牙痛大大减轻甚至痊愈。我抱着试试看的态度买来××药物牙膏开始使用，一天刷几次，连刷几天，原来松动的牙齿不动了，用力刷也没有疼痛感觉了。经过一年的考验，吃煎炒之类的东西没有问题了。欣喜之余，我又不禁后悔起来：怎么前几年就不知道有这种药物牙膏呢？如那时就用上，那六颗牙也不致于那么轻易地被拔去呀!真是太可惜了。不过现在用××药物牙膏虽说是晚了一点，但到底根除了我的牙痛之苦，我真感激生产××药物牙膏的×××牙膏厂，也要感谢××报上刊登的那幅广告。这是一则药物牙膏的广告，采用第一人称，自述所见、所闻、所经历，显得亲切自然。

写作故事体广告正文，要注意以下几点。一是故事中的人物与产品要有一定的关联。因为百事可乐的主要目标受众是年轻人，故以青春、健康的郭富城作为故事中的主角是非常恰当的。二是所设置的情节既不能太复杂，但也要有点曲折，最好说明某种产品或服务解决了矛盾或难题，这样既能引人入胜，又能较好地宣传产品。但如果情节过于复杂的话，就容易使受众沉湎于故事本身的曲折、离奇中，而忽略了产品的信息。三是在情节发展中自然而然地推出产品，而不是情节与产品的硬性拼凑，这里关键是要找到一个建构故事的良好情节框架，而产品应成为情节发展中不可或缺的因素。

（4）独白体。所谓独白体广告正文，是以人物的自我言语来介绍产品，其标志为用第一人称“我”。常见的独白有两种情形：一种是受众的独白，通常是谈自己购买、使用了广告产品后的感受、变化来证明产品的功效，这是一种“让消费者告诉消费者”的宣传办法；另一种是站在广告主的立场上，来向受众做产品宣传，它能拉近产品和消费者的距离，较有人情味。例如，耐克（NIKE）公司广告：

我，不要一刻钟的名声，我要一种生活。

我不愿成为摄像镜头中引人注目的焦点，我要一种事业。

我不想抓住所有我能拥有的，我想桃选最好的。

我不想出售一个公司，我想创建一个。

我要保持稳定，我持续不断地重新解释诺言，沿着这条路一定会有瞬间的辉煌。

总之，我就是我。

但这一刻，还有更伟大的，杰出的记录。

我将不再遗憾地回顾，我将始终信奉理想。

我希望被记住，不是被回忆。

并且我希望与众不同，只要行动起来。

（5）对话体。对话体广告正文借助于两个或多个人物间的一问一答来宣传产品，它针对性强，逐一解释产品特点，有较强的吸引力与说服力。特别是因其常模拟角色与情境，故给人身临其境之感，听起来也较亲切，在广播广告和电视广告中最为常见。下面是 IBM 帮助教育家建立虚拟教室的一则对话体广告（女孩篇）。

“是援助中心吗？我需要帮助。”

“是什么帮助？”

“我想知道恐龙、机器人、太空，天为什么是蓝的，很多很多。”

“你应该去学校才对呀。”

“我没法去，我家在山区，学校太远了。”

“哦，是这样啊。你来我们的虚拟教室吧。”

“那有我的座位吗？”

“教室是虚拟的，随时都有座位。”

“太棒了！”

值得注意的是，对话体广告要注意人物与产品间应保持一定的联系，这样才可增加产品给予受众的真实感和信任感。例如，以两个家庭主妇的互问互答来介绍洗衣粉、调味品之类的日常用品，效果就比较好。反之，让她们介绍科技产品就不合适了，因为此时人物与产品构不成良好的关系。

（6）歌曲体。歌曲体广告是通过演唱歌曲（即广告歌）的方式来对产品进行广告宣传的一种方式。歌曲体因其旋律优美、动听，故特别容易感染人、打动人，广告所传递的产品信息也会潜移默化地到达受众心中。歌曲体广告通常有这样几种形式：一是唱半句；二是歌词只有一句或两句；三是一首完整的广告歌。优秀的广告歌一经播出，便广为流传，无论男女老幼，只要一听见那熟悉的旋律，便自然而然地会想到某一特定品牌的产品，甚至该广告已不再播了，但受众仍然对该广告歌记忆犹新。例如，一首“卖汤圆”，唱出了无数国人对汤圆的回味。

卖汤圆，卖汤圆。小二哥的汤圆是圆又圆。一碗汤圆满又满，三毛钱呀卖一碗。汤圆，汤圆，卖汤圆，汤圆一样可以当茶饭。

卖汤圆，卖汤圆。小二哥的汤圆是圆又圆。一碗汤圆满又满，三毛钱呀卖一碗。汤圆，汤圆，卖汤圆，公平交易可以保退换。

卖汤圆，卖汤圆。小二哥的汤圆是圆又圆。要吃汤圆快来买，吃了汤圆好团圆。汤圆，汤圆，卖汤圆。慢来一步只怕要卖完。哎嘿哎哟。汤圆，汤圆，卖汤圆，慢来一步只怕要卖完。

此外，写作广告歌要注意抓住产品的特点，写出形象明快的歌词，语句不宜太长。

3. 广告正文写作要求

广告大师大卫·奥格威指出：“广告的内容比表现内容的方法更重要，真正决定消费者购买或不购买的是你的广告内容而非形式。”确实，向受众介绍产品或劳务信息，是广告文案的重要任务，而正文则是商品信息最密集的部分。如何在正文中较好地传递商品信息使受众愉快地理解、接受并产生购买欲望，这就需要我们在正文写作中注意以下几点。

（1）准确真实，忌夸大造假。真实是广告的生命。《中华人民共和国广告法》明确规定：广告应当真实、合法，符合社会主义精神文明建设的要求，广告不得含有虚伪的内容，不得欺骗和误导消费者。可见，无论是什么性质的广告，所宣传的事物都必须实事求是，有一说一，不能夸大其词，不能移花接木，这样才能使受众对广告主和产品产生信赖。例如，英国某市的一条街上有三家裁缝店，相互间为争夺客源，打出了各自的广告。其中一家裁缝店的广告是：“英国最好的裁缝店”，另一家裁缝店的广告是：“本市最好的裁缝店”，第三家裁缝店打出的广告是：“本街最好的裁缝店。”结果第三家裁缝店门庭若市，因为前两家裁缝店的广告有失真、杜撰之嫌，而第三家裁缝店广告真实可信。可见，真实的广告内容是赢得受众对产品信赖的最基本的途径，而那些动辄夸耀自己产品“全国知名”、“享誉海内外”的宣传，是很难使受众相信的，弄得不好，反而会使受众对产品产生一种抵触情绪。况且，广告产品若是把自己说得十全十美的话，反而令受众生疑，因为在人们印象中，世上哪有十全十美的产品？例如，做房地产广告，说地段好、价格好、朝向好、房型好，没有缺点，受众就会发生困惑：世上哪有如此价廉物美的东西？反而会对产品的真实性产生怀疑。

（2）突出重点，忌面面俱到。广告正文必须围绕广告主题，对产品信息进行提炼、分析、研究，从而抓住其中一二点做重点宣传。这个重点可以是产品在同类产品中独一无二的特点，也可以是受众使用广告产品时经常遇到的问题。如果一篇广告正文对某种产品面面俱到地宣传，受众读后也许抓不住要点，广告效果反而会较差。因此，广告正文写作要去掉可有可无的信息，以突出重点。从这个意义上说，广告正文并非是越长越好。有些广告主为了说明自己的产品有出众之优势，总想往广告中写进所有的商品信息，以使受众对产品有个全面的了解。然而，面面俱到的介绍，会使广告信息重点不突出，印象不深，效果反而不好。

例如，某房地产广告的正文是这样介绍自己的五大优点的：优点一，因为配合市政动迁而非批租故价位低；优点二，近地铁口所以交通方便；优点三，邻近上影外景地，升值潜力大；优点四，小区规划及单位设计专业水准高；优点五，社区服务完善。该广告介绍自己的优势可谓十分详细，但是它胡子眉毛一把抓，重点不突出，广告产品独一无二的优点也将淹没在许多特点的介绍中，广告效果未必好。

如果有些商品信息非得通过广告加以表现，那么不妨把它设计成系列广告，系列广告的每一个单篇强调一二个产品特点，整个系列则共同传递产品的所有信息。当然，这里所说的不包括那些产品宣传小册子，诸如邮寄广告之类。

（3）具体明确，忌笼统空泛。广告正文是传递产品信息的主要载体，产品信息的介绍应该具体、明确，不能笼统、空谈，也不能含蓄、朦胧。有的广告正文虽然语句流畅，也较生动，但产品的信息量几乎为零。这样的广告不能不说是失败之作。

例如，某电视广告画面播出的是人物的对话，一个问："方便面怎么吃？"另一个答："煮着吃。"该广告所述内容空洞，使人不得要领：其一，方便面如需煮着吃就谈不上方便面了；其二，关于该方便面的牌子等一些关键信息却只字未提，这不由使人疑心这广告是白做了。

再如，某家涂料厂的广告正文原来用的是："价廉物美，实行三包"之类的套话，效果不佳。后来，厂家就把正文改为："涂料每公斤 0.76 元，可以涂刷 4 平方米左右墙面。27 平方米的住户，只用 6.5 公斤涂料，不到 5 元钱。"于是销量激增。为什么会出现截然不同的情况呢？因为前者表述笼统，叙述概念化；后者具体、明确，使人读后对该产品使用价值了如指掌。

要求广告正文写得具体明确，并不是说广告正文写得越长越好，越详细越好，而是指正文要把产品的关键信息介绍给大家。例如，护肤品广告的正文就需具体介绍它的功效，语言需简明扼要。有些广告的篇幅长，看似信息量大，但由于文笔拖泥带水，反而使人不得要领。要避免正文叙述笼统空泛。有一点要注意，就是必须站在受众的立场上而不是一味地从自己的角度看待事物，要把那些专业化、技术化的产品特性转化为感受化、具体化、个人化的具体利益。例如，"安全气囊"作为现代汽车的安全辅助工具，其基本特点是"救助"。如何具体地表述这个特点而不是过多地说明它的技术性能或者笼统地陈述它的特点，有人是这样表述的："在海上叫救生圈，在陆地上叫安全气囊。"这个广告，十分准确而又具体明确地表达了"安全气囊"的特点、作用。

（4）亲切生动，忌枯燥乏味。广告大师乔治・葛里宾认为："广告在技巧方面比写新闻要困难得多。"正因为如此，广告正文要努力给人亲切、生动、活泼、有趣的感觉，而不是枯燥、乏味的说理。这就要求广告写作者像一个老朋友推心置腹地推荐产品，而不是强硬地推销产品。为此，要尽量使用亲切、朴实的句子或词语。上海某家具厂推出新款家具时所做的广告宣传就值得借鉴："青年朋友们，愿你们根据自己经济能力选购合适的家具。”这样的宣传充满了对受众的关心、体贴和友善。也可采用“让消费者告诉消费者”的办法，即选择某一具有代表性的、使用过广告产品的受众，让他（她）向人们介绍产品带来的好处。这佯，不仅使受众有一种信服感，而且也给人以亲切感。例如，奥妙洗衣粉的电视广告就是一家庭主妇的一段话：“用了奥妙洗衣粉，衣服白的更白了，艳的更艳了。”如此大众化的语言，朴实无华，给人以亲切之感，也易让人产生信赖。

4. 广告正文写作技法

（1）根据主题精选材料。广告正文是传递广告信息的主体，它所负载的信息必须是在广告策划阶段经调查研究后确定的有关企业、商品或服务的诉求重点。拟写广告正文，必须根据诉求重点来选择有说服力或有感染力的材料。只有紧扣主题，突出重点，广告正文才可能在受众中留下比较深刻的印象。

（2）写好第一句。广告正文的第一句是广告标题与广告正文的衔接句，承担着承上启下的使命，在广告正文中的地位较为重要。因此，国外广告界通常将广告正文的第一句独立出来，叫做引言。

（3）进一步发挥标题。广告正文应该和广告标题具有一定的一致性和关联性，因而广告正文必须进一步发挥标题，对广告标题进行解释和补充，否则容易使受众产生上当受骗感，产生与广告预期目标相反的效果。

（4）根据体裁和内容安排好结构。安排正文的结构首先要考虑广告文案的体裁。广告文案可以采用说明体、故事体、诗歌体、对话体等，体裁不同，广告文案的结构也有所不同。

（5）直述要点，切勿含糊其辞。广告正文必须体现出广告的战略目的，因而必须做出切实的利益承诺，塑造明确的广告形象，表现出鲜明的广告主题。

（6）提供与消费者利益直接相关的内容。在广告正文中加入与广告受众的利益直接相关的内容，它可以增强广告与受众的相关度，从而引起受众的注意并激起他们的兴趣。

（7）尊重事实，不要唱高调。对产品进行令人生厌的夸耀、自吹自擂应该避免。相反，应该用诚实的态度来取得消费者的好感。

（8）通俗易懂。广告正文应该采取大家熟悉的简单词句来进行写作，让人一看便知，一听即晓。这对创作人员是一个极大的挑战，因为通俗的语句往往显得比较普通，如何使通俗语句变得别具风格成为一个难题。

（9）增加趣味性。广告正文一般信息量大，要想吸引读者一口气读完，往往要靠增加趣味因素。新鲜的事实，生动的人物和故事，幽默感，适当的提问都有助于增加正文的趣味性。

（10）提出建议，并提供消费者参与办法。广告正文必须在最后对这一理由做出归纳，使之更加明确，在此基础上向受众提出某项建议，并提供适当的参与办法。

14.4 广告随文的写作

1. 什么是广告随文

广告随文又称广告附文，是对广告内容作进一步的补充说明。具体而言，是向受众说明、介绍广告主、商品及有关附属信息的文字部分。它是整个广告文案的有机组成部分，具有重要的推销作用。随文的写作旨在强化企业、商品的某些特征，提供联系方法或进一步促进受众购买产品。广告随文通常由以下几部分内容组成。

（1）企业标识。它是广告所宣传的企业或机构等广告主方面的信息，如企业名称、企业专用字体、专用颜色、企业的标识等，特别是做企业形象广告时，这部分内容必不可少。

（2）商品标识。它是广告宣传的产品方面的附加信息，包括产品的商标、品牌名称等。这些要素也都是广告产品的关键信息，直接关系到产品能否长驻受众心中。

（3）联系方式。向受众提供与广告主联系的方法，是随文常见的内容。它包括广告主的地址、电话、传真、网址、手机号、邮政编码、联系人及联系方式等。

（4）权威机构的认证标识或获奖证明资料，如广告主获奖证明资料、获得过的重要证书（如专利认可证、卫生许可证、国际 ISO 认证等）。其中有些内容或许正文已提及过，但随文中如有相关的复印材料，对受众就更有说服力了。

（5）其他。随文内容还可以是优惠办法、赠券、抽奖办法等。

2. 广告随文的类型

广告随文根据其表现形式的不同，大致可分为常规式、表格式、附言式、条签式等几种形式。

（1）常规式。常规式广告随文是围绕广告战略目标、广告对象，选择若干项随文内容一一列出。几乎所有的广告文案都离不开随文，因为随文关系到产品与受众能否实现进一步的交流，甚至个别广告为了节省费用，文案中只有广告标题和广告随文或只有广告语和广告随文，这种情况在电视广告中存在得较多。一般来说，随文内容涉及企业或商标名称以及联络方式（广告主的地址、电话等），而联系方式几乎可以说是必不可少的。

（2）表格式。有时，为了使随文的内容表达得更为清楚，使受众一目了然，并使广告文案显得有所变化，随文的内容可以表格的形式出现。例如，“碧生源”针对本产品能帮助患者排除体内垃圾的作用，从“人群”、“中度表现”、“重度表现”、“重要原因”四方面，设计了一张“体内垃圾在肠道过夜常见表现对照表”作为随文的一部分。受众对照该表，一下子就可以检查自己是否有“不良表现”。显然，这张表对于促进受众根据自身情况，采取相应措施，即买“碧生源”起到了极好的作用。

（3）附言式。附言式广告随文往往以“特别提醒”、“好消息”、“惊喜”等词语领起，向受众提供与广告内容相关的一些附属信息。写附言式广告随文尤其要把创意放在首位，否则，人云亦云的附言式广告随文不能引起受众的兴趣，也不能起到促进受众购买产品的作用。

（4）条鉴式。条签式广告随文是在广告文案中设计一张简短的条签，以虚线或方格等形式表示，它可以是一张回邮单，也可以是其他内容。条签式广告随文的作用主要是进一步促进受众与广告士进行联系或对广告信息作出相关的反馈，一般以获得赠品或抽奖的形式来鼓励受众参与。

3. 广告随文写作要求

广告随文具有推销的重要作用，因此，那种重视广告标题、正文、广告语的写作而忽略广告随文写作的认识和做法是十分不明智的。广告随文应始终围绕着广告主题、广告目标，独特而清晰地传递与广告内容相关的信息。要写好广告随文，应符合以下几方面的要求。

（1）有选择地陈述有关信息。广告随文包含较多内容，但无需把所有的随文内容一一写出。罗列过多，会使关键信息不突出，广告宣传效果反而不好。因此，在写作中，应根据广告主题突出几条关键的与广告主相关的附加信息。

（2）有较鲜明的可识别性内容标识。广告随文应有较鲜明的可识别性内容和标识，这样无论是企业也好，商品也好，都能让受众一眼就可以把此公司与彼公司、此产品与彼产品区分开来，这就要求在随文设计与写作中加入一些直观易记的辅助说明。例如，上海三菱电梯有限公买断了“4303030”这个电话号码作为服务电话，因为“30”和三菱公司读音相近，使人过耳难忘，这样，受众与公司联系就特别方便。

（3）积极创意，号召行动。创意应贯穿于整个广告文案中，包括随文。好的广告随文能增加受众对产品的亲和力，能召唤他们对产品进一步关注，直接诱导、促进他们购买，并使人产生耳目一新的感觉。例如，在随文中注明：“收集若干份此产品的广告就可免费领取一份产品”，是许多广告文案写作者惯用的做法。但某营养液的广告随文与此相比就更胜一筹，它的随文是这样的：“凭不及格考试成绩单，可免费领取××牌营养液一瓶。”显然，这样的随文很容易使受众在大同小异的各种广告随文中感到一种与众不同的东西，从而加强对广告产品的进一步关注，促进人们购买产品。

（4）合理安排广告随文的位置。随文通常出现在广告文案的尾部，但也可出现在文案的左上方或右上方；可以以条款的方式分行、分项列出，亦可化整为零地安排在文案中的恰当位置。

总之，广告文案是体现广告主题的文字部分，承担着传递产品、企业、服务信息的任务，其中，广告标题、广告正文、广告语、广告随文在文案中各有自己独特的作用，各要素写作的质量如何将直接关系到整个广告文案的成败。因此，遵循广告文案各个要素的写作规范，掌握它们的写作技巧是十分重要的。另外，值得一提的是，广告文案是一种独特的文体，它一方面表现出较鲜明的程式化倾向，通常由标题、正文、广告语、随文组成；另一方面，由于受广告媒体、受众及产品在不同成长阶段等因素的影响，广告文案结构又具有开放性、灵活性的特点，即广告文案有时也可以只由其中一个或几个要素组成。并且，在很多情况下，广告文案的写作要适当考虑如何与画面、音响等其他要素整合在一起。从这个意义上说，广告文案的写作是一项系统的工程。

任务总结

广告文案是广告作品中表现广告主题、传递广告信息的最主要部分。广告文案又称广告文稿，是指广告作品中的语言文字部分。一则完整的广告文案包括广告语、广告标题、广告正文和随文四个组成部分，各个部分分别传达着不同的信息、发挥着不同的作用。

广告标题是广告文案中旨在传达最为重要的或最能引起诉求对象注意的信息的语句，位于广告文案最醒目位置，是一则广告文案的导入部分。广告标题在整个广告文案中的作用主要体现在以下四个方面：突出最重要的广告信息、诱导受众进一步阅读正文、吸引目标消费者的注意力、强化品牌信息。广告标题可以有多种形式，按语言格式分为：陈述式、问题式、悬念式、祈使式、修辞式等。广告标题的优劣直接关系到整个广告文案的成败，我们在撰写过程中必须注意以下几个方面：出奇制胜，富有创意；尽量突出广告商品的品牌；简洁明了，通俗易懂；努力表现商品的特性；引导读者进一步关注正文；慎用否定句式。

广告语又叫“广告口号”，它是为了强化受众对企业、商品或服务的印象，在广告中长期反复使用的特定宣传用语。由于广告语一般要在较长时间内反复使用，所以，写好一条令受众经久难忘的广告语是广告文案创作中的一个重要任务。常见的广告语的类型有以下几种：突出商品品牌的广告语、反映企业或产品悠久历史的广告语、反映产品高品质高档次的广告语、反映企业或产品带给受众利益的广告语、表现企业经营理念的广告语、反映企业或产品特点的广告语、表现产品给受众带来良好祝福的广告语。广告语的写作必须从正面人手，既要完整、准确地表达广告战略思想，又要有鲜明的风格。因此，广告人应花大力气在广告语的写作上，以达到以下几方面的要求：新颖独到，与众不同；简短有力，好读易记；单一明确，正面宣传；形象鲜明，号召力强。

广告正文又叫广告内文，是对广告主题详细阐述的部分，通常具有以下特点：解释性、说服性、鼓动性。根据正文的表现形式，广告正文可分为陈述体、说明体、独白体、对话体、故事体、歌曲体等多种形式。如何在正文中较好地传递商品信息使受众愉快地理解、接受并产生购买欲望，需要我们在正文写作中注意以下几点：准确真实，忌夸大造假；突出重点，忌面面俱到；具体明确，忌笼统空泛；亲切生动，忌枯燥乏味。

广告随文又称广告附文，是对广告内容作进一步的补充说明。通常广告随文由以下几部分内容组成：企业标识、商品标识、联系方式等。广告随文应始终围绕着广告主题、广告目标，独特而清晰地传递与广告内容相关的信息。要写好广告随文，应符合以下几方面的要求：有选择地陈述有关信息；有较鲜明的可识别性内容标识；积极创意，号召行动；合理安排广告随文的位置。

任务15　撰写广告策划书

【任务引入】

李奥·贝纳曾讲过一个广为人知的故事：当年顺风牌汽车推出时，正面临着与福特汽车及雪佛莱汽车两大巨人的竞争。当时曾有六个不同形式的策划方案被呈送给克莱斯勒公司决策层，其中一个就是著名的“三家都看看”（Look of All Three），然而这个方案立刻被否定了。但由于疏忽的原因，在广告方案递交给克莱斯勒老板批准时，这个方案仍夹在其中。而这个老板在几个方案中却偏偏看中了这一个，尽管高层一致反对，他仍旧力排众议。

李奥·贝纳颇为感慨地说：“毫不夸张，这个广告使得顺风牌汽车在一夜之间进入到一个伟大的时代！”这是一个有点极端的案例，但是一个广告策划方案能否顺利获得批准，对广告运作太重要了，所以广告策划方案要做的事情就不仅是提出建议，还要使建议极具说服力，这就涉及广告策划书的写作方式和内容构成的问题。

1. 你认为一个好的广告策划书应该是什么样的？
2. “三家都看看”为什么会被老板看重？
3. 一个成功的广告策划方案对广告人、广告主意味着什么？

知识链接

15.1　什么是广告策划书

广告策划书是由广告策划者根据广告策划的结果撰写、提供给广告主审核、认可，为广告活动提供策略指导和具体实施计划的一种应用性文件。

一个广告活动主要由计划、实施、评价三部分组成。一次广告活动能不能做、怎么做，广告人员要做到心中有数、胸有成竹。只有运筹帷幄之中，才能决胜千里之外。在广告活动中，广告公司接到广告主的邀约后（可能并非唯一），要组建策划小组，在市场分析的基础上，对这次广告活动进行策划，制定相应的战略战术，经过思考酝酿逐步成形策划思想，通过文字的形式表现出来，也就是广告策划书。广告策划书之于广告主是很重要的，因为它意味着广告主的钱是否得到了“拿银子换金子”的作用；对于广告公司而言，它意味着在这个并不唯一的邀约中你是否能够争取到广告代理权，拿到代理费；对于广告人而言，它意味着你的策划思想能否得到社会的承认。所以进行广告策划需要遵循一定的规律，以客户为中心，按规定的路线图精心谋划。

15.2 广告策划书的形成过程

广告策划书的拟定，大致要分为三个阶段。

1. 分析研究

这是撰写策划书的准备阶段。对广告活动的策划不可能凭空虚构，不是闭门造车仅通过想象就能产生的，而要迈出斗室，在深入市场调查研究后想出来的。在这个阶段，主要是搜集有关市场、企业、商品、消费者、以及与广告活动相关的外部环境的资料，并加以分析，形成初步的广告定位。

2. 拟定策划书纲要

在第一阶段分析研究的基础上，大致框定广告策划的基本框架、大致内容以及策划的重点内容。

3. 拟定具体的可执行计划

根据策划书纲要的要求，写就广告策划书。

15.3 广告策划书的内容

广告策划书是广告策划运作结果的总结，广告策划各个环节的内容和决策的结果都要在策划书中体现出来，一个完整的广告策划书的内容包括以下几项。

1. 前言

这是全部计划的纲要，它的目的是把广告策划的要点提出来，让企业的高层决策者或执行人员快速阅读和了解，使企业高层决策者或执行人员对策划的某一部分有疑问时，能通过翻阅该部分迅速了解细节。这部分内容不宜太长，以数百字为佳，所以有的广告策划书称这部分为策划摘要。

2. 市场分析

一般包括四方面的内容：企业经营情况分析、产品分析、市场分析、消费者研究。撰写时应根据产品分析的结果，说明广告产品自身所具备的特点和优点；再根据市场分析的情况，把广告产品与市场中各种同类商品进行比较，并指出消费者的爱好和偏向。如果有可能，也可提出广告产品的改进或开发建议。有的广告策划书称这部分为情况分析，简短地叙述广告主及广告产品的历史，对产品、消费者和竞争者进行评估。

3. 广告战略或广告重点

一般应根据产品定位和市场研究结果，阐明广告策略的重点，说明用什么方法使广告产品在消费者心目中建立深刻的印象，用什么方法刺激消费者产生购买兴趣，用什么方法改变消费者的使用习惯并使消费者选购和使用广告产品，用什么方法扩大广告产品的销售范围，用什么方法使消费者形成新的购买习惯。有的广告策划书在这部分内容中增设促销活动计划，写明促销活动的目的、策略和设想；也有把促销活动计划作为单独文件分别处理的。

4. 广告对象或广告诉求

主要根据产品定位和市场研究来定位广告传播的对象是谁，并大致测算出广告对象有多少人、多少户。根据人口研究结果，列出有关人口的分析数据，概述潜在消费者的需求特征和心理特征、生活方式和消费方式等。

5. 广告地区或诉求地区

应确定广告产品的目标市场范围，并说明选择此特定分布地区的理由。

6. 广告策略

要详细说明广告实施的具体细节。撰写者应把所涉及的媒体计划清晰、完整而又简短地设计出来，详细程度可根据媒体计划的复杂性而定，也可另行制定媒体策划书。一般至少应清楚地叙述所使用的媒体、使用该媒体的目的、媒体策略、媒体计划。如果选用多种媒体，则需对各类媒体的刊播及如何交叉配合加以说明。

7. 广告预算及分配

要根据广告策略的内容，详细列出媒体选用情况及所需费用、每次刊播的价格，最好能制成表格，列出调研、设计、制作等费用。也有人将这部分内容列入广告预算书中专门介绍。

8. 广告效果预测

主要说明经广告主认可，按照广告计划实施广告活动，预计可达到的目标。这一目标应该和前言部分规定的目标任务相呼应。

在实际撰写广告策划书时，上述八个部分可有增减或合并分列。例如，可增加公关策划、广告建议等部分，也可将最后部分改为结束语或结论，根据具体情况而定。

写广告策划书一般要求简短，避免冗长，要删除一切多余的文字，力求简练、易读、易懂；撰写广告策划书时，尽量不要引用观点，广告策划的决策者和执行者不在意是谁的观念、谁的建议，他们需要的是事实；广告策划书在每一部分的开始最好有一个简短的摘要，提示广告决策者和执行者阅读；每一部分中最好还要说明所使用资料的来源，使策划书增加可信度。一般说来，广告策划书不要超过二万字，如果篇幅过长，可将图表及有关说明材料用附录的办法解决。

15.4 广告策划书的一般格式

根据广告策划书的内容要点，参照许多广告策划者在实践中总结出来的广告策划书的格式，广告策划书的一般格式如下。

1. 封面

一份完整的广告策划书文本应该包括一个版面精美、要素齐备的封面，给阅读者以良好的第一印象。策划书的封面可提供以下信息：策划书的名称、被策划的客户、策划机构或策划人的名称、策划完成的日期。

2. 目录

在广告策划书目录中，应该列举广告策划书各个部分的标题，必要时还应该将各个部分的联系以简明的图表体现出来。一方面可以使策划文本显得正式、规范，另一方面也可以使阅读者能够根据目录方便地找到想要阅读的内容。

3. 前言

在前言中，应该概述广告策划的目的、进行过程、使用的主要方法、策划书的主要内容，使广告客户可以对广告策划书有大致的了解。

4. 正文

这部分应该包括广告策划的过程中所进行的全部内容，包括市场分析、广告战略、广告重点、广告对象、广告诉求、广告地区、广告策略、广告预算、广告效果预测等。

5. 封底

15.5　广告策划书的写作要求

一个优秀的广告策划书文本，应该具备充实的内容、强大的说服力、娴熟的表达技巧三个必备的要素。

1. 充实的内容

广告策划本身已经包括了丰富的内容，撰写广告策划书文本的唯一任务就是将这些内容完整、全面地表达出来。如果能够做到这一点，广告策划书文本就可以基本做到内容充实。有些重要的背景性内容在广告策划运作过程中只作为一个前提来使用，广告策划者本身虽然对它们非常了解，但是广告客户却未必了解，因此在写作策划书文本时要将它们补充进来。

2. 强大的说服力

撰写策划书是为了提供给广告客户看并且赢得他们的认同。因此策划书文本的说服力对于策划业务的成功至关重要。策划书文本的说服力来自对策划内容的合理组织，包括信息的条理化、信息内在联系的紧密化和明确化。因此，在写作策划书文本时应该对各种信息进行分析，弄清它们彼此的联系，任何一个观点都务必做到有足够的依据，并且这些依据都经过合理地组织，能够充分地说明问题。

3. 娴熟的表现技巧

策划书文本的表现技巧，既包括语言表达、结构组织等需要长期积累的技巧，也包括版面设计、字体运用等应用性非常强的技巧。娴熟的表现技巧不但可以使策划文本行文顺畅、容易阅读，还可以通过美观的版面和字体吸引读者。因此，一份优秀的策划文本不但应该具有充实的内容、强大的说服力，还应该具有悦目的外在表现形式。

15.6　广告策划书的写作技巧

日本学者的一项统计表明，在120件广告提案中，有近20件不同程度地存在“没有有效地使用颜色”、“格式不统一”、“说明和资料的关联性不明确”等问题。这在许多广告策划文本中都非常常见，也是许多策划文本撰写者都经常面临的问题。由于广告策划的内容非常丰富，所以广告策划者需要传达的信息和广告客户需要接收的信息都相当复杂。因此，如何将令人理解困难的信息以使人容易理解的方式表达出来，并且在形式和内容上都产生相当大的吸引力，成为广告策划书文本写作的最大课题。下面介绍一些在写作策划书文本时常用的技巧。

1. 信息组织的技巧

一要明确信息的属性和文本的结构。在开始写作文本之前，文本的撰写者首先应该对要在策划文本中传达的信息有总体的把握，并且分清各种信息的不同属性，然后按照已经拟订的结构，将信息分门别类。这样，复杂的信息就可以显示出初步的条理性。二要把握重点。在众多信息中区分出最重要的信息，并且将它们作突出的传达，这样就可以避免信息繁杂，主次难分的问题。三要进行信息的层次化。在策划文本中，要明确信息的层次和彼此的联系，使信息传达层次分明。

2. 行文的技巧

一要使用明确的标题。在策划书文本中，应该包括不同层次的大小标题，标题应该明确，并且提示出重点内容。二要使用短小的段落。在策划书文本中，大段的文字很难吸引人阅读，因此要使用比较短小的段落，并且在一个段落中只传达一个重点信息。三要使用明确的序号。明确的序号不但可以使信息脉络清楚，层次分明，还可以给阅读者以明确的阅读提示。四要尽量避免使用专有名词，但是在广告策划者和广告客户对它们有比较一致的理解，使用专有名词不会发生误解和理解困难时，可以使用。五要语句简短、避免冗长。六要在分析之后有简短的摘要或者结论。七要说明资讯来源以增加信息的可信程度。

3. 接近读者的技巧

要了解接受者，包括人数、地位、年龄、理解能力。其中接受者的理解能力最为重要。接受者的理解能力随着接受者本身的专业领域、经验、知识而有所不同。在撰写广告策划书时常常会遇到经验、知识、理解能力不足的人成为决定是否接受广告策划的关键人物的情况。针对不同的接受者，撰写广告策划的方式也应该有所变化。

4. 情报视觉化的技巧

广告策划中的情报以详细取胜，但是详细的情报却存在如何有效传达的问题。为了使接受者易于理解并产生深刻印象，对情报进行视觉化处理是非常必要而且有效的。提案的目的就是要说服接受者，为此常常需要提供客观的数据来支持论点，而较多的数字通过语言表达，常常会显得啰嗦。因此，使用图表来传达数据是广告策划书文本常用的一种方法。

5. 提升文本整体形象的技巧

广告策划书要注意整体形象的统一，如果形象不统一，即使内容十分精彩，也会降低说服接受者的效果。一般而言，文本应该有正式的封面、封底和简明的目录，正文中第一层次的标题独占一页，在标题下面提示重点内容。对于版面的设计，版芯的大小一般占纸张面积的 60%～70%为宜，70%面积的版芯最易于阅读，版芯与页缘的上下左右要等距。使用的图表与文字应该具有平衡感，在视觉上不别扭、不突兀。

装订时，不论是穿孔式装订还是螺旋式装订，都要以易于翻阅、不遮挡版面为首要原则，所以应该保留 15～25 毫米的空白作为装订线。策划书文本中字体的大小应该根据内容的重要程度而有所区别，各级标题应该使用比正文稍大的字体，但是字体的级别也不应该超过 3 种。

15.7　广告提案

广告策划书是将广告策划结果用书面方式表达的一种静态的形式。在实际广告经营过程中，仅仅完成广告策划书，有时还不能够完全达到广告主的愿望和要求，不能实现充分的理解和沟通。广告主往往还要通过召开广告专门会议的方式，更为直观地听取广告策划者对广告活动的构想、方略，这就是广告提案。广告提案是运用口头说明的方式，以相关的视听媒体为辅助手段，把广告策划的重点内容与广告主进行交流的一种形式。

与广告策划书相比，广告提案比较具体、形象，信息传播具有直接性和双向性。两者之间的关系主要体现在以下方面。

1. 同属广告计划的有机组成部分

广告策划书和广告提案虽是两种不同的表达方式，但都是完成广告策划任务的有效手段和方法。

2. 广告提案派生于广告策划书

广告提案的内容，是广告策划书的重点、精华，主要有：明确化的广告目标、市场状况分析、将要采取的广告策略、广告创意、广告活动的具体执行方案、可能达到的传播效果等，要尽量简明扼要，能够与视听辅助媒体和其他相关资料相配合。

3. 广告提案重在阐释广告策划的精髓

广告提案是对广告策划书的再加工，在广告策划书的基础上进行信息编码，把广告整体策划的精华体现出来，但不能违背、脱离广告策划书的主要构想。

4. 广告计划的最后环节

广告计划的结果能否顺利被理解和接受，往往依赖于广告提案的成功与否。如果广告提案做不好，很有可能使前期工作付之东流。因此，广告提案的工作不可轻视。从某种程度上看，其重要性不低于广告策划书。每次组织和参加提案会，都应该仔细分析研究会议的主要目的和性质，由此确定提案的方向，做好会场安排布置，包括座位、灯光、茶点以及可能需要使用的设备道具等细节。

一般来说，正式提案，要营造出专业气氛和距离感，时间要充裕；非正式提案时，则要尽量显现出亲切、融洽的景况，可随意一些。提案的主持人、主讲人和监督人，都要精心选配。主讲人应思路清晰，表达精确流畅。在提案的过程中，既要充分了解策划的精华要点，明确自身目的，显示出自信，又要能够换位思考，从广告主的立场和利益着眼，在表述和解答时，使其得到收获和帮助。

从传播的角度看，广告提案是一种采用说服方式的传播过程。这种说服能否有效，能否被接受和认同，也需要一定的传播技巧。首先，要能把复杂艰涩的策划构想和理念变成易于理解的信息，既要简要，又要对背景、过程有清楚的交代。其次，要对广告客户有较透彻的了解分析，以便在阐述提案时有一定的针对性和层次性，掌握好分寸。再次，运用适当的辅助传播手段，形成对视觉和听觉的多种刺激，增加重点部分的复合传播效果，加强印象和记忆，增进理解。另外，还要能够创造双向甚至多向的沟通机会，注意反馈，有效地与广告主产生互动。

【相关知识】

"湘艺苑"广告策划方案

前　言

广告策划的目的和宗旨就在于提高产品的销售，塑造、提升品牌形象。本方案在于为"湘艺苑"提供一个准确的定位与广告方向，做出全程战略性的指导。在对本地市场现状进行了深入细致的了解和研究分析的前提下，找出"湘艺苑"项目的资源问题与机会，以达到"湘艺苑"的销售计划，并为鸿宇房地产塑造品牌。

第一节　市场分析

一、株洲市房地产市场基本状况

1. 株洲市属于四线城市，房地产市场虽不是很成熟，但是有着美好的前景：有高速有效的物流体系；又据东西南北交通要道；有中南最大服装批发市场；有大批大型国有企业。这意味着株洲诱人的市场和低廉的劳动力市场。所以，各大商家纷纷进入株洲。房地产更是有大量外资抢入，行业的竞争日益激烈，竞争的层次不断升级。从2000年以前的消费住房以经济适用房及单位福利分房为主到目前以商品房为主流的住房消费，房地产业日趋成熟，房地产开发公司实力不断上升，达到初步的产业化水平，房地产大战即将开打。株洲市内房地产开发商约100家，经过几年的市场竞争，房地产项目投资开发规模不断扩大，开发形式全面化、多样化。到2001年为止，房地产项目投资达到82 118万元，住房项目方面的投资达到43 628万元。2001年当年房地产项目竣工面积为83万平方米，住宅竣工面积为80万平方米，商品房销售面积为40万平方米，商品房销售总额为37 723 万元。最新统计数据表明，2001 年以来批准预售和销售的总面积为24 904.47平方米，住房销售均价由2001年初的824元/平方米上升至2002年初的1002元/平方米，升幅达21.6%。

2. 现有品牌楼盘的基本状况。现有名的楼盘，西区有湘银房产、保利房产等；南区有庆云山庄、湘江四季花园、南星小区等；北有响石岭广场圈等。但是由于市场不是很成熟，他们有这样或那样的缺点。具体表现在以下这些方面。(1)定位及推广都不是很规范，抱着卖出去就是目的的心理。忽视楼盘品牌的建设，忽视楼盘内涵的建设，导致后继开发力不足。（2）缺乏服务的概念。这突出表现在售后服务差劲，物业管理不规范，有的业主不是享受服务而是受气，造成开发商与业主的对立，小区的基本建设搞不上去。（3）小区规范化与自然融和概念不足，人为景观痕迹太重。（4）政府引导监管不够，销售手段不合理，收费不合理，手续不合理，还有的不合法。

二、株洲市同类住宅调查统计

"同类"定义为具有小高层，别墅等的住宅小区。现将株洲市河西、河东小区进行大体对比分析如下。

1. 河西地带。由于河西为新开发城区，在整个大环境的绿化、城市规划方面有其独特的优势。总体来说，河西地段房地产都在卖自然环境。

湘银：

核心竞争力：拥有很高的品牌效应，周边环境好，用绿色的生活时尚来吸引高级白领、外国投资者、社会成功人士，市场销售反应良好。

定位：社会高薪阶层。

代表作：滨江一村。小区面积大，邻近湘江，周边环境好。

2. 河东地带。包括河东整个地块，北有石峰区，南有芦淞区及东部的荷塘区。

天鹅花园：

核心竞争力：真、善、美。属于自然水生态村，绿化面积广，拥有900亩的绿化面积，其中400亩水面。区内有水生游玩系统。

映荷园：

核心竞争力：演绎精彩生活塑造经典小区。属未来商业地带，周边交通发展趋势好，房屋设计理念突出。

银座大厦：

核心竞争力：近临中心广场，只是一个连体楼，属小高层，没有自身小区。

庆云山庄：

核心竞争力：离尘不离城，品牌知名度高，周边环境绿色条件好，拥有98亩的绿色自然地带。

湘江四季花园：

核心竞争力：山水之傍，尊贵之居，人文大家。交通便利，环境幽雅，小区为12层左右的小高层，设计时尚，为江山置业这一实力雄厚的开发商的大手笔。

三、消费者分析

根据《株洲房地产市场调查报告》及《株洲市鸿宇房地产市场调查报告》的结论，我们得出消费者购房心理和对住宅要求如下。

1. 环境规划一定要好。各种生活配套要齐全，各种活动场地、场所要足够；在规划时，一定要有超前的思想，使小区更具现代化气息，特别要注意智能化；在楼盘外面的设计上要新颖，色调要协调，风格要跟上潮流；92%的消费者倾向于入住全封闭式的小区。

2. 高绿化率。几乎所有的消费者认为高绿化率是十分必要的，由此看来，现在消费者对住宅环境的要求已经越来越高。

3. 小区及其周围的配套设施的基本要求，主要为学校、幼儿园、菜市场、超市、医院、篮球场、网球场、图书馆、棋牌室等。

4. 7%的消费者选择多层住宅，因为多层住宅的价格相对高层住宅便宜。而且以后的管理费用也相对较低。有一部分消费者选择小高层住宅，对于单体别墅因为涉及的资金相对较大，所以绝大多数消费者不会现在打算购买别墅。

5. 消费者对物业管理的要求。提供保安、清洁卫生、房屋维修、园林绿化和一些特色服务（如家政、订购车票、托儿、托老服务等）；物业公司应与小区内住户增加联系，加强沟通。

第二节 “湘艺苑”项目分析

一、项目优势分析

（1）环境。坐拥两山，环境幽雅，闹中取静，拥有天然的巨大绿地覆盖率，高达60%，山中成片天然古木是株洲现有楼盘中绝无仅有的。

（2）地段。位于株洲市南部芦淞区，附近楼盘以庆云山庄为主，经庆云山庄多年的开发，该地区已聚集相当的人气和居住知名度。临近商业繁华地带，电脑城、家具城、水果批发大市场，更有众多服装批发市场，离目标消费群工作地段近。

（3）价格。由于地价较低，节省了巨大成本，房价有回旋余地。并有银行房贷支持，按揭买房，减轻了消费者买房压力，价格完全具有对比优势。消费者买房不是一时冲动，而是完全比较后的行为，这一点应是本案拉动销售的最大着力点。

（4）物管。智能化管理，保证了业主的现代化要求，符合本案的定位主题。二十四小时保安，全封闭式管理。因为株洲的安全环境及以前某楼盘的事故的原因，所以安全是株洲市民关心的重大要素，更是目标消费者着重考虑的主题。

（5）小区设计建设。小区的设计以天然为主题，各种楼层合理布置。更有现代艺术广场，艺术、休闲与自然融为一体、相得益彰。

（6）小区配套设施齐全，有游泳池、高档会所、银行、超市、停车场、幼儿园、亲子乐园、运动场所、艺术长廊等。

（7）偏离工业区。远离工业污染区，噪音低，空气好。

二、项目劣势分析

（1）交通。显然交通是本案最大的瓶颈，虽有24、25、28、29、43路停靠，但是尚无直达的公交。道路条件差，而交通又是考虑买房的很大要素，如何解决交通问题是我们面临的主要问题。可以考虑与市政府合作开通几条专线。

（2）楼盘外环境。本小区外部的大环境不是很好，房屋杂乱，市政建设差。没有大型购物、休闲场所。缺乏相应的教育设施、医疗设施、娱乐设施。

（3）物业管理。不是湘银的物管，品牌力度不够。

（4）房屋设计：房屋种类较多，有6层、带电小高层、别墅，层次不一，面向复杂。

三、竞争对手分析

根据楼盘的位置和楼盘的定位，我们把庆云山庄和湘江四季花园作为竞争对手，状况如下。

1. 庆云山庄

优势：

（1）地处芦淞区建设南路延伸地段，靠近株洲繁华商业区，无工业废气污染，附近有高中、市级医院，购物环境和文卫设施齐全，方便居民生活。

（2）属于株洲市芦淞区。由于目前大多数房地产开发商都紧盯天元开发区，芦淞区的房地产开发明显不如天元区。该区属本地商业旺地，聚集了数量庞大的外来经营户（尤以广东、福建人士居多），加上芦淞区的“本地人士”，这一区域的楼盘对这部分消费者有很大的吸引力，同时由于临近株洲县，也有利于吸引株洲县收入高的消费者购房。

（3）价格低。以每平方米 758 元～1088 元的价格售房，相对株洲地区其他同类型楼盘而言，价格优势相当明显。

（4）交通便利。有专门的公交路线，并且公交车经过火车站、中心广场、一医院等繁华地段，方便购物及就医。

劣势：

（1）小区规划不够整齐划一，楼型外观设计不够新颖，无法对潜在客户产生强大的视觉冲击力，进而产生强烈的购买欲望。

（2）小区内配套服务设施不足，不能满足众多用户需求。

（3）低价位商品房，档次不高，不能吸引经济能力强的成功人士入住，不利于整个小区形象的提高。

2. 湘江四季花园

优势：

（1）项目资金雄厚，有资金可做必要的周转，以应付市场变化。

（2）整体项目规划在株洲尚属首例。相比其他竞争项目，无论在住宅档次、小区设计、投资资金等，都处于明显优势。

（3）株洲市消费市场楼价有上升趋势，消费者认为手头资金用于购买不动产保值是最好的选择。

（4）本地市场楼盘众多，但大盘太少，具有文化底蕴的大盘更少，真正意义上的山水概念楼盘更是绝无仅有。

劣势：

（1）品牌号召力。株洲房地产市场经过几年的竞争，优胜劣汰。现在以湘银、中房、中大、联谊、协力为代表的房地产公司经过几年的房地产操作，已积累了相当的经验，已形成了房地产市场上的强势品牌，在消费者中有着不错的口碑。江山置业进入房地产市场较晚，在这一方面并没有太强的品牌号召力。

（2）市场承受能力。由于株洲市消费偏低，市场上如此高档的楼盘还未出现。是否能够把高收入人士吸引过来，是相当关键的问题，这要取决于本案是否拥有高品质这一因素。

（3）竞争因素。由于近年来许多开发商为了赶上房地产加速发展的潮流，盲目开发，低价销售，造成价格波动及销售困难。

四、项目价格策略分析

（1）楼盘定位可以是“株洲文化艺术之都”，但价格定位应是“中等偏上”。

（2）高开低走，保证品牌支撑，预留楼盘销售力。视销售进度让价应是本案的基本策略。

（3）确定“高开”的基础价格时，除考虑南区楼盘的售价，亦应考虑楼盘定位价。根据湘江四季花园的 1800 元/平方米，庆云山庄的 800～900 元/平方米的定价，以及对手和自身的优劣势，本小区 1300 元/平方米的基础价格基本合理。

五、核心价值分析

（1）“湘艺苑”核心定位是“都市文化艺术之都”，营造文化艺术概念，打品位牌，人文概念具体化。“湘艺苑”是株洲市有艺术修养的，有文化品位的人，向往艺术文化的人的部落。

（2）“劳动者光荣”，有钱是一种价值，是一种能力。有钱不外显，购买品位是一举两得的好事，“湘艺苑”正是这样的载体。

（3）“家在身旁”，劳累后不是匆匆奔向远远的家。家就在身旁，“湘艺苑”毗临电脑城、手机大市场、家具城、水果批发大市场、众多服装批发市场，居住区概念是本案的核心价值之一。

第三节 推广策略界定

一、目标消费群界定

从“湘艺苑”项目本身的定位和素质出发，结合中高档住宅的销售特点，界定“湘艺苑”的目标消费群及其相关特征如下。

（1）目标消费者。芦淞区服装市场业主、果品批发市场业主、电脑大市场业主、通信市场业主及南区附近购房者，以及自身具有文化艺术气质的经济能力较强的阶层。

（2）年龄。年龄大约在35到55岁。

（3）家庭结构。家庭结构已进入中年期，人口简单，居住空间之娱乐性与休闲性较大。

（4）对住宅小区有着高档次的要求，有“物有所值”的消费心理。他们追求品位，但他们又是商人，有商人的交易本性，即“物有所值”。

（5）有强烈的虚荣心，喜欢攀比和炫耀，文化程度相对较底，但喜欢附庸风雅，希望通过外在条件来追求文化品位。

二、卖点界定

1. 项目本身的生活理念

（1）家在身旁，与工作地临近。

（2）自然入室，独一无二天然山地树林绿地。

（3）社区内宁静安详、幽雅恬静的生活氛围。

（4）保安设施齐备，安全起居。

2.“文化艺术”的设计理念

（1）艺术就在生活中，雕塑、园艺构筑小区。

（2）谈艺术不要出门，会所定期艺术展览。

（3）品位包围生活，文化名人与我们同在。

第四节 广告策略

一、广告宣传目的

（1）把项目宣传与鸿宇房产的公司形象推广做有机结合，适当地树立鸿宇房产公司的品牌形象。

（2）树立项目本身底蕴深厚的形象，与其他南区楼盘有品牌内涵的区别。

（3）把“湘艺苑”塑造成品质卓越的东南区第一楼盘。

（4）促进楼盘销售，为其成为“株洲十佳楼盘”提供动力。

二、总体策略

（1）不要过于强调“人文”概念，回避其他楼盘都在渲染的那种所谓的“人文关怀”，而要树立项目富有个性的文化艺术概念。

（2）与竞争对手相区别，不直接、简单地卖环境，摈弃叫嚣、喧闹的广告格调，而是挖掘环境能给予买家的利益点，使公众形成对“天然绿色”生活的认同。

（3）要通过广告本身蕴涵的文化气息来塑造项目的文化品位，使项目具有既沉静又不呆板，既现代又不张扬的气质，同时又体现发展商稳健而又内敛的大家风范。

（4）要体现周到细致，处处为业主着想的专业理念。

三、要树立的形象

（1）艺术、文化、有品位、能体现成就感。

（2）不仅是家，更是休身养性、度假，处处体现出对品质的追求，对业主的尊重。

（3）精品物业，安全第一楼盘。

四、分期广告的整合策略

（1）引导试销期：广告原则——给信息。即通过活动与立体广告媒介告知广大市民，特别是目标消费者，以"艺术文化"为定位设计目的的"湘艺苑"正在建设，即将推出。按"小城有大事"的标准来炒作，转移公众对其他楼盘的注意力，形成对"湘艺苑"的期待心理。并可作内部销售，引导目标客户对楼盘的态度与看法。

（2）公开发售期：广告原则——给感觉。以活动与广告塑造项目的文化品位，完成形象沉淀。通过公关及促销活动，使公众对项目形成新的认知，为楼盘发售积蓄形象资源，加深和巩固公众的注意集中度，制造"火热"事件，开发潜在消费者。

（3）公开发售中期：广告原则——给实体。通过对"湘艺苑"项目的卖点细节的挖掘和渲染，进一步突显发展商"为业主创造价值"的服务观念和专业、超前的操作程序，给予公众"卓越文化品位，家在身旁"的精品绝版印象，形成物超所值的感觉。

五、广告主题及口号

1. 广告主题：自然、艺术、享受

理由：

（1）自然：既代表了现代人的追求潮流，又在各众多楼盘中诉求的人造绿色、景观中脱颖而出，"湘艺苑"的草地，树木是天然的，还符合楼盘在工业城市中无污染区的优越位置。"自然"能使买主有超越时髦，舒适和谐、广阔自如的空间的感觉。

（2）艺术：艺术是高品质的象征，拥有文化艺术才是真正的品位。艺术又体现了人成功后的一种高级、高尚的愉悦享受，正是艺术给了业主的优越感、满足感。

（3）享受：不是人人都能在竞争的社会中有一份快乐的享受，正是因为成功，才能拥有享受，这能给予业主一种成熟、自豪的感觉。并且，享受亦道出了物业周到、安全服务的放心。

2. 广告口号："湘艺苑"，都市艺术家园

理由：

（1）"都市艺术家园"既是对"湘艺苑"从设计理念到硬件设施等综合素质的定位确认，又是对业主的内心需求的直接表达。

（2）"都市艺术家园"具有超前的韵味，超越了竞争对手众说一词的空洞无

物的“人文”概念炒作，与“湘艺苑”的形象定位十分契合。

（3）广告口号与广告主题一脉相承，有利于相互照应。

（4）“都市艺术家园”更进一步核心化了项目诉求，有利于诉求的目标性。

3. 广告创意原则

创意原则必须充分体现广告传播主题，即艺术、自然、享受。电视、报纸、广播、户外、车体的视听设计要大胆前卫，不落俗套，以突出表现艺术性。楼书、直邮手册等设计要充分体现楼盘的本质属性（幽雅的自然环境，高品质的物业管理）。

第五节　营销活动建议

一、营销渠道及人员促销建设

（1）营销渠道的建设十分重要，应建设双点两线销售渠道。“双点”指开发商和潜在购房者，“两线”指销售明线和暗线。明线销售是指传统的销售方式，通过建设售楼部，成立电话销售热线，设置样板房，参加房交会等方式公开发售。暗线销售是指从现代体验营销中裂变出来的一种销售方式，以点带面，依靠口头传播，如在目标消费者聚集的会所开展无形广告销售。

（2）人员培训与管理。建设一支高效、优质的售楼队伍，售楼人员的思想意识必须是前卫的、开放的、务实的，在与顾客接触时，他们承担了楼盘的第一形象，他们必须能体现项目的定位，有修养、有风度、有气质。务实是指必须熟练懂得房屋交易的合法合理程序，业务必须准确到位，交易动作语言标准化，以充分体现开发商的规范与成熟，获得潜在客户的信任与好评。严禁有任何损害楼盘形象的举止言行。

二、营销公关活动建议

活动一：“湘艺苑”奠基典礼暨“我心中的小区有奖征名、征文”活动

1. 策划用意

高格调以一鸣惊人，广渗透以引起关注。借典礼邀请政界名人，目标消费群领军人物，著名艺术家参与，给项目的定位打好头阵。征集楼名与楼文是以引起市民特别是目标消费者的深度关注，扩大客户量，提高购买率。

2. 活动内容

（1）典礼，发布会。

（2）艺术家做秀。

（3）设立征名征文点，发放意见卡。

（4）“我心中的小区有奖征名、征文”活动揭晓。

（5）新闻发布会及颁奖晚会。

3. 活动实施

时间：楼盘开工期间及楼盘预售期间。

地点：典礼在小区现场，发布及晚会在国宾大酒店。

活动二：系列艺术展览活动

1. 策划用意

艺术展览活动是对楼盘的定位的最大支撑，通过艺术展联络客户和艺术家、明星，将客户的自我品质由外到内升华，在客户中树立良好的形象为热销打好基础，为迅速收盘做好前奏。

2. 活动安排

（1）大型艺术雕塑落户小区仪式。

（2）书画艺术家的作品展览。

（3）文人墨客的讲座研讨互动会。

（4）明星才艺表演会。

3. 活动参与人员

每次活动的参与人必须是目标消费群所认可的知名人士、各相关媒体记者、目标消费群代表、后期活动时的业主代表、各开发商、地产经纪人士。

活动三：赠房活动

1. 策划用意

制造爆炸性新闻事件，迅速提高楼盘及开发商的知名度和美誉度。由开发商提供一套现房赠送给某著名人士，策动新闻，便于楼盘的软文炒作，以形成目标消费者对楼盘的定位及价值的高度认可。

2. 活动实施

在公开发售后热售前进行，著名人士拟请株洲市的院士某人、株洲市市长、株洲籍的国内著名人士、湖南电视台某明星。赠送仪式的规格要高，后继讨论（软文、座谈会）要有良性导向。

第六节 媒体策略

一、媒体目标

（1）在公众心目中树立楼盘的品牌形象。

（2）提高开发商在公众心目中的知名度和美誉度。

（3）力求“湘艺苑”销售顺利，并能引起销售高潮。

（4）使小区形成良好的口碑效应。

二、目标受众

（1）目标群体描述：小区附近的芦淞区服装市场业主、果品批发市场业主、电脑大市场业主、通信市场业主、南区附近购房者，以及自身具有文化艺术气质的经济能力较强的阶层，内心向往文化艺术的白领或政府部门人士。

（2）年龄：35～55岁

（3）主要特质：注重生活品质，有文化品位（或希望有高的文化品位）；有一定的经济基础，但是又比较讲究物有所值；事业有成，希望获得别人的称赞，有事业有成的豪情；工作环境相对嘈杂，接触人员多，内心向往一种幽雅恬静的家园生活。

三、媒介策略

（1）销售准备期。开始制作类的设计和制作，建筑工地围墙和户外看板，做好销售准备工作。

（2）引导试销期。以报纸广告为主，预告楼盘进行内部认购的日期及作前期形象宣传；邀请报社、电视台、电台的新闻记者发布软性新闻，重点围绕“湘艺苑”的定位——“自然、艺术、享受”来做重点的宣传，配合硬性广告形象宣传；针对既有的目标客户和潜在客户寄发DM广告。

（3）公开强销期。以报纸广告和电视广告为主要媒体，配合电台、DM广告、促销活动和现场广告，来形成强烈的宣传攻势，增加与目标客户的接触频次；在销售的同时，利用软性广告，用新闻炒作形式即时宣传销售情况，以形成一种新闻热点；适当使用户外媒体，以保持宣传的持久性；定期检讨既定的媒介策略和组合，根据客户的反映以及竞争对手的做法，即时调整与更换我们的媒介组合。

（4）销售冲刺期。根据前期销售情况及客户反馈意见，对广告诉求及表现形式做出调整，继续以报纸广告为主的广告攻势，并对已购买的客户作跟踪服务，挖掘潜在客户；媒体新闻炒作，作销售辅助。

四、媒体分析及选择

1. 平面媒体

（1）《潇湘晨报》、《株洲日报》、《株洲晚报》是株洲影响较大的报纸媒体。阅读率高，读者层次广泛。建议作为此次宣传的主要平面媒体。同时，《株洲日报》的房地产专刊可相应投放，该专刊对于潜在购房者来说阅读率很高。

（2）《湖南日报》、《三湘都市报》、《株洲日报》的商业广告气息比较低，权威性更大，读者信度高。建议作为此次宣传的软性新闻的媒体。

2. 电视媒体

湖南经视、株洲电视台新闻综合频道，它们在株洲地区影响大、收视率高，能将信息更形象、生动地传达至目标消费者。建议赞助湖南经视某一专题栏目，在株洲电视台新闻综合频道投放广告宣传片。时间应是开盘前后一个月，时段是在晚 8 点左右。

3. 户外媒体

户外媒体在株洲的这种规模不大、人口流向集中的城市具有巨大的影响。建议从动工到封盘在施工外围树立 3D 效果图，开盘前一个月在中心广场、金三角大市场、北区主干道、南区摩托车大市场树立大型户外广告牌。车体广告选择 28 路、1 路、2 路。另外，在开盘当天，建议使用“气艇”这种新型的媒体。同时，南大门和中心广场地下通道的电子屏幕也可适当投放，作为辅助。

4. 广播媒体

株洲交通频道覆盖面广、影响大，虽然针对性差，但成本底。故建议作为长期、高容量信息投放方式。

5. 制作与建设楼书、DM 手册、企业形象画册、宣传单、海报、样品屋、接待中心，这些广告载体对细节要求高。建议信息内容要准确到位。

五、广告预算及分配

（1）广告总额应是总销售额的 5%左右。“湘艺苑”的建筑面积为 S 平米，均价为 R 元，广告预算为 S×R×5% 。其中，80%为计划广告投入，20%为机动费用。

（2）媒体费用为计划广告投入总额 60%，包括报纸 50%，电视 30%，户外 10%，广播 5%，车体 5%。

（3）表现制作类为计划广告投入总额 6%。

（4）促销活动及公关计划广告投入总额为 30%。

（5）礼品制作为计划广告投入总额 4%。

第七节　方案说明

一、建议

（1）在进行促销、公关活动时媒体投放必须相互照应，以确保每次活动都能达到相关目的，人员协调必须准确，要设立活动负责人。每次活动都要有媒介负责人，能够保证相关信息的及时有利地报道、宣传。

（2）至于交通及道路建设问题，开发商必须说服政府，与政府合作，由政府出面，开发商承担一部分费用共同来解决道路改造问题，同时必须申请开通专线公交。

（3）小区外居住安全、环境及市容环境建设，开发商一定要有看得见的手段，让目标消费者相信小区是安全可靠的，与街区合作，搞好市容环境卫生。

（4）价格是一种随市场变化的东西，"高开低走"只是一种预见性想法，价格应该视开盘后销售环境来定，遇高走高，遇低走低。

（5）"暗线销售"十分重要，在房地产市场不成熟的情况下，从操作过程和手法来说，真正的"商品化房"还是不多见。所以，必须全面建设暗线销售通路。

二、附件（广告脚本）

1. 电视广告文字脚本示例

广告主题：家在身旁，突出"湘艺苑"距目标消费群工作地之近。

画面1：两老板从某市场下班回家。配音：无。

画面2：两人走到门外路旁。配音：公众场合喧嚣、嘈杂声。

画面3：公交车开过来，车拥挤不堪。配音：嘈杂声。

画面4：两人中一人要不顾一切地挤上公交，另一人优雅的看着、微笑。配音：嘈杂声节奏加快。

画面5：车上的人挤得变形。配音：金属刺耳声。

画面6：没有上车的人出现在"湘艺苑"，小区门口，美丽的妻子和可爱的儿子在迎接他。配音：轻快温柔的声音。

画面7：虚化画面，打出"湘艺苑——家在身旁"。配音：用美丽的声音读出文字。

2. 广播广告文字脚本示例

广告主题："湘艺苑"是艺术之都。

一阵流畅的钢琴声。

一个女孩："哎，听说著名钢琴家XX要来株洲演出耶！"

一个男孩："是啊，听说票很难买到，我真想去看看！"

两个人同时叹息。

开门声，一个男人的声音："两个怎么了，不开心吗？走，我带你们去看钢琴演奏会！"

两个人同时问："你有票？"

男人笑着说："当然啦，我刚买了'湘艺苑'的房子，演奏会就在湘艺苑举行，我是在家享受艺术啊！"

标准广告语："湘艺苑"都市的艺术家园！

3. 报纸（户外）广告示例

广告主题：体现"湘艺苑"天然古木之多和环境的优雅恬静

画面构成：以小区实际的茂林为主体画面，画面应简洁，但要有冲击力；外加小区名称、开发商名称及电话号码！

广告语：湘艺苑，没有"开封"的自然之绿！

任务总结

广告策划书是由广告策划者根据广告策划的结果撰写、提供给广告主审核、认可，为广告活动提供策略指导和具体实施计划的一种应用性文件。

广告策划书的拟定，大致要分为三个阶段：分析研究、拟定策划书纲要、拟定具体的可执行计划。广告策划书是广告策划运作结果的总结，广告策划各个环节的内容和决策的结果都要在策划书中体现出来。一个完整的广告策划书的内容由八部分组成：前言、市场分析、广告战略或广告重点、广告对象或广告诉求、广告地区或诉求地区、广告策略、广告预算及分配、广告效果预测。

一个优秀的广告策划书文本，应该具备充实的内容、强大的说服力、娴熟的表达技巧三个必备的要素。如何将令人理解困难的情报以令人容易理解的方式表达出来，并且在形式和内容上都产生相当大的吸引力，成为广告策划书文本写作的最大课题。所以应注意广告策划书撰写的一些基本技巧：信息组织的技巧、行文的技巧、接近读者的技巧、情报视觉化的技巧、提升文本整体形象的技巧。

在实际广告经营过程中，仅仅完成广告策划书，有时还不能够完全达到广告主的愿望和要求，不能实现充分的理解和沟通。广告主往往还要通过召开广告专门会议的方式，更为直观地听取广告策划者对广告活动的构想、方略，这就是广告提案。广告提案是运用口头说明的方式，以相关的视听媒体为辅助手段，把广告策划的重点内容与广告主进行交流的一种形式。

项目实施

项目目标

通过广告策划项目的实施，在确定广告主题、设计广告文案、撰写广告策划书的过程中，学生可以学会学习、学会思考、学会合作；在完成任务的过程中，学生可以树立责任意识、集体意识、成就意识。

项目内容

在广告策划项目中，要求学生完成三个工作任务。

1. 确定广告主题。
2. 设计广告文案。
3. 撰写广告策划书。

实施过程

1. 学生分组。一般 3 至 5 人一组，实行组长负责制。组长实行轮换制，轮值组长在进行项目分析的基础上，列出完成任务的工作提纲及工作步骤。

2. 成员分工合作。组长向成员提出明确的工作任务，要求成员在规定的时间内，分别完成不同阶段、不同项目的工作任务。要完成广告策划方案的工作任务，首先需要确定广告主题，其次进行广告创意，第三将创意进行表现即设计广告方案，第四，撰写广告策划书，最后还要将策划书格式化。轮值组长要进行合理分配。

3. 检查与协调。在项目实施过程中，组长需要检查成员完成工作的进度及质量，及时修正、协调成员的行为，从而保证项目实施的质量，注意成员工作的互相沟通与衔接。

4. 形成项目成果。组长负责对成员工作成果进行汇总与整理，形成一定形式的工作成果，最后形成“××公司××产品（或品牌）广告策划方案”。

成果展示

各小组将项目成果“××公司××产品（或品牌）广告策划方案”整理成汇报提纲，制作成 PPT，准备进行项目展示。组长以项目负责人的身份进行项目展示，演示并介绍本组的成果。

项目评价

在展示组进行项目展示的过程中，其他小组以公司营销部门、广告部门及其他相关部门负责人的身份对展示组的方案进行评价，并就有关问题进行咨询与交流，评价标准参考表 4-1。

表 4-1　广告策划方案评价标准

序　号	评价项目	评 价 内 容	评价标准	赋　分
1	内容充实	广告策划书的结构完整，内容充实，各项内容表述清楚	20	
2	说服力强	策划目标明确，诉求精准，主题鲜明，媒体选择得当	60	
3	展示娴熟	展示者对广告策划的内容熟练，讲解流畅，回答问题娴熟，PPT 制作精美	20	
合　计			100	

项目拓展

英国寓言故事：老鼠的天堂

在一座古老的城堡里，生活着一群快乐的老鼠。他们在这里谈情说爱，安居乐业，过着神仙一样无忧无虑的日子。一只有学问的老鼠感叹说，这里简直就是老鼠的天堂。

忽然有一天，尖利的猫叫打破了老鼠天堂的宁静。一只流浪的黑猫来到这里，给老鼠们带来了朝不保夕的恐惧。

于是，老鼠们聚在一起召开动脑会议，商量怎样对付这只可恶的黑猫。老鼠们纷纷哭诉对黑猫的恐惧，要找一个有效的办法来逃避猫的魔爪。那只有学问的老鼠摸了摸胡须，说："我有一个主意，只要在猫的脖子上挂一个铃铛，就万事大吉了。这样，每当猫儿走近，我们就能听到铃铛的响声，及时逃之夭夭。"

"这个主意太好了！"全体老鼠欢声雷动。

"可是，怎样才能将铃铛挂到猫的脖子上去呢？"有一只老鼠疑惑地问道。

刹那间，所有的老鼠都闭了嘴。

这个故事并不可笑，它给了我们很多可思考的东西。

1. 什么样的策划才是好的策划？
2. 怎样看待广告策划与执行的关系？
3. 怎样来保证一个广告策划方案的执行，从而达到预期广告效果？

项目 5

广告效果测评

广告是一门艺术，必须运用能力及技巧才能达到沟通的目的。

——詹姆士 · 韦伯 · 扬

项目目标

知识目标

- 正确理解广告效果的含义和特征
- 了解和认识影响广告效果的诸多因素
- 掌握广告效果测评的程序和方法
- 掌握广告效果测评的指标体系

能力目标

- 有效组织广告的事前、事中、事后测评
- 对广告活动的创意进行事前测评
- 对广告活动的效果进行事中测评
- 对广告活动的效果进行事后测评
- 撰写广告效果测评报告

素质目标

- 尊重事实，客观地测评广告效果
- 理性思维，客观地反馈测评结果
- 良好沟通，以为广告主服务为第一要务

项目描述

每年企业投入大量资金用于广告活动，但由于缺乏有效的广告效果评估，大多数企业对广告的投入显得有些盲目和无所适从。广告效果测评是广告策划的最后一个环节，通过广告效果评估，企业可以了解到消费者对广告活动的反应，包括广告主题是否明确、广告诉求是否准确有效、广告预算安排是否经济合理、媒体安排是否正确等信息。掌握了这些信息，广告主在广告活动前期和进行阶段，可以及时调整广告信息战略、媒介战略，提高对广告活动的监控能力，提高广告决策的科学性和广告活动的效率。在广告活动结束以后，又能客观公正地评价广告活动的综合成效，积累宝贵的经验和教训，为以后更好地制定广告活动战略提供正确的指南。同时，科学规范的广告效果测评也为客观公正的评价广告策划人员的工作绩效提供了依据。

任务16 认识广告效果

【任务引入】

广告主经常会说“我知道我有一半的广告费被浪费掉了，但是我不知道被浪费掉的是哪一半。”为了避免或者减少广告费的浪费，广告效果测评就必须做。

1. 有多少人看（听）到了我们的广告？
2. 看了广告后有多少人对广告留下印象？
3. 多少人是因广告的影响而产生购买动机？
4. 广告发布以后产品的销量是否得到了有效的提升？
5. 广告对提高企业和产品知名度有哪些直接作用？
6. 广告后，又有多少人更敏锐察觉到我们的品牌？
7. 广告后，客观及主观上对我们的产品或服务产生好感的人增加了多少？
8. 广告后，了解我们的产品或服务的特性、优势和利益点的人增加了多少？

怎样让广告变得更有成效，已成为企业经营活动的重大课题。而对广告效果的及时评估，可以帮助企业发现广告传播过程中的问题，并有针对性地提出解决问题的建议。

知识链接

16.1　广告效果的内容

广告活动要支付一定费用，但究竟有无效果，这是企业十分关心的问题。“花了那么多广告费究竟产生多少效果？”“怎么知道所做的广告产生了效果？”如果一个企业花了高昂的费用做了广告而效果不佳，这显然是一种极大的浪费。然而，衡量广告效果并不是一件容易的事。一般来说，广告效果分三个方面，即广告的心理效果、经济效果和社会效果。

1. 广告心理效果

广告活动经过传播，极大地影响并引导了目标受众的消费心理，表现在目标受众心理上的反应，如注意、记忆、思维、兴趣、欲望、态度、动机和行为等。大量调查表明，目标受众购买行为的实现，很大程度上取决于目标受众的心理状态，即广告效果的产生取决于广告对人们的心理刺激和影响。因此，广告心理效果是广告效果的最核心部分。

2. 广告经济效果

广告是一项经济性很强的商业性活动，具有很强的功利目的，这是广告活动区别于其他传播活动的最明显的标志。广告的经济效果最直接的是指广告的销售效果，即基于广告活动而导致的企业产品销售及利润的变化。

3. 社会效果

现代广告活动在传递商品信息的同时，也在借助于大众传播媒介将渗透于广告中的消费观念、文化时尚、道德风尚等社会文化思潮一并传达给目标受众。广告这种对消费习惯、价值观念等的引导，相对地改变了消费者对广告的认知态度，从而在社会上产生了一定的社会效益，这种社会效益即广告的社会效果。广告社会效果的延伸，便导致了公益广告的出现。

广告效果的形成过程，如图 5-1 所示。

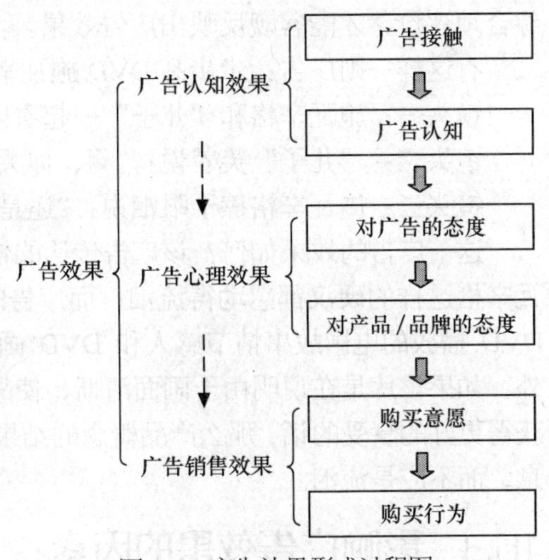

图 5-1　广告效果形成过程图

16.2　广告效果的特征

美国百货业巨头约翰·沃纳梅克曾经抱怨：“我认为我的广告费的一半是浪费的，但我并不知道是哪一半。”

1. 效果的滞后性

所发布的广告信息与消费者接触广告信息具有滞后性，使广告效果滞后；广告受众接受广告信息后在行为上具有滞后性。因此，广告效果测评要把握广告产生作用的周期，以提高广告效果测评的准确性。

2. 效果的积累性

由于每次广告宣传不能起到立竿见影的作用，所以某一时点的广告效果都是这一时点以前的多次广告宣传积累的结果。例如，某广告连续展露5次，前4次消费者都没有采取购买行动，可是到了第5次广告时，却产生了反应，这种反应不仅是第5次广告之功，也包括了前面4次广告所累积的结果。因此，广告要反复宣传。

3. 效果的复合性

不同的广告媒体具有不同的特点，广告主可以综合利用，因而广告效果具有复合性，某一时期的广告效果也许是多种媒体宣传的共同结果。因此，在广告效果测评时，要分清影响广告效果的主次要因素，以确保测评的客观性和真实性。

4. 效果的间接性

一是消费者受广告宣传的影响，在商品使用过程中对商品有全面的认识，产生了信任感，因而重复购买；二是对某一品牌产生信任感的消费者会将该品牌推荐给亲朋好友，从而间接地扩大了广告效果。

5. 效果的层次性

广告效果有经济效果与社会效果之分，也有眼前效果与长远效果之分。只有全面、综合地评价，才能客观反映出广告效果。

有这样一则广告：步步高DVD施瓦辛格《流泪篇》。

镜头一：施瓦辛格和“儿子”一起看电影光盘，施瓦辛格被故事情节深深感动。

镜头二：“儿子”笑着说：“啊，你哭了！”

镜头三：施瓦辛格擦干眼泪说：“还是看动作片吧。”

这一广告的效果如何？该广告传达的信息是DVD播放的电影故事很感人，让施瓦辛格这样的硬汉都感动得流泪；而广告的本意应该是宣传DVD的画面清晰，而DVD播放的电影故事情节感人和DVD画面清晰这两者之间并没有必然的联系。另外，如果该片是在说明由于画面清晰，使故事更感人，试图让消费者通过购买DVD获得更好的享受的话，那么产品概念的结果应该是由于清晰的画面，受众眼睛得到休息，而不应是流泪。

16.3 影响广告效果的因素

在广告活动的运行过程中，影响广告效果的因素是多方面的，有经济的、社会的，也有广告自身的。

1. 信息传播时机

广告信息的传播是讲求时机的，以下情况的广告效果最佳。

（1）产品营销过程中，广告出现前后所得销售结果差额显著时。

（2）当产品销售形势看好，处于上升趋势时。

（3）目标受众或用户急需某种产品，但对于详细情况认识模糊或了解不全面时。

（4）企业推出一项新产品，它的特殊性能、作用尚未被人们觉察时。

（5）当某种产品在同类产品中具有某种特殊差异性或信誉方面处于领先地位时。

（6）发布时段或位置的选择，对广告效果的发挥也很重要。就电视广告的发布时段来说，黄金时段的发布效果与深夜十二点的发布效果之间有着天壤之别。

准确地把握住市场变化的这种机会，广告效果就会事半功倍。时机的利用还在于能否向目标受众提供及时、准确无误的信息，特别是人们最关心的信息，适时激发目标受众的购买欲望。

2. 媒体选择

广告媒体是广告信息借以传播的工具，现代广告媒体已经扩展到广泛的领域，其多元化的形式为广告实施提供了广阔的空间。只有选择信息传播广、快、准、廉的媒体，选择目标受众或客户喜闻乐见的媒体，才有利于获得广告的经济效益和广告本身的诉求认知的最佳效果。

3. 广告频次

广告发布频次的高低，对广告效果有着很大的影响。广告的重复程度是和目标受众的记忆程度成正比的，正所谓像“谎言重复千遍就是真理”一样，广告发布频次越高，越有利于受众加深对广告记忆，并促进受众对产品的认同，同时也是企业实力的体现。

4. 竞品广告

很多时候，一个产品的广告效果，还要受制于同类产品的广告。如果其他同类产品的广告发布频次高，而且广告表现的内容、形式突出，或者广告的说服力强，那么它就会削弱我们的广告效果。

5. 广告创意表现

广告本身的创意及表现是否具有吸引力和感召力是影响广告效果好坏的原动力。这主要指制作广告时所考虑到的画面，突出信息焦点的位置，能见度、色彩鲜明度、画面的质感、构图的创意性和启发联想的视觉效果，以及能吸引受众注意力、兴趣和便于感知、记忆等有关的因素。在众多的广告中，只有构思新颖、创意独特的作品才能脱颖而出，扣人心弦。

6. 媒体干扰

广告效果还受到广告环境的影响。如果让你的广告置身于广告的汪洋大海之中，那么它就可能会被其他广告淹没；如果在你的广告周围没有任何形式的广告影响，那么相对来讲，你的广告效果就会好得多。

7. 商品关心度

一般来说，低关心度的商品，如日常生活用品，受广告作用的影响较小，相对广告效果差；而那些高关心度的商品，如家具、家用电器等，在消费者心理上存在购买的风险，人们在选购这些商品时，一般都要全面比较、综合衡量，决策的时间也较长，所以这类商品受广告作用的影响较大。

8. 品牌形象

产品的品牌形象越鲜明，广告的传播效果就会越好，因为个性鲜明的广告被目标受众看见一次的效果，就有可能比平庸广告被看十次的效果还要深刻。

9. 广告发布数量

广告发布的量也是影响广告效果的重要因素，这也是很难权衡的因素。发布数量不足，信息传播的范围有限，受众的接触率过低，难以使受众形成记忆；而发布数量过多，也会增加广告预算，使边际效用下降，实际上也会形成投资浪费。

10. 广告的内容

广告的内容是保证广告效果的关键。在广告策划之前，应该详细、准确地理解市场、产品目标、受众和环境的动态，从而为如何开展广告活动打下基础，并使广告活动有的放矢。一般情况下，广告的内容要符合目标受众的心理需求，广告的整体构思要简洁、清晰，视觉导向和音响效果便于受众接受和感知，广告画面的静态视觉形象和动态视觉形象应突出，便于人们记忆，这都有利于受众分辨产品和企业形象。

任务总结

从广告效果的形成过程来看，广告效果可以划分为广告心理效果、广告经济效果和广告社会效果三个层面。这是因为，广告对销售的拉动不是一蹴而就的，而是通过消费者的认知、理解、购买逐步实现的。尽管企业关注最多的可能是广告的销售效果，但是缺少了对其他两个阶段的研究，广告的销售效果也是很难实现的。

同时，影响广告效果的因素很多，有环境的因素，有媒体的因素，也有广告自身的因素。在进行广告效果测评时，无论是事前测评、事中测评还是事后测评，这些因素都要给以充分考虑，否则广告效果就难以测量。

任务17　测评广告效果

【任务引入】

随着市场竞争日趋激烈，各行各业都日益重视广告在塑造品牌形象中所发挥的作用，广告投入也呈逐年上升之势。但围绕广告的效果，仍然存在着诸多困惑。

1. 广告的作用毋庸置疑，但要达到同样的效果是否一定要花那么多的钱呢？
2. 同样的花费，采用什么广告形式效果更好呢？
3. 我们的广告活动是否比以前更有效果呢？
4. 相对于竞争对手，我们的广告是否更有效呢？
5. 长期的广告活动积累形成的品牌态度到底如何？

如何解决这些困惑？答案只有一个，就是进行广告效果的测评。广告效果测评是开展广告活动必需的一个环节。然而现在由于缺乏规范有效的评估体系，绝大多数企业的广告效果测评成为营销工作的死角。因此，建立一套科学可行的广告效果测评体系，成为广告经营活动的一项重要课题。

知识链接

17.1　广告效果测评的意义

广告效果测评就是对广告活动的效益进行总结和评价，是测评广告计划的实现程度，它的主要意义如下。

1. 有助于企业选择有效的传播媒介

不同的受众接触媒体的情况是有一定差异的，尤其是在传播产业异常发达的今天，这种差异更加突出。一方面，媒体的种类、数量越来越多，人们的选择余地越来越大；另一方面，随着媒介种类的迅速增加和人们选择余地的极度扩展，受众群体划分则越来越细，不同受众群体接触媒介的差异也越来越大，这就使得受众接触媒介的情况变得更加难以把握。

因此，通过研究目标消费群体接触媒体的偏好和习惯，有针对性地选择有效的媒体和时间进行广告投放，将大大提高广告的效果。有效的媒体选择不仅能创造良好的广告效果，更重要的是，它能创造良好的广告效益。

2. 有助于提高广告作品的质量

只有优秀的、有创意的广告作品才能在浩瀚的信息海洋中脱颖而出，才能吸引广告受众日渐挑剔的目光和注意，才能给忙忙碌碌的受众留下一点记忆，才能最终促成消费者购买行为。因而广告“说什么”和“怎么说”就成为能否吸引受众的注意力，增强受众的记忆力，激发受众购买动机的决定因素。图 5-2 是中国电信的宽带广告，其广告主题为：宽带上网，一口吃尽。构思之巧妙，令人叫绝，获第十届中国广告节铜奖。

图 5-2　中国电信之宽带广告：宽带上网，一口吃尽

通过研究消费者对广告的记忆和理解，可以发现广告传播效果是否与广告设计的预期效果贴近，提高广告作品质量，节约广告成本。

3. 有助于企业选择合适的发布时机

广告发布时机的选择是否得当，对广告效果有重大影响。若时机选择得当，则可以充分利用有利时机造成的有利的媒介条件，增强广告的传播效果；而如果时机选择不当，则可能由于不利条件的影响，使广告效果大打折扣。广告发布时机有利还是不利，与产品和服务的种类相关，也与目标消费群体的关注率有关。如世界杯足球赛期间，对运动服装、运动饮料等产品来说，是千载难逢的大好时机；而对绝大多数与运动无关的产品或服务来说，则不啻是一场灾难。 另外，发布时段或位置的选择，对广告效果的发挥也很重要。以电视广告的发布时段来说，黄金时段的发布效果和半夜十二点的发布效果之间有天壤之别。通过研究目标消费群体关注媒体的习惯，选择适当的发布时机、发布量和发布时段，可以让广告更加直接有效。

总之，企业都非常关注通过媒体传播广告之后，目标消费群到底受到了多大程度的影响。广告效果测评对于企业开发成功的广告、有效运用广告费用，提升产品或品牌形象，促进销售等都具有重要的意义。

17.2 广告效果测评的原则

为确保广告效果测评得科学、准确，在测评广告过程中必须遵循以下原则。

1. 针对性原则

针对性原则，是指测评广告效果时必须有明确而具体的目标。例如，广告效果测评的内容是经济效果还是社会效果？是短期效果还是长期效果？是企业的销售效果还是心理效果？只有确定了具体的测评目标，才能选择相应的手段和方法，测评的结果才是准确、可靠的。

2. 可靠性原则

广告效果只有真实、可靠，才有助于企业进行决策，提高经济效益。在测评广告效果的过程中，要求选取的调查样本有典型和代表意义；调查表的设计要合理，汇兑分析的方法要科学、先进；考虑的影响因素要全面；测试要多次进行，反复验证。只有这样，才可能取得可靠的测评结果。如果多次测评的结果都基本相同，说明该结果的可靠性较高。否则，说明测评存在一定问题，有必要进一步研究。

3. 综合性原则

影响广告效果的因素多种多样，既有可控因素，也有不可控因素。可控因素是指广告主能控制的，如广告预算、媒体选择、广告刊播时间及频率等；不可控因素是指广告主无法控制的外部宏观因素，如国家的有关法规的颁布、消费者的风俗习惯、目标市场的文化水平等。对于不可控因素，在测评广告效果时要充分预测它们对企业广告宣传活动的影响程度，做到心中有数。在测定广告效果时，除了要对影响因素进行综合分析外，还要考虑到媒体使用的复合性以及广告播放时间的交叉性。只有这样，才能排除片面性的干扰，取得客观的测评效果。

4. 经常性原则

由于广告效果具有时间上的滞后性、效果的累积性、复合性以及间接性等特征，因此企业不能抱有临时性或一次性测评的态度。本期的广告效果也许并不是本期广告宣传的结果，而是上期或者过去一段时间广告活动的效果。因此，在测评广告效果时必须坚持经常性原则，定期或不定期地测评。

5. 经济性原则

进行广告效果测评，所选取的样本产销量、测评模式、测评地点、测评方法以及相关指标等，既要有利于测评工作的开展，又要从广告主的经济实力出发，考虑测评费用的额度，充分利用有限的资源为广告主多办事，办好事。否则，测评工作会成为广告主的一种负担或者是一种资源浪费。为此，企业要搞好广告效果测评的经济核算工作，用较少的投入取得尽可能准确的测评结果。

【相关知识】

你的一半广告费浪费在哪里？

有一位著名的广告人曾经说过一句名言，我的另一半广告费被浪费了，但却不知被浪费到哪里去了。综观中国市场的营销活动，这种广告费浪费尤其严重，有的恐怕不止浪费一半，花大价钱换来的有可能是“大炮打苍蝇”的结果。经过研究，我们发现广告费浪费并不是不知所向的，还是有迹可寻的。

1. 定位不清是广告费浪费的根源

定位不清的直接后果是目标消费群体模糊，进而导致广告诉求方向紊乱，什么都想说，什么都没说清楚，主次不分，重点不明；或者诉求对象主次颠倒，或者根本就是横扫一大片，打着什么是什么。

广告就是沟通，如果连自己的沟通对象都找不到，或者找错了，那么这种沟通无疑是对牛弹琴，白费力气，这种浪费恐怕不止是一半，而是广告费的全部了。营销和做人一样，切不要贪多贪大，一个恰当的位置比膨胀的欲望会让你收获更多。

2. 卖点诉求不明确

产品要具有销售的生命，就必须给它确定一个与众不同的卖点，并用明确的诉求告诉、引导、激发消费者。当然，卖点的与众不同，并不在于刻意的求新求奇，最重要的是要把产品本身最具特色的优势说出来，带给消费者实实在在的利益需求，缺乏价值和利益的卖点诉求是不成功的。

很多广告之所以不成功，往往是陷入了两个明显的误区。一是过于求新求奇，目的和手段颠倒；一是把广告过于艺术化了，以艺术掩盖了营销的本质，传达的信息只见到艺术的画面和语言，而不见产品。

卖点诉求不明确必然导致广告诉求的紊乱，面对你的消费者却不知道说什么，或者语无伦次，或者消费者感觉不到你的诉说，广告费浪费当然的。

3. 混乱的媒体组合策略

整合营销传播策略既是一种资源整合策略，也是一种有效的媒体整合策略。“整”是根本，“合”是手段，没有有效的资源“整”，就不可能实现最佳的媒体传播“组合”。但现实是很多企业把几种媒体的简单相加等同于整合营销传播，根本不考虑媒体和目标消费群体的吻合度，基本使用的是“撒网式媒体传播法”，电视、报纸、电台、户外等蜂拥而上，全面撒网，反正你也跑不掉，但往往是需要的看不到，不需要的天天见。

整合营销传播讲究的是一种精确传播，一种有效传播，一种集中传播，其意义在于通过资源的整合，实现产品信息与消费群的及时、有效、集中的对话，从而找到销售的接触点。混乱无序的媒体组合是一种盲目、投机的媒体传播，即使达到了销售的目的，但广告费的浪费也是惊人的，无形中消耗了企业的收入。

4. 广告表现不知所云

现在的创意作品过多地追求一种艺术的成就，而不是销售的成果，很多作品受众根本无法理解或者要转过几道弯去理解，不是抽象派就是印象派，以艺术的眼光去看绝对是佳作，以营销的眼光去看就是垃圾。

广告表现就是为了销售，这是广告表现创意的铁律。如果是为了获奖，那就去做艺术家。也许二者可以兼得，但首先还是为了销售，这又是基本原则。

5. 广告落地不及时不到位

很准确的产品定位，很独特的卖点诉求，很漂亮的广告表现，最后却发现广告没有落地，这种“功亏一篑”的遗憾无疑是最大的失败，而这种广告费浪费无疑是惊人的。

广告落地简单地说就是在地面实现产品和目标群体的直接沟通，即做到产品及时到达终端；终端建设要实现与广告的对接；强化与消费者的近距离沟通；及时开展促销活动配合广告投放；把广告的语言转化为销售的语言。

广告必须落地，广告必须与产品、渠道、终端、促销等各个方面相配合，某一个方面出现偏差，意味着你的广告费就将出现浪费的危险，广告就会成为空中楼阁。

17.3 广告效果测评的内容

在广告的沟通过程中，广告代言人、广告信息、广告媒体等对广告效果起着重要的影响作用，而这些因素又是广告主可以控制和操纵的。因此，有必要对其中每一个变量进行测评，以便对其中的不利因素做出及时纠正。

1. 广告代言人

广告代言人作为一种广告信息来源，对广告效果有着重大影响。广告代言人是否可信，对目标受众是否具有吸引力、影响力，广告代言人的形象与广告产品形象是否一致等，都对广告效果有着直接影响，因而必须加以测评。

例如，一个啤酒广告用了一个昂贵的明星，但测试结果却表明，该明星并无助于引起受众对广告的更多关注，广告主便撤换了该明星。又如，某电影明星或球星可能最初是一个极好的代言人，但由于各种原因，他对广告受众的吸引力、影响力逐渐降低，这时，如果仍使用该明星做代言人，就会降低广告效果。因此，还要随时检验广告代言人对广告效果的影响。

2. 广告信息

广告信息的内容及信息的诉求方式是影响广告效果的重要因素，因而是广告测评的一项主要内容。在广告前测中，可以从消费者的角度测量广告信息说了什么，说得是否清楚，广告信息中是否提供了广告受众最关心的内容。

例如，一个新品牌啤酒的广告有没有提供任何能引诱消费者尝试该产品的理由。广告刊播后或广告活动结束后测量的内容有：广告受众记住了多少产品信息，他们对广告信息的相信程度，是否记住了广告活动口号或广告品牌。

3. 广告媒体

对广告媒体的测评主要包括以下几个方面的内容。测评不同媒体或媒体工具的广告效果，以决定哪一个媒体最有效；测评不同广告频次的广告效果，以确定最佳广告频次，减少广告浪费；测评不同媒体时间表对广告效果的影响，以决定广告播出的时段。

例如，是连续刊播广告效果好，还是分散刊播广告效果好；对礼品做广告是一年四季作广告好，还是集中在春节等礼品购买季节作广告好。随着媒体时间的购买费用不断增长，这是需要广告主重视的问题。

4. 最终效果

最后，还要测评广告的最终结果以评价广告是否达到了预期的目标。可根据事先确定的广告目标，以消费者的反应变量为指标测量广告活动的最终结果。根据这个结果，就可以决定如何进一步做广告，下一次广告活动的目标是什么，目标市场是否要改变等。

17.4 广告效果测评的程序

广告效果测评的程序大体可以划分为确定问题、收集有关资料、整理和分析资料、论证分析结果和撰写分析报告几个部分。

1. 确定效果测评的具体问题

由于广告效果具有层次性特点，因此评估研究的问题不能漫无边际，而是应该事先决定测评的具体对象，以及从哪些方面对该问题进行剖析。广告效果测评人员要把企业广告宣传活动中存在的最关键和最迫切需要了解的问题作为测评的重点，设立正确的评估目标，选定评估课题。

广告效果评估课题的确定方法一般有两种：一种是归纳法，即了解企业广告促销的现状，根据企业的要求确定分析研究的目标；另一种是演绎法，其基本思路是根据企业的发展目标来衡量企业广告促销的现状。

2. 收集测评资料

这一阶段主要包括制定计划、组建调查研究小组、收集资料和深入调查等内容。

（1）制定计划。制定广告测评的计划方案，可以保证广告效果测评活动的科学化、规范化。否则，广告效果测评也就难以保证有计划、有步骤地进行，也很难达到预期的目的。

企业应该委派课题负责人，写出与实际情况相符的广告效果测评工作计划，该计划内容包括课题进行步骤、调查范围与内容、人员组织等。

（2）制定测评方案。即使制定了有效的计划方案，也要有严格有效的落实方案，这就要求测评人员必须严格、认真、细致地按照预定的目标和计划去实施。在这个环节中，要注意的有关的问题，如表 5-1 所示。

表 5-1　　制定测评实施方案应注意的问题

方案内容	注意的问题
组建测评小组	确定广告效果测评课题后，应根据课题要求和测评人员的构成情况，综合考虑，组建测评研究小组。测评研究小组应是由各类调查研究人员组成的优化组合群体，综合与专业相结合；高、中、低层次人员相结合；理论部门、实际部门和专家相结合；老、中、青相结合。这种“三结合”的测评研究小组，有利于理论与实际的统一，使课题分析全面，论证质量提高。在课题组的组建中，应选择好课题负责人，然后根据课题的要求分工负责，群策群力地进行课题研究，才能产生高质量的测评结果
确定测评方法	可供选择的测评方法很多，关键在于选择适用的方法和科学地组合这些方法
确定测评对象	每一次广告活动，都有不同的广告诉求目标，不同的广告诉求目标又决定了不同的诉求重点。因此，广告活动具有很强的针对性，这主要有三个方面的要求：一是哪些人，二是用什么方法确定，三是样本数量
设计调查问卷	调查问卷是进行实地调查的必备工具，因此设计一份高质量的问卷对获得全面、准确的调查资料有很大帮助，而且是测评工作能否取得预期结果的重要环节

（3）收集有关资料。广告效果测评小组成立之后，要按照课题的要求收集有关资料，包括：一是企业外部资料，主要是与企业广告促销活动有联系的政策、法规、计划及部分统计资料；二是企业所在地的经济状况、市场供求状况、主要媒体状况、目标受众的媒体习惯以及竞争者的广告促销状况；三是企业内部资料，包括企业近年来的销售和利润状况、广告预算状况、广告媒体选择情况等。

3. 整理和分析资料

整理和分析测评资料，就是对所收集的信息资料进行分类整理、综合分析和专题分析。资料整理归纳的基本方法有：按时间序列分类、按问题分类、按专题分类、按因素分类。在分类整理资料的基础上，对信息资料进行初步分析，提出可以用于广告效果测评的资料。信息资料分析方法有综合分析和专题分析两类。综合分析是从企业的整体出发，综合分析企业的广告效果。例如，企业的市场占有率分析、市场扩大率分析、企业知名度提高率分析等。专题分析是根据广告效果测评课题的要求，在对调查资料汇总以后，对企业广告效果的某一方面进行详尽的分析。

4. 论证分析结果

论证分析结果，即召开分析结果论证会。论证会一般由广告效果测评小组负责召开，邀请社会上有关专家、学者参加，企业有关负责人出席，运用科学方法，对广告效果的测评结果进行全方位地评议论证，使测评结果进一步科学合理。

常用的论证分析方法如下。

（1）判断分析法。由测评小组召集课题组成员，邀请有关专家和企业负责人参加，对提供的分析结果进行研究和论证，然后由主持人将意见集中起来，并根据参加讨论人员的身份、工作性质、发表意见的权威性等因素确定一个综合权数，提出分析效果的改进意见。

（2）集体思考法。由测评小组邀请有关专家、学者参加，对广告效果测评的结果进行讨论研究，充分发表意见，尽量使参会者畅所欲言，集体修正，综合分析，会后由测评小组进行整理汇总。

5. 撰写测评分析报告

广告策划者要对经过分析讨论并征得广告主同意的分析结果进行认真的文字加工，写成分析报告。

17.5　广告效果测评指标体系

广告效果测评，最大的难题就是测评指标体系的科学化、规范化。

1. 广告心理效果测评指标

广告心理效果，是广告信息作用于受众所引起的一系列心理反应。从心理反应过程来看，一般表现为注意感知、理解记忆、情感激发、态度改变、购买行动等几个阶段，传播出去的信息受到了关注，留下了记忆，改变了态度，导致了个人的或社会的某种行为的变化，这就意味着产生了传播效果。在实际操作中，一般用一系列的心理测量指标和生理实验指标来反映广告的心理效果。

（1）广告心理学测量指标。

广告心理学测量指标包括广告感知记忆效果指标、广告认知理解效果指标和广告行为影响效果指标三种。

广告感知记忆效果测评指标。广告感知记忆效果测评指标用于测评广告内容即广告主及其商品或服务、商品、品牌等的认知程度，主要由阅读率或视听率、记忆率等指标来反映。

- 平面广告阅读率，包括注目率、阅读率、精读率等。
- 电子广告视听率，包括视听率、认知率等。
- 记忆率，是在不用任何提示下，一个受众能够记得过去一周内见过某支广告的人的比例，又称广告认知度。

广告认知理解效果测评指标。广告认知理解效果测评指标是对广告所传达的信息和观念的认知、理解程度和思维状态的反映，例如，对广告是否感兴趣，对广告商品有无好感，信任度、忠实度、偏好度以及品牌印象如何等问题，做出心理学评价。

- 理解度，反映受众对广告内容的理解程度。
- 好感度，反映受众对广告内容给予正面评价的程度。

广告行为影响效果测评指标。广告信息传播的目的是通过影响消费者对产品、品牌及企业的态度倾向，从而引导消费者采取选择和购买的行动。

- 信任度，反映受众对广告内容的认可程度，相信广告内容的真实性。
- 忠实度，反映受众对广告产品或品牌的心理倾向性，是否经常购买广告产品或品牌。

（2）广告生理实验测评指标。

广告生理学实验测评指标包括视觉反应指标、皮肤电反应指标、脑电波反应指标等。

视觉反应测试指标，通过视向仪测定观众对广告信息的顺序、时间长短以及瞳孔变化，以此来判断广告的视觉冲击力。主要指标有眼动轨迹描记图、视觉反应时间、瞳孔直径变化等指标。

- 眼动轨迹描记图。人们在观看广告时，眼珠处在不断的运动中，这种运动就是对广告画面的不断扫描运动。因此，在视向测验法中，使用视线扫描器将眼动轨迹记录下来就形成了眼动轨迹描记图，由此可以清楚了解消费者观看广告时眼睛的注视次序与重点部位。
- 视觉反应时间，即在瞬间显露测验中，消费者观察或看清广告对象所需的时间，以此来衡量广告视觉效果的客观性测评指标。
- 瞳孔直径变化。与瞳孔扩散反应法相联系，人们接受广告信息时会产生不同的情结，这会通过瞳孔放大或缩小程度反映出来，利用瞳孔直径变化可以判断广告对受众心理的影响效果。

在皮肤电反应中，人们在接受广告信息时会导致情绪变化，进而会引起交感神经活动的变化和出汗量增减的变化，通过生理电流仪可以观察到皮肤电发生变化，即可得到皮肤电反应指标。

脑电波图变化指标。人们观看广告时，大脑产生的自发电活动，通过脑电波仪器将之收集、放大而记录下来，便形成脑电波图变化指标，可以此测试出广告对受众的心理影响程度。

2. 广告经济效果测评指标

菲利普·科特勒曾经指出：一般来说，广告的销售效果较之于心理效果更难测量。除了广告因素外，销售还受到其他很多因素的影响，如产品特色、价格、可获得性和竞争者行为等。这些因素越少或者越能控制，广告对销售的影响力也就越容易测量。广告经济效果测评主要是利用统计分析方法，对一定的广告投入所带来的销售额、利润额的增减变化情况进行比较研究，以反映广告的经济效果。在进行广告经济效果测评时，常用的指标有广告效益指标、市场竞争力指标、广告相关分析指标等三大类。

（1）广告效益指标。

广告效益指标，是利用成本－收益分析方法测试广告活动的经济效益状况的统计分析指标，有正指标和反指标两种形式。

正指标是指每支出单位广告费用能够带来的销售或利润额的增加量，包括单位（或边际）广告费用销售增加额和单位（或边际）广告费用利润增加额等指标。

- 单位广告费用销售增加额＝（广告后销售额-广告前销售额）÷广告费用总额
- 单位广告费用利润增加额＝（广告后利润额-广告前利润额）÷广告费用总额

反指标是广告费同销售额或利润额的比率，包括单位（或边际）销售费用率和单位（或边际）利润费用率等指标。

- 单位销售费用率＝本期广告费用总额÷本期销售总额
- 单位利润费用率＝本期广告费用总额÷本期利润总额

（2）市场竞争力指标。

市场竞争力指标，一般通过市场占有率来反映。市场占有率在一定程度上反映了企业产品在市场上的地位、竞争力和广告的市场拓展能力。

- 市场占有率＝企业某产品的销售量÷行业总销售量
- 相对市场占有率＝企业某产品的市场占有率÷最大竞争者市场占有率

（3）相关分析指标。

广告经济效果的相关统计分析，一般是通过计算广告费用变量与经济收益变量之间相关系数等相对指标，来反映和研究某项广告活动的经济效益情况。相关系数的取值在+1 与−1 之间，越接近+1 表示广告活动越成功，越接近−1 表示广告活动越失败，系数为 0 表示广告没有经济效果。

- 相关系数 $r=\dfrac{\sum(X-X)(Y-\bar{Y})}{\sqrt{\sum(X-X)^2\sum(Y-\bar{Y})^2}}$

3. 广告社会效果测评指标

广告是通过大众传播媒体向社会大众传播有关信息的，所以广告信息的传播具有社会性。广告在为企业带来经济效益的同时，也会对社会产生影响，与社会公众利益密切相连。一般而言，对广告社会效果的测评，主要有以下方面。

（1）真实性。

广告所传达的信息内容必须真实，这是测评广告社会效果的首要方面。广告发挥影响和作用，应该建立在真实的基础上，向目标消费者实事求是地传递企业和产品的有关信息。企业的经营状况，产品的功效、性能等，都要符合事实的原貌，不能虚假、夸大、误导。

广告诉求的内容如果造假，它所形成的社会影响将是非常恶劣的。这不仅是对消费者利益的侵害，而且反映了社会伦理道德和精神文明水平。真实的广告，既是经济发展、社会进步的体现，也体现了高深的社会风尚和道德情操。所以，检测广告的真实性是测评广告社会效果的最重要内容。

（2）合法性。

广告必须符合国家和政府的各种法规政策的规定和要求。以《广告法》来加强对广告活动的管理，确保广告活动在正常有序的轨道上运行，是世界各国通行的做法。《中华人民共和国广告法》已于 1994 年 10 月 27 日通过，自 1995 年 2 月 1 日起施行，是目前为止我国最完备、最权威的广告管理法规文件。其中，明确规定了广告主、广告经营者、广告发布者的行为准则及应承担的法律责任，明确规定了广告发布的审查制度，从而有效约束了广告主、广告经营者和广告发布者的行为，保证了公平竞争的市场环境。

（3）伦理道德性。

在一定时期、一定社会意识形态和经济基础之下，人们要受到相应的伦理道德规范的约束。广告传递的相关内容以及所采用的形式，既要符合国家的法律和政策，还要符合伦理道德标准，符合社会规范的广告也应是符合道德规范的广告。一则广告即使合法属实，也有可能给社会带来负面的影响，给消费者造成这样或那样的损害，这样的广告就不符合道德规范的要求。

从伦理道德方面对广告效果进行测评有一定的难度，测评的依据更多的是一些软性的标准，既有历史的沉积，又有时代的特点；既要对某一个体广告作品进行评价，又要从广告传播的整体效果上予以把握。要能从建设社会精神文明的高度来认识，从有利于净化社会环境，有益于人们的身心健康的标准来衡量。

（4）文化艺术性。

广告活动也是一种创作活动，广告作品实际上是文化和艺术的结晶。从这方面对广告进行测评，由于各种因素的影响，不同的地区、民族所体现的文化特征、风俗习惯、风土人情、价值观念等会有所差异，因而也有着不同的评判标准。总的来说，广告应该对社会文化产生积极的促进作用，推动艺术创新。

但是，广告与艺术是完全不同的两个东西，广告终归不是艺术，艺术也不是广告。把广告当做艺术，或将艺术视为广告，都将使广告变成中看不中用的艺术品，从而失去其应有的销售力量。

17.6 广告效果测评报告的撰写

广告测评报告是广告测评活动的直接结果。在广告测评活动过程中，通过提出测评计划，收集有关信息资料，并对所收集到的信息资料进行加工处理，最终形成和提交某种形式的测评报告，提交给广告活动的策划人或委托人。

1. 广告效果测评报告的格式与内容

测评报告尽管因测评课题、测评人员的风格不同而有所区别，但是其基本内容应该是相同的。一个规范的广告效果测评报告，一般应该包含序言、摘要、引言、正文、附录五个部分。

（1）序言。

序言，主要介绍测评课题研究的基本情况，通常包括扉页、目录或索引。

扉页一般需要写清楚以下内容：测评报告的题目或标题；执行该项研究的机构名称；测评项目负责人的姓名及所在单位；测评报告的完稿日期。扉页要求单独占一页。

目录或索引，一般应列出报告中各项内容的一览表，包括各部分的标题名称及页码。目录或索引也要求单独占一页。

（2）摘要。

阅读测评报告的人往往对测评过程的复杂细节没有什么知识或兴趣，他们只想知道测评所得的主要结果、主要结论，以及他们如何根据测评结果行事。因此，摘要可以说是测评报告极其重要的环节，它也许是广告主唯一阅读的部分。由于这一部分如此重要，所以应当用清楚、简洁而概括的手法，扼要地说明测评的主要结果。

摘要内容可列明下列资料：本产品与竞争对手的当前市场竞争状况；产品在消费者心目中的优缺点；竞争对手的销售策略和广告策略；本产品广告策略的成败及其原

因；影响产品销售的主要因素是什么；根据测评结果应采取的行动或措施。

（3）引言。

测评报告的引言通常包括测评背景和测评目的两个部分。

测评背景，是测评人员对测评课题的由来或接受委托的情况做出的说明。说明时，可以引用企业的有关背景资料，如产品在一段时期内的销售变化情况、与竞争对手的市场占有率对比资料、已有的广告策略及实施状况、消费者对企业广告的反应资料等。背景资料的介绍不仅可作为测评目的提出的铺垫，还可以作为测评结论和建议的佐证。可见，背景资料的介绍一定要与测评主题有关。

测评目的，通常是针对测评背景分析中所存在的问题提出的，需要测评人员对本测评研究预期要获得的结果列出一张清单，如：品牌市场占有率、品牌的目标顾客群及其消费和购买特点等。

（4）正文。

测评报告的正文包括测评的全部事实。从测评方法确定到测评结论的形成及其论证等一系列步骤都要写清楚，一是让阅读报告的人了解所得测评结果是否客观、科学、准确、可信；二是让阅读报告的人从测评结果得出他们自己的结论，而不受测评人员的影响。测评报告正文基本上包含三个部分：测评方法、测评结果、结论和建议。

① 测评方法中需要叙述的内容包括：测评地区（说明测评活动在什么地区或区域进行，选择这些地区或区域的理由）、测评对象（说明从什么样的对象中抽取样本进行测评，通常是指产品的销售推广对象，或潜在的目标市场）、样本容量（说明抽取多少消费者作为样本，或选取多少实验单位）、样本结构（根据什么抽样方法抽取样本，抽取后样本的结构如何，是否具有代表性）、资料采集方法（说明是实地访问，还是电话访问；是观察法，还是实验法等）、实施过程及问题处理（说明测评是如何实施的，遇到了什么问题，是如何处理的）、访问人员介绍（说明访问人员的资格、条件以及训练情况）、资料处理方法及工具（指出用什么工具、什么方法对资料进行加工和处理）、访问完成情况（说明访问完成率及部分未完成或访问无效的原因）。测评方法的介绍有助于使阅读者确信测评结果的可靠性，但在描述时要尽量简洁，把方法及采用的原因说清楚即可。

② 测评结果也就是对测评所得资料的总结。资料的描述形式通常是表格或图形，但仅用图表资料呈现还不够，测评人员还必须对图表中的数据资料所隐含的趋势、关系或规律加以客观描述，也就是说，要对测评的结果做出解释。一般来说，对测评结果的解释，包括说明、推论和讨论三个层次。

说明

说明是指根据测评所得统计结果来叙述事物的状况、现象，事物发展的趋势、变量之间的关系等。说明不是对数据结果的简单描述，而是利用已有的资料或逻辑关系做出较为深入的分析。

推论

因为大多数广告测评所得的数据结果都是关于部分测评对象的资料，但研究的目的往往是要了解总体的情形，因此测评人员必须根据测评的数据结果来估计总体的情况，这就是推论。推论不是简单地用样本的测评结果来代替总体，而是必须考虑到样本的代表性。当样本的代表性强时，由样本结果直接估计总体结果的误差就小，反之当样本代表性差时，必须十分谨慎，否则就容易犯错误。

讨论

讨论主要是对测评结果产生的原因作分析。讨论可以根据广告原理或事实材料对所得的结论进行解释，也可以引用其他研究资料做出解释，还可以根据测评人员的经验做出解释。

总之，测评结果部分所包含的内容应反映出测评的目的。一般而言，应包括如下各项详细情况：产品的市场销量和市场占有率、消费者对广告的反应、消费者对产品的反应、消费者的媒体接触特点、产品的目标市场结构及其特点、竞争对手的广告策略和特点、价格、包装和广告等因素对销售的影响。

③结论和建议。结论中，测评人员要表明测评结果的实际意义。结论的提出方式可用简洁而明晰的语言对研究前所提出的问题作明确的答复，同时简要地引用有关背景资料和测评结果加以解释、论证。建议，是针对测评结论提出可以采取哪些措施、方案或具体行动步骤，如媒体策略、广告主题、竞争抗衡办法、广告诉求，以及产品的价格、包装或促销策略等。大多数的建议应当是积极的，要说明应采取哪些具体的措施以获得成功，或者要处理哪些已经存在的问题，如“应加重广告量”、“改理性诉求为感性诉求”等。有时也可以用否定的建议如“应立即停止某一广告的刊播”。不过，由于否定的建议是消极的，只叫人不做什么，并没有叫人做什么，所以最好尽量采用积极的建议。

（5）附录。

附录是列入尽可能多的资料，作为来论证、说明报告正文的附加资料，每个附录都应进行编号。在附录中出现的资料常常包括：测评问卷、抽样有关细节的补充说明、原始资料、原始数据。

2. 广告效果测评报告撰写的基本要求

一份优秀的广告效果测评报告，必须具备下列条件。

（1）语言简洁，有说服力。报告要尽可能地简明扼要，不要拖泥带水。用自然体例写作，使用普遍词汇，尽量避免行话、专用术语。务必使报告所包括的全部项目都与测评的宗旨有关，剔除一切无关资料。仔细核对全部数据和统计资料，务必使资料准确无误。

（2）提出明确的结论或建议。测评报告应该能让读者了解测评过程的全貌，即报告要回答或说明研究为什么进行，用什么方法进行研究，得到了什么结果，对广告活动有什么改进的建议。

（3）适合阅读。原因是阅读报告的人可能并不完全懂得测评人员已熟悉的技术资料，也不一定有耐心阅读繁琐、生涩的报告。所以，报告必须以严谨的结构、简洁的体裁将调研过程中各个阶段收集的全部有关资料组织在一起，不能遗漏掉重要的资料，但也不能将一些无关的资料写进报告之中。

（4）打印工整匀称。一般用 A4 纸打印，版芯占整个版面的 70%左右；标题清楚，序号明确，一般控制在三级以内；字体字号和谐，一般字体以不超过 3 种为宜，字号以不超过 3 级为宜。

任务总结

在认识广告效果测评的意义前提下，确定了广告效果测评的原则、内容、程序、指标后，要做好广告效果的测评，还必须注意以下几个问题。

第一，选择好测评样本（受测者）。首先，受测者必须是广告产品的目标消费者。如果以非目标市场中的消费者为测评对象，测评结果对广告主是毫无价值的。其次，受测者必须达到一定的数量。如果参加测评的人数量太少，测评结果很难说明问题。

第二，制定恰当的测评指标。一个广告是不是有效，在很大程度上取决于所使用的测评指标，而测评指标又取决于广告目标或测评目的。广告目标不同，所选定的评估标准也不同。如果广告的目标是让消费者知道这种新产品，那么，评估标准就是目标消费者对广告品牌的知晓度；如果广告的目标是提高目标消费者对广告品牌的好感，那么评估标准就是消费者对这个广告品牌的态度。

第三，做好事前—事后测评。所谓事前—事后测评是指一种测评工作程序，即在广告正式刊播前进行广告前测，了解目标消费者在开展广告活动之前对广告品牌的了解程度与所持的态度。在广告活动结束后，再进行广告后测，并将后测结果与前测结果相比较，两个结果之差便是整个广告活动的效果。如果没有事前测评，就无法确定广告后测的结果是早已存在的、还是广告活动带来的效果，也无法确定广告活动的效果到底有多大。广告活动是否成功，事前—事后测评能较好地解决这一问题。

任务18　测评不同阶段的广告效果

【任务引入】

广告效果测评，依执行时机和目的不同，可分为广告前测评、广告中测评和广告后测评。事前测评主要是对广告创意和策划方案进行评估；事中测评主要是对目标受众的心理反应进行调查分析；事后测评主要是对广告的经济效果和社会效果进行测评。事前、事中和事后测评，构成了广告效果测评的一个完整系统。

1. 事前、事中、事后测评的目的有什么不同？
2. 事前、事中、事后测评的内容有什么不同？
3. 事前、事中、事后测评的方法有什么不同？

知识链接

18.1 广告前测评

广告前测评，指在一则广告发布之前，对广告创意、广告作品、媒体组合等进行测评，也就是在广告主准备投资于某个广告之前，先行衡量广告的预期效果。其目的在于，一方面评估广告活动可能达到的效果；另一方面发现广告存在的不足，从而改进策划和设计工作。

1. 广告创意的事前测评

广告创意测评是就广告表现的构思和设计方案的定位是否准确、主体是否鲜明、能否激起消费者购买欲望等进行检验、测评。测评方法有专家评定法、实验法和访谈法。

（1）专家评定法，一般由广告专家、心理学家、营销专家、企业营销主管等组成的专家小组，从多角度、多层次对广告创意进行评审。然后，综合所有专家的意见，作为预测广告效果的基础。

专家小组评定法是事前测评中比较简便的一种方法，费用也小。但是，要注意所邀请的专家应能代表不同的广告创意趋势，以确保所提供意见的全面性和权威性。一般来说，聘请的专家人数以 10～15 人为宜，少了不能全面反映问题。另外，专家小组的评审意见可能带有主观性，因此对专家的专业水准要求较高。

（2）实验法和现场访谈法，旨在选取有代表性的消费者进行调查，了解他们对广告创意的反映或意见。实验法严格控制实验条件，可以较为准确地确定各种变量间的联系，但由于实验条件的严格控制，其结果未必非常符合实际的消费情景；现场访谈法无法严格控制各种条件，但能较好地照顾到消费者的心态，使之与实际消费情景更接近和一致。这两种方法具有互补性，因此结合使用，效果更好。

2. 广告作品的事前测评

在广告发布前，应对广告作品的传播效力进行测评，如作品的吸引力、冲击力有多大，能使消费者产生信任感、喜好、购买欲望的程度如何，广告的构图、色彩、表现手法是否恰当等。广告作品的事前测评，既能检验作品表现是否符合创意方案，也能对广告创意做进一步的审定，就其是否合适进行反馈。

广告作品事前测评多邀请一定数量有代表性的消费者参与评价广告作品，常用的方法有评分法、比较排序法、比较淘汰法、形容词选择法等。

（1）评分法。

评分法用于评估目标受众对广告的注意力、认知度、情绪度和行为度等方面的强度，由消费者对广告作品的各要素如构思、色彩等，逐项进行评分，如表 5-2 所示。

表 5-2　　广告评分表

测评项目	具体内容					得　分
注意度	本广告对读者的吸引力有多大					
	1	2	3	4	5	
阅读度	本广告使读者往下继续阅读的力量如何					
	1	2	3	4	5	
认知度	主要信息或利益的理解程度如何					
	1	2	3	4	5	
情绪度	本广告的诉求效力如何					
	1	2	3	4	5	
行为度	本广告引起马上采取购买行动的驱使力有多大					
	1	2	3	4	5	
总　分						

虽然这种测定广告实际效果的方法还不够完善，但一则广告如果得分较高，说明该广告是比较有效的。评分法按总分高低对参选广告作品进行排序，选出得分高的优秀广告作品，淘汰、剔除质量差的作品。

（2）比较排序法。

向消费者呈现多件备选广告作品，要求消费者对这些作品按一定的标准进行评估并排序，由此选出最佳的作品。另外一种方法是将备选广告作品成对呈现，要求消费者比较，选出二者中更好的一件。这样，对所有的广告作品进行比较后，可绘制出一个选择矩阵，被多次选中的就是更好的作品。广告作品选择矩阵，如图 5-3 所示。

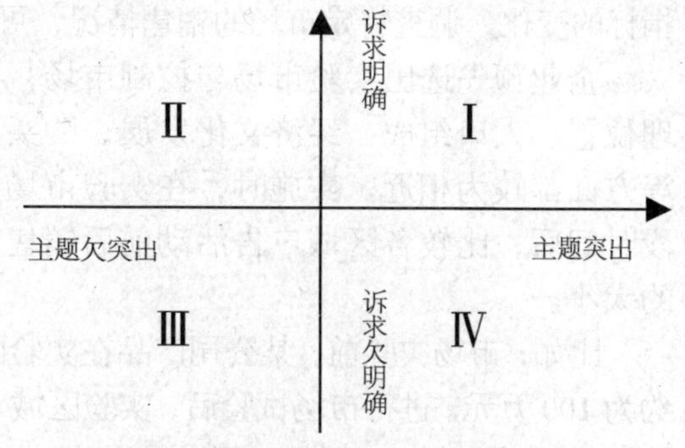

图 5-3　广告选择矩阵

（3）比较淘汰法。

一次呈现多件备选作品，要求消费者根据某种选择标准每次淘汰最差的作品，经多次淘汰后，剩下的一件或多件作品即为效果较好的作品。或者两两配对广告作品，比较后淘汰其中较差的，然后补充另一件作品与保留的配对，再进行比较，如此反复比较、淘汰、补充，最后也能获得优选结果。

（4）形容词选择法。

列出多个形容词，消费者观看广告后，根据感觉选择自已认为能描述广告各方面的形容词。对消费者选择结果进行统计，若多数人的选择体现了广告设计意图，就表明广告较为正确地表达了创意。

3. 媒体组合的事前效果预测

广告活动中，约有 80%的费用用于购买发布广告的媒体时间和空间。报刊、电台、电视等各大众传媒，在信息传播上各有优缺点。如果媒体的选择恰当，则可以相互弥补缺点，更有效地实施媒体计划，避免重复浪费。因此，需要对媒体的传播效果进行事前测评。

媒体的事前效果测评，通常采用档案分析法。各媒体、广告公司往往积累了许多相关数据资料。收集、查询相关资料，可以了解各媒体的特点和受众的特点，结合广告目标分析媒体特性、产品特性、目标市场特性、目标消费者媒体接触习惯等，计算不同媒体组合、时空组合的成本、效益。

18.2 广告中测评

广告效果的事中测评是在广告已开始刊播后进行的。事中测评可以直接了解媒体受众在日常生活中对广告的反应，得出的结论也更加准确可靠。但这种测评结果对进行中的广告目标与策略，一般很难进行修改，只能对具体方式、方法进行局部的调整和修补。

1. 平面媒体广告的事中测评

对报纸、杂志等平面媒体广告的事中测评，常用的方法有：市场试验法、回函测评法、分割测评法。

（1）市场试验法。

市场实验法的假设前提是认为广告具有经济效果，能导致市场占有率、销售额等指标的变化，调查特定市场的销售情况，可以求得广告效果。

企业预先选出实验市场与控制市场，要求二者具有代表性，在区域大小、地理位置、人口组成、经济文化发展、购买力、消费者观念、销售渠道、媒体效力等方面都较为相近。实施时，在实验市场发布广告，控制区则无广告的投放。一段时间后，比较各区域广告活动前后销售情况的变化及差异，借以判断广告效果的大小。

比如，市场实验前，某公司产品在实验区域 A 和控制区域 B 的销售额大致相同，约为 100 万元。进行市场试验后，实验区域 A 的销售额增长为 150 万元，控制区域 B 的销售额增长为 120 万元。可以得到若无广告投放，销售额的自然增长为 20 万元，而广告产生的效果为 30 万元。

市场试验法适用于销售周期较短的商品，如时令商品、流行商品。销售周期长的商品，由于广告效果的累积性、迟滞性作用及其他条件的原因，都会影响销售额等指标，难以保证结果的客观性。

另外，市场试验法，经常被用于报纸杂志等平面媒体广告的效果测试。做法是先把测试的广告刊登在报纸杂志上，广告登出后便把报纸杂志分发给消费者中的调查对象，随后同这些被调查者接触并与之就广告问题进行谈话，他们的回忆可用来确定广告效果。

- 注意率，即声称曾在该杂志中见到过此广告的读者的百分率，计算公式为

注意率 = 被调查者中看过某则广告的人数/被调查者总人数

- 联想率，即能正确辨认该产品和该产品广告主的百分率，计算公式为

联想率 = 被调查者中能正确叙述广告内容的人数/被调查者总人数

- 认真阅读率，即声称看过广告内容一半以上的读者百分率，计算公式为

认真阅读率 = 被调查者中知晓广告大部分内容的人数/被调查者总人数

这样，就可以方便广告主对其广告效果同竞争者的广告做比较分析。

（2）回函测评法。

在一些广告中，常会出现“样品备索”、“回函参与抽奖”等字样，有时也向消费者邮寄调查卡、广告、产品清单等，要求消费者根据自己的意见填写回函。根据消费者回函数量及填写内容确定广告效果。

此法的优点是简单易行，便于操作。但为了获得收件人的兴趣和合作，使用回函测评方式往往给予收件人一定的好处，所以费用较大。有时，回函率不高，并且不能保证回函者就是现实中的消费者，等待回函的周期也比较长。而且，整理回函和统计工作也较为繁杂。

回函测评法常见的调查问题如下。

- “您看过或听过某品牌产品的广告吗?”
- “通过什么媒体您接触到某品牌产品的广告?”
- “该广告的主要内容是什么？”
- “您认为该广告有特色吗?”
- “您认为该广告的构图如何?”
- “您认为该广告的缺点是什么?”
- “您经常购买什么品牌的产品？”

（3）分割测评法。

分割测评法其实是一种较为复杂的回函测评法的变形，通常用于报刊杂志广告。实施时，将同一份报刊杂志分开印刷，同一日期、同一版位、同一面积，一半刊印广告 A，另一半刊印广告 B。将印有不同广告的刊物，分别在两个比较区域发行，或混在一起，随机发送读者。根据回函率及读者的反映来测评哪一个广告效果更好。

广告 A 和广告 B 应有暗号（Key），回函的地址或收信人有所区别，以便可以区分回函者是观看哪一个广告才回函的。

2. 电子媒体广告的事中测评

电视、广播等电子媒体广告效果的事中测评与报纸杂志等平面媒体有很大不同，主要有以下四种方法，如表 5-3 所示。

表 5-3 电子媒体广告的事中测评方法

方法	内容
家中测试	将一个小型屏幕放映机安置在具有播放条件的目标受众家中，让这些目标受众观看电视广告节目。这种方法可以使被调查者的注意力集中，但人为地制造了一种勉强观看电视广告的环境
实验测试	在购物场所现场，播放电视广告片的同时，向购买者展示测试的产品，并给予他们一些用以购物的赠券。广告主评估收回的赠券，便可以估量到电视广告片对购买行为的影响力
影院测试	邀请被调查者到影院观看尚未公开播映的电影，同时插播广告片。在放映之前，被调查者简述在不同商品种类中他们比较喜爱的品牌；在观看之后，再让被调查者选择不同种类商品中他们最喜爱的品牌。消费者偏好如有改变，则可表明广告片的说服力发挥了作用
播放测验	将被调查者召集在一起观看电视节目，观看被测试的广告片。在广告播放后，调查者向被调查者提出问题，询问他们能够回忆起多少广告片中的内容

18.3 广告后测评

广告活动结束后，也需要对其效果进行全面的评估，特别是对广告的销售效果和心理效果进行测评。事前测评不能直接地紧密联系市场对广告的反应，但事后测评可以做到这一点。

广告效果的事后测评，一方面要求广告刊播过程一结束，就立刻对其效果进行测评；另一方面，一则广告宣传活动结束后，过一段时间再对其效果进行测评。效果测试与广告刊播结束之后的时间间隔主要依媒体的性质决定，同时也要考虑目标市场中目标受众自身的特点。如果进行测定的时间过早，广告的时间滞后性效果尚没有充分发挥出来，得出的结论就不准确；如果测定的时间过晚，间隔时间太长，广告效果就可能淡化，得出的结论也有可能不准确。

1. 广告销售效果的事后测评

广告销售效果的事后测评主要根据广告活动后，商品的市场占有率、销售量、消费者使用情况等统计资料，结合同期广告量、原有的上述指标数据进行比较分析，确定广告的总体效果。广告销售效果事后测评方法主要有：销售额增长比率法、广告费用比率法、增长率比值法。

- 销售额增长比率＝销售额增长量/广告费用增长量

公式表明了广告费用对销售额的边际效应，即每增加 1 元的广告投入，给企业带来的销售额的增长。所得数值越高，广告的效果越好。公式中，销售额的增长量也可以用其他表明企业效益的指标增量代替。

- 广告费用比率＝广告费用/销售额

公式表明了企业以一定的广告费用投入所取得的销售效果，比值越小，广告效果越好。公式中的销售额也可以由表明企业效益的其他指标代替。

- 增长率比值＝销售增长率/广告费增长率

公式中比值大于 1，表明销售额增长率大于广告费增长率，广告效果较好；反之，广告效果越差。公式中销售额增长率也可以用表明企业效益的其他指标的增长率代替。

上述方法简单明了，易于掌握和使用。但是，企业经济效益指标的变动，不可能仅由广告效果引起，将企业销售效益的变化全都归功于广告，显然夸大了广告的作用，不符合实际情况。下面介绍一种对广告效果的测评方法，相对更准确、更客观一些。

该方法根据对广告有无认知、有无购买商品，将消费者分成四种类型，我们称之为四分法，如图 5-4 所示。

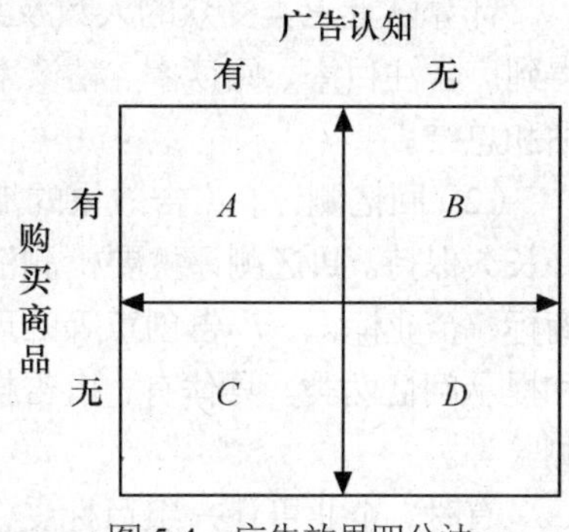

图 5-4　广告效果四分法

A 为看了广告购买商品的消费者人数。

B 为没有看广告却购买了商品的消费者人数。

C 为看了广告却没有购买商品的消费者人数。

D 为没看广告也没有购买商品的消费者人数。

N 表示调查的总人数，那么 $N=A+B+C+D$。

$A/(A+C)$ 表示在观看广告后，购买商品的消费者人数比例。

$B/(B+D)$ 表示未观看广告却购买了商品的消费者比例。

在这样一个基础上，我们可以得出以下一些公式来计算广告效果：

广告效果指标（Advertising Effectiveness Index，AEI）：

$$\text{AEI}=[a-(a+c)\times b/(b+d)]/n$$

纯广告销售效果(Net Ad Produced Purchases，Entraps)：

$$\text{Entraps}=[a-(a+c)\times b/(b+d)]/(a+b)$$

2. 广告心理效果的事后测评

对广告心理效果的测评，在事前、事中、事后测评中都要涉及。广告心理效果的事后测评，主要采用消费者调查的方法，通过问卷调查、电话访谈、小组访谈等方式，调查消费者对广告的态度、行为反应，并与事前、事中同类测评结果相互印证，从而真实评价广告效果。

（1）认知测评，用于测评广告知名度，即消费者对广告商品、品牌、企业名称和标志等的认知程度。进行这种测定，最好是在报刊送达读者手中的最短时间内进行，如果时间太长，读者可能忘记看过的广告。

在测定时间内，提示读者刊出的广告，并做如下询问："请问您看过这个广告了吗？"读者的回答可能为：看过该广告、阅读过一部分、概略地看过、未看过。每一项回答的人数占全体人数的百分比即为读者率，求出读者率就可以知道刊登于报刊上的广告效果。

广告心理效果事后测评的方法，如表 5-4 所示。

表 5-4　　广告心理效果事后测评表

注目率	只检验消费者是否看到过广告，而不考虑对广告内容的加工程度
阅读率	在对广告注意的消费者中，至少应大致了解广告产品的名称、企业标识等信息的那部分消费者的比例
精读率	精读率是对广告做精细阅读的消费者比例，这部分消费者详细了解了广告内容，至少浏览过广告 50%以上内容

计算以上三类受众的人数及其在总体中所占的百分比，可以得到广告阅读效率。得到广告注目率、阅读率、精读率的资料，可以对广告设计和媒体应用的效果做出评估和总结。

（2）回忆测评，广告效果的滞后性和延续性特点，说明广告能使消费者留下印象并长久保持。回忆测评主要检测消费者对广告的理解和记忆，测评内容包括消费者对商标、企业标识、广告创意等的理解、记忆、联想的情况。测评方法主要有自由回忆和提示问忆两类。具体有：广告样品测验、广告样品混合测验、电话回忆测验、相关测验等。

有时，企业可让一组目标受众观看或收听一组广告，对时间不加限制。然后要求他们回忆所看到（或听到）的全部广告内容，广告策划者可给以帮助或不给帮助。他们的回忆水平表明广告的突出性以及信息被了解或被记忆的程度。在这种测试中，企业必须用完整的广告以便能做出系统的评估，一次可以测试 5～10 则广告。在利用这种方法进行调查中，通常询问的问题主要有以下几个。

- “您对哪几则广告感兴趣？”
- “您喜欢哪一则广告？”
- “这则广告宣传的是什么？您明白了吗？”
- “您觉得广告中的文字和图案是否有需要改进的地方？”
- “您看过广告后，给您最深刻的印象是什么？”
- “看了广告后，有没有产生进一步了解广告产品的兴趣，或者有近期购买产品的打算？”

（3）态度测评，用于测评消费者对产品的喜好程度、品牌倾向性、信任程度、购买动机等，主要采用问卷调查、访谈、投射测验的方式。

鉴于调查消费者的态度，会因被测者害羞、掩饰、敷衍、紧张、寻求赞赏等心理影响，而不能了解到真实情况，或因消费者自身态度原本就不明显、无条理而无法作答。这时，常采用投射测验。

投射测验多采用不完整或形象模糊的实验材料，要求被试者对实验材料做出解释和说明。由于实验材料的不完整性和模糊性．被试者在试图做解释和说明时，不得不带有自己的主观经验，于是其真实态度就在无意中被反映出来了，这种现象心理学称为投射，投射测验也因此得名。投射测验的各类，如表 5-5 所示。

表 5-5　投射心理测验方法

文字联想法	选择与调查内容有关的词、句或摘要，一一列出，要求被试者展开自己的联想或在一定范围内联想，并加以回答。联想有心情联想、叙述联想、性质状态联想、动作联想、上位联想、因果联想、示例联想、场所联想、要素联想、共同存在联想、类似联想、相反联想、印象联想、摹本联想、填加联想、无意义联想等多种类型，文字联想多用于商品、企业命名调查
语句完成法	结合调查项目，设置一些未完成的句子，要求被试者将句子补充成一完整、有意义的语句，从中分析被试者的感受、态度或特殊反应。句子可以缺少主语或谓语。主语可以为第一人称，也可以第三人称。使用第三人称时，运用了射影法原理，被试者更能畅所欲言，更能反映其内心想法
绘画测验法	向被试者出示某种场景的图画，一般是几个人在谈话，要求被试者根据图画讲述一个小故事，或完成其中一人的对话，也有使用墨迹渲染的图形，要求被试者联想
主题统觉测验	向被试者呈现含义模糊的图画或文字段落，由被试者想象、描述、提示其中的情境、人物关系、内心活动等

投射法具有间接性和隐蔽性的特点，可用于测评消费者的深层动机和欲望。但投射法的实施过程需要严格控制，结果较难解释，往往需要经验丰富的专家来主持进行。

任务总结

根据测评的目的和时间不同，广告效果测评可分为广告前测、广告中测及广告后测。

1. 广告前测

广告前测是在制定了广告草案后，但在广告活动实际展开之前对其进行检验。这种测评主要在实验室中进行，也可以在自然情境中进行。主要目的有两个：一是诊断广告方案中的问题，避免推出无效的广告；二是比较、评价候选方案，以便找出最有效的广告方案。

2. 广告中测

广告中测是在广告活动进行的同时，对广告效果进行测量，主要目的是测量广告前测中未能发现或确定的问题，以便尽早发现问题，及时加以解决。这种测评大多是在实际情景中进行的。

3. 广告后测

广告后测是在整个广告活动结束后对广告效果加以评估，它是根据既定的广告目标测量广告结果。因此，测评内容视广告目标而定，包括品牌知名度、品牌认知、品牌态度及其改变、品牌偏好及购买行为等。

如同广告中测，广告后测也是在自然情境中进行的，其作用主要是：第一，评价广告活动是否达到了预定的目标；第二，为今后的广告活动提供借鉴；第三，如果采用了几种广告方案，可对不同广告方案的效果进行比较。

项目实施

项目目标

通过“广告效果调查”项目的实施，学生在选择广告作品、设计广告调查方案与调查问卷、实施调查、写作调查报告的过程中，可以学会学习、学会思考、学会合作；在完成任务的过程中，可以树立责任意识、集体意识、成就意识。

项目内容

1. 选择广告作品
2. 设计广告效果调查方案
3. 设计调查问卷
4. 实施问卷调查
5. 写作广告效果调查报告

实施过程

1. 学生分组选择适合大学生消费的某种产品的广告作品。
2. 以大学生为广告受众在校园内进行广告效果的调查。
3. 分别设计广告效果的调查问卷，以心理效果的调查为主。
4. 对调查结果进行统计、分析、整理、加工，写出广告效果调查报告。

项目评价

对各组完成“广告效果调查”项目的评价标准，参考表 5-6。

表 5-6　“广告效果调查”评价标准

序号	评价项目	评价内容、要求	评价标准	赋分
1	作品选择	所选择的广告产品，适合大学生消费；所选择的广告作品，适合在校园展示	10	
2	问卷设计	因为限于在校园内进行，所以广告效果调查的主题以心理效果为主，设计的问题是针对消费者认知、态度、信念等方面的	30	
3	调查实施	选择适当的调查对象、调查情境，调查资料运用得当，得到的结果真实准确	20	
4	调查报告	格式规范，分析透彻，结论正确，意见和建议有价值	40	
合　计			100	

项目拓展

广告效果研究的“碎片”

营销权威菲利普·科特勒指出：一般来说，广告的销售效果较之于传播效果更难测量。因为除了广告因素外，销售还受到其他很多因素的影响，如产品特色、价格、可获得性和竞争者行为等，这些因素越少或者越能控制，广告对销售的影响力也就越容易测量。在采用邮寄广告时，销售效应最容易测量，而在运用品牌广告或建立公司形象的广告时，销售效果最难测量。至于广告的社会效果，起初并不为人关注，也一直没有获得与传播效果和销售效果并列的主流地位，不过随着类似“丰田霸道”等广告危机的爆发，广告的社会效果也越来越受人们重视。

查尔斯·雷蒙德的“认知—感觉—行动”因果关系链，通常被认为是对广告传播效果的评估基础，其逻辑是：人们从广告中获得了关于某个品牌确凿的核心信息，他们也就增加了对这一品牌的了解，对品牌的态度发生了改变，并对这一品牌形成偏爱，于是他们就购买了这一品牌。

杜邦公司曾经做过一个广告实验。它的颜料部将56个销售区域分成高、中、低三种市场份额的区域，杜邦公司在其中1/3区域采用正常数额的广告费，在另一个1/3区域花了正常数额的1.5倍的广告费用，而在余下的1/3区域中花费了正常数额的3倍的广告费。在实验结束时，杜邦公司本想考察较高水平的广告支出，究竟创造了多少额外销售。结果发现，较高的广告支出所产生的销售增长呈递减效率，而在市场份额较高的区域里，销售增长也十分微弱。

约翰·菲利普·琼斯教授有一个更加颠覆的观点：高密度的广告展示是一种浪费，而在这些展示力度的限度之内，通过在长时间内展示来分散使用广告支出，在每一个媒体上以水滴石穿的方式进行，或通过在更多的媒体上展示来分散使用广告支出，或者在更广的地域分配广告支出，会带来更多的受益。其原因是，通过广告力度的分散而不是集中，广告的收益支出平衡点将会出现在反应曲线的较低位置上。换言之，这样会更加有效。

学者特利斯在分析了12种关键的经常购买的消费产品品牌后得出结论：广告对忠诚购买者的购买数量增加很有效，但对赢得新购买者却效果不佳。对忠诚购买者而言，高水平的展露并非有效，因为它拉平了广告的效果，而广告对引导忠诚度并不一定会产生积累效果。另一方面，产品特点、陈列和特价，要比广告有更强力的影响力。

日用消费品的行业巨人宝洁的销售收入持续增长，这有力地证明：宝洁的电视广告不仅有着良好的传播效果，而且拥有卓越的销售效果。从宝洁的电视广告原则中，如表5-7所示，我们可以感受到宝洁广告投放的科学性、体系性和有效性。

表 5-7　宝洁的电视广告原则

序　号	广告原则	核心内容
1	重要的利益点	一则电视广告总是向消费者承诺一个而且只有一个重要的利益点
2	链条式测试	对广告信息的传递效果在广告写作前、广告制作后、产品试销三个阶段对广告效果进行系统测试
3	确信的片段	直观地表现产品特点和功能，每个广告都有一个使人“确信的片段”，让消费者直观地感知产品的特点和功能
4	权威证明的运用	与其确信的片段相一致，尽量使用产品所获得的权威证明
5	尽量不用名人	尽量不用名人代言广告，而使用那些比较有活力、与宝洁产品气质比较契合的普通人
6	少用黄金时段	宝洁大约只有 30%的广告出现在黄金时段
7	尽量用语言	宝洁最喜欢在电视广告中多用语言，它们觉得语言更能推销产品
8	广告的持续性	不轻易舍弃有效的广告，不管它使用了多久
9	持续的广告攻势	保持强有力的广告攻势，展现领导品牌的强悍气质
10	只要对的	宝洁总是采用那些已经被证实是有利于推销的电视广告技巧

以上是一些专家学者对广告效果研究的不同结论，甚至是矛盾性的结论，以及一些公司成功的广告投放。

1. 你赞成谁的观点，为什么？
2. 你反对谁的观点，为什么？
3. 杜邦公司广告效果的测试结果对你有什么启示？
4. 宝洁公司的电视广告原则对你有什么启示？

参考文献

[1] 加里·R.·达尔. 超越广告策划[M]. 北京：机械工业出版社，2006.

[2] 何修猛. 现代广告学[M]. 上海：复旦大学出版社，2004.

[3] 张金海，姚曦. 广告学教程[M]. 上海：上海人民出版社，2004.

[4] 范云峰. 营销广告策划[M]. 北京：中国经济出版社，2004.

[5] 威廉·威尔斯等. 广告学原理与实务[M]. 张红霞等译. 昆明：云南大学出版社，2001.

[6] 王泳，管益杰. 现代广告心理学[M]. 北京：首都经贸大学出版社，2005.

[7] 陈培爱. 广告策划与策划书撰写[M]. 厦门：厦门大学出版社，2007.

[8] 白云华. 广告策划[M]. 北京：清华大学出版社，2010.

[9] 邱颖. 现代广告学[M]. 北京：中国财经出版社，2004.

[10] 徐凤兰. 广告策划学[M]. 杭州：浙江大学出版社，2009.

[11] 陈培爱. 广告学原理[M]. 上海：复旦大学出版社，2004.

[12] 张金海. 广告学教程[M]. 上海：上海人民出版社，2003.

[13] 娄炳林，廖洪元. 广告理论与实务[M]. 北京：高等教育出版社，2002.

[14] 王吉方. 广告策划与实务[M]. 北京：中国经济出版社，2009.

[15] 苗杰. 现代广告学[M]. 北京：中国人民大学出版社，2004.

[16] 黄京华. 广告调查理论与实务[M]. 北京：中央广播电视大学出版社，2009.

[17] 蔡嘉清. 广告学教程[M]. 北京：北京大学出版社，2004.

[18] 傅根清，杨明. 广告学概论[M]. 济南：山东大学出版社，2004.

[19] 李东进. 现代广告学[M]. 北京：中国发展出版社，2006.

[20] 倪宁. 广告学教程（第二版）[M]. 北京：中国人民大学出版社，2004.

[21] 王沛. 广告心理效果与评价[M]. 北京：科学出版社，2010.

[22] 何鹄志. 广告作品赏析[M]. 长沙：湖南大学出版社，2009.

[23] 邬晓光，张晓. 广告文案写作[M]. 北京：机械工业出版社，2005.

[24] 玛丽亚·汤斯利. 广告实务[M]. 刘安国，何大伟译. 北京：人民邮电出版社，2002.

[25] 蒋艳君. 广告目标与效果测定[M]. 北京：中国商业出版社，2010.

[26] 穆虹，李文龙. 实战广告案例全案[M]. 北京：中国人民大学出版社，2004.

[27] 张启杰，钟立群. 广告原理与实务[M]. 北京：科学技术出版社，2007.

[28] 王淑芹. 广告作品评析[M]. 上海：上海交通大学出版社，2010.

[29] 祁聿民. 世界著名广告作品分析[M]. 北京：经济科学出版社，2002.

[30] 胡晓云. 世界广告经典案例：经典广告作品评析[M]. 北京：高等教育出版社，2004.